刘国光

经济论著全集

（计划经济向商品经济和市场经济转型过渡时期的探索 1983—1985 年）

第 5 卷

知识产权出版社
全国百佳图书出版单位

目　录

劉國光

有中国特色的经济体制和
经济发展战略[*]

（1983年8月）

党的十二大文献中包含着非常丰富的思想内容，其中最重要的，我体会是邓小平同志在十二大开幕词中提出的建设有中国特色的社会主义。这个提法是对我国过去社会主义建设经验的科学总结。像中国这样一个社会主义大国，它的历史、地理、经济、文化、民族等条件，都和世界上许多国家不一样。如果不从中国的国情出发，不考虑中国的特点，而是照搬照抄别国模式来进行社会主义建设，那是不能成功的。建设有中国特色的社会主义，包括政治、经济、文化等许多领域。从经济上说，内容也很丰富，概括起来，可否分为经济体制和经济发展战略两个方面。我们要建设一个有中国特色的社会主义经济体制，并制定和实行一个有中国特色的社会主义经济发展战略。前者是经济改革所要解决的问题；后者与经济调整有密切的关系，因为经济调整的深远意义，就在于通过它来走出一条经济发展的新路子，即新的经济发展战略。

有的同志指出，建设有中国特色的社会主义，不仅是我们的奋斗目标，也是我们的出发点。我很赞成这种看法。之所以说是出发点，是因为我们进行社会主义建设已经三十多年，并不都是

---

* 本文系1983年江苏人民出版社出版的《论经济改革与经济调整》一书的
  后记。

1

照抄外国的东西。无论在经济体制方面，还是在经济发展战略方面，我们过去都有许多不同于别国的、属于我们自己独有的或者发展了的特点。这里面有相当一部分是真正把马克思主义的普遍真理和中国建设的具体实践结合起来，适合于当时中国经济发展的正确经验。但也有相当一部分是"左"倾错误的产物，它妨碍了当时我国经济的发展，使之未能取得应有的更大的成就。作为我们的奋斗目标，我们要建设有中国特色的社会主义，就要彻底排除各种错误的影响，进一步地真正地把马克思主义同我国建设的具体实践结合起来。几年来我国的经济调整与经济改革，正是沿着这个正确的方向、朝着我们的奋斗目标前进的。

我们要建立的有中国特色的社会主义，现在还没有一种现成的完备的形态，还要我们通过建设实践来摸索。特别是在具体的细节上，中国的特色将采取什么样的表现形态，如果没有实践的摸索，那是不可能预见清楚的。但是，从总体上看，作为奋斗目标的有中国特色的社会主义，我们能不能在马克思主义基本原理的指导下，在总结中外几十年建设社会主义成败得失的经验教训的基础上，紧密结合我国基本国情，勾画出一个轮廓来呢？我想是能够而且应当这样做的。如果没有一个比较清楚的轮廓作为我们的奋斗目标，那我们怎么能够有前进的方向呢？当然，这个轮廓要随着实践和经验的积累，逐步地加以具体化，逐步地形成一整套完备的形态。

就经济体制的改革来说，勾画出一个奋斗目标的轮廓，这同本书讲的探索改革的目标模式问题是有关的。有的同志不大赞成"模式"的概念，好像"模式"是指一种固定不变的东西，是一个带有贬义的语词。其实"模式"这个语词，就像"类型""形态"等语词一样，它本身是中性的，既无贬义，也无褒义，它不过是一种研究和分析的工具。某种经济体制的模式并不直接等于该种体制本身，而是从具体的体制中排除了细节的东西而得到的理论的抽象。这种理论抽象包含对某种经济体制的基本规定性的概括，它的基本框架，以及它的主要运行原则的总和。这种意义的经济模式反映了一种经济体制里面最重要、最根本的东西。所以，在设计经济体制改革的总体规划和具体方案以前，对于改革的目标模式先行一步研究是很有用处的。这种研究有助于我们防止在一开始就陷入细节从而受到各种次要因素的干扰而看不到主要的东西，又有助于我们从整体上把握经济体制，便于使改革的各项措施配套成龙，前后有序，而不致互相矛盾。在探索有中国特色的改革模式时，不可避免地要同世界上各种模式进行比较研究，这不但可以帮助我们弄清楚我们要建立的新经济体制的中国特色究竟表现在哪里，而且也有利于我们从人家的经验教训中取长补短，避免再走弯路。

提出经济模式的概念，把它同经济体制里面的具体细节区别开来，还有一个重要意义。所谓经济体制的改革，我的理解，不仅仅是指对原有体制（在我国，是指党的十一届三中全会以前的体制）里面的不完善不合理的细节进行修改补充，更重要的是要改造原有的经济模式本身，就是说，要对原有体制的不合理的基本框架和主要运行原则加以改造。当然，这种改造一定要在坚持社会主义的基本制度（公有制、计划经济、按劳分配，等等）的前提下进行。在我国，一定要在坚持四项基本原则的前提下进行。对原有的经济模式不加触动，只是对里面的具体细节进行一些修改补充，这恐怕不能叫作改革，在我们这里是叫作"改进"经济体制或者"完善"计划工作；有的国家叫作"完善经营机制"。对于不适应生产力发展的生产关系的具体环节，对于不适应经济基础的上层建筑的具体环节，总是要不断地完善，不断地改进，这种完善和改进的工作永远是有的。而对于经济体制的全面改革，即模式的改造，则一般是要在一个比较集中的、不太长的时期里进行和完成的。

对于"改革"与"完善"这两个概念的差别，人们实际上是很注意的。据我们所知，有的国家，起先也讲改革，20世纪60年代中期讲改革时也似乎有总想冲破老模式、老框框的气概，但进入70年代以后，由于种种原因，很快就把改革的口号收回去了，代之以"不断完善"。这样，在对原有模式没有多大触动的情况下，尽管对经济体制的一些破绽不断修补，但是他们经济生活中的活力问题、质量问题、效率问题、产需衔接问题等原有模式的老毛病，老是解决不了，现在不得不又重提"改革"的问题。我国前些时候也有的同志曾经回避讲改革，而只提改进或完善经济计划体制，其实质就是要在不触动原有模式的前提下，对经济体制的一些不合理、不完善的具体环节进行修改补充。这些同志担心一讲改革或改造原有的经济模式，就会否定社会主义制度，就会否定我们过去工作中好的经验和成绩。其实这种担心是不必要的。党的十一届三中全会决议说："社会主义生产关系不存在一套固定的模式。"十月革命以来，社会主义各国经济体制已经出现过并且存在着种种不同的模式，这些经济模式都各有自己产生的历史背景，各有其长短优劣，并起了各自的历史作用。而一些国家经济体制模式的改变并没有影响到他们的社会主义根本制度的性质。对于每种模式我们不能绝对地肯定或者绝对地否定，不能因为后来情况变化需要改革而全盘否定它过去存在的历史价值。例如，我国过去实行的高度集中的以行政管理为主的排斥市场机制的经济模式，在我国社会主义建设的一定时期曾经起过积极的作用。但这种模式的毛病越来越不适应现代化建设的要求，必须在坚持社会主义基本制度的前提下进行全面的改造，用新的有中国特色的经济模式来代替它。当然，这并不是要把原有体制中的一切东西都抛弃掉换成新的。原有经济体制中被实践证明是好的、有益的因素，我们还是应当在新体制中保留下来。所以，我们不能因为当前要进行的体制改革和模式改造就否定原有模式在我国过去社会主义建设中曾经起过的积极作用，更不用说这丝毫也不是对过去体制中好的有益的东西和我们过去工作所取得的成就的否定了。

这样看来，经济模式的理论研究和有中国特色的目标模式的探索，对于我们的经济体制改革工作来说，是一件很有益的事情。如果对这个问题没有充分的研究和探索就直接规划改革的方案，或直接着手进行重大的改革，那就可能会使改革的质量和进程受到影响。当然，这不是说我们要等到目标模式研究完备了、总体规划和详细的方案都拟好了，才能进行改革。一些局部性的、目前有条件改的，可以看清楚不会对将来的全面改革带来重大障碍的而是符合全面改革方向的，现在就应当尽快地改，或者先在小范围进行试点，取得经验，为大规模的全面改革创造条件。对于改革目标模式的探索和形成来说，局部改革试点的经验和实践的检验，也是非常必要的。任何经济模式的研究和目标模式的探索，涉及许多理论和实际问题，这里不去一一列举了。其中有些在本书中已经提到，有些还没有接触到；已经提到的，也只是初步的探索。所有这些问题，都有待于我国经济学界进一步深入研究，以适应建立一个有中国特色的新经济体制的需要。

在制定有中国特色的经济发展战略方面，党的十二大迈出了非常重要的一步，就是在为全面开创社会主义现代化建设新局面而奋斗的纲领中，提出了到20世纪末我国经济建设的战略目标、战略重点、战略步骤等一系列战略设想。这些战略设想，全面肯定并基本上完成了从党的十一届三中全会开始的我国经济发展战略的转变，也吸收了我国理论界和实际工作部门对于中国经济发展战略研究和讨论的成果。对于这个战略转变的含义和内容，我国经济学界已经有了不少的论述，本书有关文章也有所涉及。这里我想补充谈谈经济学界关于这一战略转变的一种看法。

这种看法，把近几年来我国经济发展战略的转变同一些发展中国家若干年来发展战略的转变进行类比，认为中国这几年发生的战略转变就像那些发展中国家一样，是从所谓"传统的发展战略"过渡到所谓"新的发展战略"。这里讲的"传统的发展战略"，是指片面追求国民生产总值的高速增长和尽快实现国家的工业化，采取这种战略往往忽视人民的基本生活需要，并带来分配不均、贫富差距扩大等消极现象。这里所讲的"新战略"，是指以满足人们的基本生活需要为目的，重视分配公平、保证生活质量的战略。用发展中国家从"传统的发展战略"向"新的发展战略"的过渡来类比我国发展战略的转变是否妥当？我以为是不尽妥当的。

党的十一届三中全会以前将近30年来我国的经济发展战略，是不能简单地用一些发展中国家曾经采用的所谓"传统的发展战略"来概括的。因为过去我国的经济发展战略不是一成不变的，而是经过几次重大的变动，有比较正确、比较符合我国实际的时候，如"一五"时期；也有重大失误的时候，如"大跃进"时期。当战略决策比较正确时，国民经济蓬勃发展，人民生活得到改善，社会主义制度得以巩固。而当战略决策失误时，经济发展就受挫折，人民生活不能改善，社会主义制度也受到削弱。因此，把过去二三十年我国经济发展战略笼统地用一些发展中国家所谓传统的旧战略来概括，是不怎么确切的。尽管过去曾经发生过这样那样的失误，但是中国毕竟是一个社会主义国家，在制定和实行自己的发展战略时决不能像一些非社会主义国家那样，把社会的平等和人民的福利置之度外。我国的经济发展中尽管一再出现某些消极现象，但是许多发展中国家在工业化过程中长期存在的收入分配不公平、经常的失业、持续的通货膨胀，不断增长的外债负担等"传统的旧战略"所必然带来的弊病，在我国或者是不存在，或者是一种例外。另一方面，向发展中国家推荐的所谓"新战略"所要解决的满足人们基本需要的问题，包括营养、保健、教育等，在中国过去的发展中已经取得为许多发展中国家所羡慕的令人瞩目的成果。对于这些，外国许多公正的观察家和评论家都是承认的。他们认为，中国在过去的发展中既能迅速地进行工业化，又能同时解决人民的基本需要。①

当然，肯定中国过去的经济发展和发展战略中正确的东西，并不意味着否认我国经济建设中发生过一些重大挫折；这些挫折，大多与"大跃进"以来的经济发展战略一再出现"左"的偏差是分不开的。这种偏差，主要是经济建设上要求过急，政策上过激。经济建设上的过急，表现为片面追求增长速度和投资规模过大，超出了我们国力的可能，结果不得不收缩，造成很大损失，耽误了很多时间。政策上的过激，往往挫伤了人民的积极性。所有这些，影响了社会主义制度优越性的充分发挥，使得经济效益难以上去，人民生活的改善同人民所付出的劳动不相适应。党的十一届三中全会以来经济战略上的拨乱反正，就是要切实改变长期以来在"左"的思想指导下的老一套做法，在进一步认清我国国情的基础上走出一条速度比较实在、经济效益比较好、人民可以得到更多实惠的经济发展的新路子。应当认为，这是我国经济发展战略的一次重大的历史性转变。

如前所述，党的十二大对十一届三中全会以来我国经济发展战略的转变作了全面的肯定，并对到20世纪末我国经济发展的战略设想作了明确的规定。这是不是说，中国经济发展战略问题的研究到此已大功告成，今后只是执行党的十二大规定的战略方针和战略设想就可以了呢？应当看到，正确执行党的十二大关于社会主义现代化建设的战略方针和设想，必须对我国经济发展战略的各个方面作进一步深入调查研究，总结经验，进行理论上的论

有中国特色的经济体制和经济发展战略

---

① 见英国剑桥大学阿克特·辛教授："基本需要还是国际经济新秩序"，载《世界发展》1979年第7卷；世界银行考察团：《中国：社会主义经济的进展》（1982年）等处。

证和制定可行的建议。因此，党的十二大提出的战略设想在反映了几年来对于我国经济发展战略问题的研究成果的同时，也是对这个问题进一步研究的一个巨大的推动。

这个领域需要我们进一步研究的问题是很多的。就拿战略目标问题来说，对于党的十二大提出的2000年的战略目标，我们既要论证它的实现的可能性，又要探索如何实现它的有效途径。将近一年来的讨论，对于实现战略目标的可能性的论述不少，但对实现战略目标的途径的研究则似嫌不足。在对实现战略目标的可能性的论证方面，往往把注意力放到工农业总产值翻两番上面，而党的十二大提出的战略目标，并非翻两番这一个单一的目标，而是包括一系列相互联系的目标群。如作为翻两番的前提的提高经济效益；作为翻两番的内容的主要工农业产量居于世界前列；作为翻两番的结果的国家经济实力和国防实力的增强、城乡人民收入的成倍增长，以及人民生活达到小康水平；等等。所以，党的十二大提出的战略目标实际上是一个多层次的目标体系，其中有最终目标和中间目标，有主要目标和次要目标，等等。如何分析这个目标体系的内部层次和各个目标之间的关系，把这个多目标体系作为一个整体，结合我国国情进行研究论证，看来还需要作很大的努力。

再拿实现战略目标的战略途径的研究来说，在经济发展的速度、比例、效益问题上，人们通过历史的经验教训逐渐认识到，孤立地追求产值速度必然会带来破坏比例和牺牲效益的后果，因此必须寻求这三者的最优结合。但三者之间的具体关系特别是其数量关系究竟如何掌握，我们还只是初步地进入了这个研究领域，距升堂入室还很远。例如，长期以来我们的总产值（包括社会总产品、工农业总产值等）的增长速度，往往快于净产值（国民收入）的增长速度；而净产值的增长速度，又往往快于剩余产值（利、税）的增长速度，这种对比趋势如果持续发展下去，对于我们的战略目标的实现是很不利的。如何改进这种对比关系的趋势，就涉及了速度、结构、效益之间的并涉及众多因素的极其复杂的质与量的关系。对于这些方面、这些因素的内部联系和变化规律以及到2000年这一段时期如何对它们的变化趋势加以掌握驾驭，我们并不是很清楚。又如，在从不平衡的发展战略转向相对平衡的发展战略中，如何把重点发展的需要与平衡发展的需要结合起来？在以外延为主的发展战略过渡到以内涵为主的发展战略中，又如何把我国人力与自然资源的丰足同资金与技术资源的不足协调起来？与这些综合性问题密切联系的还有许多专门性的领域，如人口控制与劳动就业、资金积累与消费水平、产业结构与技术结构、生产布局与城乡关系、智力开发与资源开发、通货物价与财信平衡、国内流通与对外交流、环境保护与生态平衡，等等，都有一系列的战略问题需要研究解决。这些问题有些在本书中提到了，但很多问题尚未触及。所有这些问题，也都有待于我国经济学界开展研究，使我们的有中国特色的经济发展战略逐步地完善充实起来，为党的十二大提出的战略设想的实现做出努力。

这几年，由于以调整为中心的八字方针的实施，由于经济发展战略开始转变，经济形势总的很好，而且一年比一年好。我们在文章中指出，经济调整的成效，主要表现在过去若干年来我国经济生活中一再出现的"两高两低"开始有了变化：高指标取消了；高积累开始下来了；"低消费"的状况有了改善；与此同时，国民经济中的一些主要比例，包括积累与消费、农业与工业、重工业与轻工业的比例，也已有所改善，逐渐趋于协调；我国经济已开始走上稳步发展的轨道。但是，由于低效率的状况改变不大，以及存在着能源、交通卡脖子等情况，还不能说整个国民经济已经完成了从不良循环到良性循环的转化。

以上一段意思，是在1981年年末与1982年年初写的。从那以来一年多的时间里，我国经济在进一步调整与改革中继续稳步发展，农业连续获得丰收，轻、重工业全面上升，商品供应日益充裕，市场情况之好是二十多年来所没有过的，人民生活继续改善。但是，在大好形势中不能不看到出现了一些新情况和值得注意的新问题。这些问题中最主要的：一是片面追求产值的增长速度，忽视经济效益的倾向有所抬头，工农业总产值上去了，但成本、费用增大，工业增产不增收，经济效益差的状况基本没有多大改变。二是固定资产投资规模急剧膨胀，特别是预算外投资控制不住，超过了财力、物力可能承担的限度。三是投资规模扩大的结果，造成重工业迅猛回升，致使轻重工业经过调整开始出现协调发展的局面，又有逆转的趋势，还造成能源、交通和工业原料供应全面紧张，开始重新发生建设挤生活、挤市场，重工业挤轻工业，计划外挤计划内，一般项目挤重点项目等现象。四是在改善人民生活、提高消费方面，也有失控的苗头，消费基金的增长幅度，持续几年超过了社会劳动生产率的增长幅度，这样长期下去是难以为继的。

上面列举的"新情况""新问题"，其实并非都是"新"的。经济效益差是几年来我们一直没有很好解决的问题，这要靠经济体制的改革、经济结构的调整和技术改造才能逐步地彻底地解决。片面追求产值速度，投资规模超过国力，这也是个老问题，前几年的调整中我们注意纠正，有所克服，从而带来了经济形势的好转，但形势一好，就容易头脑发热，旧病复发，1982年以来投资再度猛增及其带来的后果，都是我们过去熟见的，加上消费基金失控这一条——这一条是过去没有的真正的新情况——如果不认真对待，很好解决，我们这几年来的好形势就有可能受到折腾，一两年后又得重新来个大调整。

这种潜在的危险在市场情况的变化中得到集中的反映。我曾在本书的一篇文章中提出要建立一个社会主义的买方市场，引起了不少的争论。现在撇开这些争论不说，我们看到，由于这几年经济调整取得成效，先是在生产资料方面出现了买方市场，采购员满天飞一时间变成推销员满天飞。后来消费品的供应也开始缓和，某些工业消费品陆续出现买方市场。应该认为，卖方市场向买方市场逐渐转化的趋势，是一件大好事。它对于实现消费者的权利从而实现社会主义的生产目的，对于促进生产者、供应者之间在改善经营管理、改进生产技术方面开展竞争，对于进行经济体制改革所必要的一个松动的市场条件，对于改善社会风气、促进精神文明建设等方面，都是大有好处的。但是这几年卖方市场向买方市场逐渐转化的势头是不稳定的、不巩固的。生产资料的买方市场1982年已经缩回去了，再度变为卖方市场；某些工业消费品的买方市场现在也有转回到卖方市场的可能。如果说这几年曾经争得的从卖方市场向买方市场转化的好势头是我们贯彻执行调整改革方针的结果，那么这个势头的不稳定、不巩固则是由于调整得还很不够，还不彻底，通过调整所踏出来的新路子，还不是所有的人都认清了，都坚定地走上去了。1982年以来直到1983年上半年，固定资产投资规模的再次急剧扩大，引起重工业迅猛回升，造成了生产资料买方市场的消失，消费资料买方市场的势头也摇摇欲坠，就反映了这种情况。如果投资规模急剧扩大和重工业迅猛上升的趋势继续下去控制不住，再加上消费基金的增长也控制不住，那么，跟着生产资料买方市场的消失，消费资料的买方市场也将荡然无存，重新回到卖方市场的老路上去。如果出现这种情况，那么，什么消费者的权利，什么社会主义的生产目的，什么生产者供应者之间的有益的竞争，都将很难谈上；进行经济改革和纠正不正之风，也将增加很大的阻力。

当然，我们不希望出现这种情况，我们不希望再走老路。过去历史上几次由于投资规模猛增而造成国民经济的折腾，都是事后才发现的，但是已经造成很大损失。这次与过去不同，由于从党的十一届三中全会到十二大我们总结了历史经验，警惕性比较高了，事情还正在进行中就发现了。1982年年底，五届人大一次会议就开始敲警钟。在1983年六届人大一次会议上，赵紫阳又指出，基本建设投资规模控制不住，消费基金的增长也难以控制，"这种情况无论如何不能再继续下去了。否则国家的重点建设就上不去，经过很大努力恢复起来的正常经济秩序和比例关系有可能重新被打乱，中央重大决策和措施就不能贯彻落实，社会主义现代化建设就不能顺利地进行"。党中央已下决心来解决这个问题，并在不久以前召开的中央工作会议上采取了严格控制投资规模和集中必要资金保证重点建设的有效措施。这确实证明我们党对于经济工作的领导比过去成熟多了。但是，1982年以来的经济事态的发展也向我们提出一个值得深思的问题，就是投资规模膨胀的现象为什么一再出现，即使在经济发展战略上开始拨乱反正以后也还会出现？如何才能根治"投资饥饿症"这个顽症？从主观方面说，这种现象的出现同经济建设中急于求成的思想还未完全肃清有关；从客观方面说，这个顽症同经济体制中吃"大锅饭"等弊病远远没有根除有关。前一方面的问题，需要在进一步总结三十多年正反两个方面经验的基础上，科学地论证和宣传新的经济发展战略，从思想上注意防止再走老路。后一方面的问题，需要在对我国的经济体制进行进一步调查研究的基础上，找准"投资饥饿"顽症的真正病根，并开出根治的"药方"。这两方面的任务，都要求我们经济理论界与实际工作部门的同志共同努力来完成。

孙冶方经济体制改革理论的几个问题*

（1983年8月）

　　孙冶方同志是在我国较早地倡导对传统经济体制进行改革的经济学家。从20世纪50年代中期至60年代初，他陆续提出了一些经济体制改革设想，而且作了系统的论证。这些设想和论证，在我们看来，有一部分已为大家接受，并在不同程度上为三中全会以来党和国家制定经济政策时所采纳；有一部分是正确的，但目前在经济学界和经济界中还有争论；还有一部分则虽有合理的内核和可取之处，但尚需作进一步的研究，或者根据实践的发展作某些补充、修正。

　　冶方同志临终遗言："不反对经济所的老同事，对我的经济学观点，举行一次评论会或批判会。对于大家认为正确的观点，希望广泛宣传；但同时对于那些片面的，甚至错误的观点，也希望不客气地加以批判，以免贻误社会。"我们对冶方同志关于经济体制改革的设想和理论归纳为以上三类，正是本着冶方同志的这个精神进行分析的结果。下面，拟对他的体制改革设想和理论，主要是理论方面，进行某些具体的考察和剖析。

---

* 本文系与张卓元、冒天启合写，原载《经济研究》1983年第8期。

积极倡导旨在提高经济效果的经济体制改革，认为这种改革是对原有社会主义经济模式的突破

1961年6月2日，冶方同志在《关于全民所有制内部的财经体制问题》内部研究报告中，劈头就提出了当时我国经济学界还没有人认真研究过的课题：体制问题在社会主义政治经济学中的地位。明确指出：经济体制（他当时称为财经体制）是社会主义政治经济学中的一个重要理论问题。他对李富春同志关于"用全民所有制经济内部的体制问题代替所有制问题而与劳动过程（直接生产过程）中人与人的相互关系和分配关系并列，作为社会主义政治经济学所要研究的生产关系的主要方面之一"的意见表示非常赞成，同时还作了理论说明，指出：财经体制问题既不是分配关系，也与劳动过程（直接生产过程）中的人与人的关系，即企业内部的分工协作和管理制度等问题有所区别。财经体制问题是经营管理权问题。

从我国这几年经济体制改革的实践和其他社会主义国家的改革经验看，社会主义国家经济体制改革的一个主要内容确实是关于全民所有制经济的体制改革，而且实质上也是解决经营管理权问题。同时实践证明，经济体制改革还包含有更广泛更丰富的内容，如调整所有制结构，大力发展集体经济，适当发展个体经济，吸收和利用外资，实行在社会主义公有制占优势前提下多种经济形式和多种经营方式并存，等等。它还包括计划、财政、物资、价格、就业和工资、银行、商业、外贸等方面的改革，以及按专业化协作原则改组企业，按经济区域组织经济，发挥中心城市的作用，等等。尽管这样，冶方同志首次从理论上把经济体制问题列为社会主义政治经济学需要研究的重要课题，并且提出要抓住经营管理权开展对经济体制问题的研究和改革，仍然具有它

刘国光

经济论著全集

第
5
卷

的历史意义。

大家知道，马克思主义经典作家一再指出：一旦社会占有了生产资料，即建立起社会主义制度，社会生产内部的无政府状态将为有计划的自觉的组织所代替。那时，通过社会生产，不仅可能保证一切社会成员有富足的和一天比一天充裕的物质生活，而且还可能保证他们的体力和智力获得充分的自由的发展和运用。"社会化的人，联合起来的生产者，将合理地调节他们和自然之间的物质交换，把它置于他们的共同控制之下，而不让它作为盲目的力量来统治自己，靠消耗最小的力量，在最无愧于和最适合于他们的人类本性的条件下来进行这种物质交换"。①这样，"时间的节约，以及劳动时间在不同的生产部门之间有计划的分配，在共同生产的基础上仍然是首要的经济规律。这甚至在更加高得多的程度上成为规律"。②因此，节约时间，提高效益，满足需要，是社会主义经济的本质的内在的要求。但是，后来人们逐渐发现，一些建立了社会主义制度的国家，并没有很好实现上述要求。这些国家一方面由于建立了生产资料公有制，人民群众当家做主，生产力得到了解放，生产发展速度很高，国家经济实力增长很快，取得了巨大的成绩；但另一方面，这些成绩同人民付出的艰苦劳动和消耗的巨大自然与物质资源相比，却并不令人满意。在经济建设和经济工作中，劳动浪费严重，经济效率不高，人民的物质文化生活需要没有得到很好的满足。这些问题，孙冶方同志在20世纪50年代中期，就感觉到了。1956年，他去苏联考察，更感到了这个问题的严重性。

在详细占有材料和深入调查研究的基础上，冶方同志发现，产生这些问题的一个重要原因是经济体制有毛病。当时，冶方同

孙冶方经济体制改革理论的几个问题

---

① 马克思：《资本论》第3卷，人民出版社1975年版，第926—927页。
② 马克思：《政治经济学批判（1857—1858年草稿）》，《马克思恩格斯全集》第46卷（上），人民出版社1980年版，第120页。

志指出这种毛病的种种表现是：

由于"否定了或者是低估了价值规律在社会主义经济中的作用"，"'不惜工本'似乎是社会主义建设的应有的气魄"。①

由于"对'价值'概念的否定，是不可能引出重视经济效果，重视劳动时间节约的结论来的"。"实际工作中的对于投资效果的忽视"，"是概念混乱，也即是思想混乱的结果，这是否定'价值这个概念'，否定生产物的两重性（使用价值和价值）的必然结果"。（第127页）

"由于国家多管了原来应该由千万个独立核算企业自己操心的简单再生产范围以内的事情，结果是使自己陷于日常事务圈子里，反而放松了属于国家长远建设方面的重大规划，即扩大再生产范围以内的事情和国民经济的平衡工作"。"更重要的是束缚了企业的手脚，限制了企业的主动性，使企业对于整个简单再生产范围以内的事情，特别是对于固定资产的更新，没有长远打算"。（第144页）

"我们的计划和统计方法上很多缺点的根源还就在于偏重了使用价值的计算，而忽视了价值的计算"。"我们现在所抓的主要计划指标，也即是主要的统计指标是'总产值'"。而"以不变价格表现的'总产值'不是表现生产品的价值而是通过货币形式来表现的物量，即使用价值"。"'总产值'这个指标，由于混淆了新创造价值和转移价值，即是混淆了工和料这两个不同的部分，所以就不能正确反映企业生产的实际情况，因而也不能根据它来评定企业工作的好坏"。它"不会推动企业去制造轻巧、灵便、价廉、物美的产品，而只会推动企业去制造笨重而又价钱贵的产品"。（第26—28页）

---

① 孙冶方："把计划和统计放在价值规律的基础上"，载《社会主义经济的若干理论问题》，人民出版社1979年版，第3页。以下凡引自《社会主义经济的若干理论问题》，均只在引文后面注明页码。

由于"计划指标体系偏重于实物指标，使价格（特别是内部调拨价格）与价值大相背离，因而部门间的平衡只好偏重于实物平衡，因为价值量的平衡已经不能反映真实情况"（第150页）。"因此，在全民所有制内部关系上就强调物资调拨，而不强调数以万计的独立核算企业间的合同协作关系"。（第151页）如此等等。

针对以上弊端，冶方同志明确提出：对"全社会的经济管理体制"需要"不断改进和变革"（第139页）。这里需要特别指出的是，冶方同志认为对原来的经济体制，不是只要求"不断改进"或"完善"，还要求"变革"，即相当于我们现在说的"改革"。冶方同志一直坚持这个想法。他生前写的最后一篇重要论文"二十年翻两番不仅有政治保证而且有技术经济保证"，又一次明确提出："我们不能满足于对旧的经济体制包括计划、财政体制修修补补，而要进行重大改革，以充分适应生产力发展的需要。"①

我们看到，在对社会主义国家传统经济体制究竟是只需要改进、修补和完善，还是需要变革和改革这个问题上，在我国经济学界和经济界中是存在不同看法的，在国外也有分歧。有的实行传统经济体制的国家，在20世纪60年代曾经提出过"经济改革"的口号，但是由于改革的决心不大并且遇到阻力，不久就收起了"改革"的口号，改提"不断完善"，只对原有的经济体制进行某些枝节性的修补，回避进行根本性的改革，结果经济工作中浪费大，效率低，片面追求数量、速度，忽视质量、品种等老问题，继续在困扰着他们，找不到真正的出路。

在我国经济学界和经济界中，有的同志也曾讳言经济体制的"改革"，或者不赞成谈体制改革，而只愿意谈体制的改进和

---

① 《人民日报》1982年11月19日。

完善。他们担心如提"改革"，就会否定社会主义的计划经济制度，就会否定过去社会主义建设的巨大成绩。我们认为这些顾虑是不必要的，把经济体制改革看成会否定社会主义计划经济，否定过去社会主义建设的成就，是没有根据的。

我国原来的经济体制基本上是20世纪50年代仿照苏联传统模式建立起来的。它是一种过分集中，以行政管理为主、排斥市场机制的体制。在一个经济比较落后的国家进行社会主义建设的初期，当经济战略目标比较单纯（以重工业为中心的高速工业化），而经济发展的方式又处于外延型发展阶段，即主要靠投资新建企业来实现扩大再生产时，这种经济体制还能发挥其积极作用。因为它能够比较有效地集中全国的人力、物力和财力，保证重点建设，实现经济发展战略目标。但是，当社会主义经济建设进入了新阶段，即经济发展的战略目标由单一化逐渐变为多样化（不是片面的以重工业为中心的高速工业化，而是包括了提高人民生活水平、质量和国家经济、国防实力在内的平衡发展的多个目标），而经济发展的方式从原来的外延型为主逐渐转为内涵型为主，要求着重从提高生产效率来实现扩大再生产时，原来的体制就越来越不适应了。所以，我国以及几乎所有其他实行传统的集中计划及体制的社会主义国家，当经济发展到一定阶段，特别是进入20世纪六七十年代以后，都提出改革经济体制的问题，以便进一步发展社会主义社会化大生产，解决节约时间，提高效益，满足需要，中心是提高经济活动的效果问题。这就说明，对原有经济体制进行改革是社会主义经济发展的内在要求，是不以人们的意志为转移的客观必然性，而不是少数人吹得起来的。冶方同志的可贵之处就在于他在我国比较早地指出了这种客观发展的必然性。

在我们看来，经济体制的完善和经济体制的改革，有一点是相同的，即都是以不改变社会主义基本制度为前提，其目的都在于使社会主义的经济基础和上层建筑，更好地适应和促进生产力的发展，加速社会主义建设，充分发挥社会主义制度的优越性。但是，它们之间也有一些不同点，包括：

第一，经济体制的不断完善对社会主义经济发展的全过程都是适用的，而经济体制的改革只是社会主义经济发展到一定阶段时才提出来的，并且是要集中在一个相对来说比较短的时期内完成的工作。例如，在我国，1978年党的十一届三中全会前后才把改革经济体制作为全党全国的任务，并要求在十几年内把它做完。当然，改革基本完成之后，还要进行不断的完善。在改革经济体制期间，无论在经济基础方面还是上层建筑方面，都会发生比较大的变革，虽然不是整个社会制度的大质变，也是比较全面和深刻的局部质变。

第二，经济体制改革不只是在经济基础或上层建筑的个别方面或个别环节的完善化，而是在许多方面和许多环节都要求变革。这里不仅包括调整所有制形式，而且包括改革整个社会经济活动的决策体系、动力和调节体系，以及经济管理的组织体系，等等。这些改革必须是互相配套的，全面系统的。它的全面实现，将使我国的经济体制在社会主义基本制度范围内发生根本的变化。这种体制，既坚持社会主义的基本经济制度，又充分考虑我国的具体特点，同时吸收国外的好经验。它将使我国的经济活动，真正做到管而不死，活而不乱，促进国民经济在不断提高经济效益的前提下稳定地协调发展。

第三，经济体制改革比生产关系和上层建筑某些具体环节的调整或完善，在比较大的范围内和比较深的程度上触动着人们的传统观念并将牵动人们的政治和经济利益。正如我们常说的，经济体制改革，是今后七八年内我国政治经济生活中的一件大事，是生产资料所有制形式的大调整，是国民经济管理体系的大改组，是各方面经济权益的大转移。恩格斯说过，"社会的经济关系首先是作为利益表现出来"。①因此，经济体制改革常常会遇到较大的阻力。那些不能很好地从全局利益考虑问题的旧体制的既得利益者，那些受传统思想影响较深的人，往往会自发地倾向于反对或阻挠体制改革。他们或者希望改革半途而废，或者力图把根本改革变为改良式的修修补补，或者在改革碰到某些困难时败坏改革的名誉并趁机恢复旧体制，等等。根据我国的具体情况，当前阻力主要是"左"的思想和小生产习惯势力的影响；同时也来自否定社会主义计划经济，鼓吹"一切向钱看"这一类刺激个人主义、小团体主义的"右"的东西。因此，我们要不断排除"左"倾思想和小生产习惯势力的影响，批判资产阶级自由化倾向，克服因循守旧、本位主义和畏难情绪，以及消极等待、简单急躁等思想倾向。我们既要勇于创新，又要谨慎从事，经常研究新情况、新问题，认真总结经验，因势利导，确保体制改革的健康发展。

我们认为，经济体制改革可以进一步归结为一种模式的变革。所谓经济体制的模式是指一种体制的基本框架和基本运行原则的组合，它是从不断发展变化的具体的经济体制中抽象出来的相对稳定的东西。本来，社会主义生产关系的发展并不存在一种固定模式。十月革命以来，从历史和现状看，社会主义经济体制实际存在过和存在着若干不同的模式。每个国家完全可以根据所处社会主义经济发展阶段和本国国情，选择最佳的社会主义经济模式。经济体制的全面"改革"同具体环节的"完善""改进"不同之处，正是在于前者涉及模式的变革（当然是在社会主义基本制度的范围内，从一种模式变为另一种模式），而局部的具体环节的"完善"则不一定要求"模式"的变革。从20世纪50年代中期至60年代初，冶方同志虽然没有用改变模式这个概念来概括

---

① 恩格斯：《论住宅问题》，《马克思恩格斯选集》第2卷，人民出版社1972年版，第537页。

刘国光

经济论著全集

第
5
卷

他所倡导的经济体制改革，但就其内容来说是涉及了整个模式的改革问题。1980年，冶方同志在评价南斯拉夫铁托同志的伟大历史功绩时，明确称赞铁托"最先认识社会主义不应一个模式"。他说："通过这次访问（指1978年冶方同志到南斯拉夫访问——引者注），我比较具体地了解了南斯拉夫在铁托同志领导下，早从50年代初，就开始大胆地探索社会主义建设的道路，摒弃当年从苏联引入的过分集中化的经济模式，经过将近30年的奋斗，开辟了一条符合南斯拉夫国情的社会主义建设道路，这就是在依靠群众、发扬民主、健全法制的基础上，由劳动人民直接管理经济和社会事务的社会主义自治制度。这是社会主义在实践中的一个创举。"①

冶方同志肯定铁托领导的南斯拉夫的经济体制改革，是对传统的从苏联引入的社会主义经济模式的突破，并尝试创立新的社会主义经济模式。这就说明，冶方同志在晚年实际上认为社会主义经济体制的改革，是一种社会主义经济模式的变革，而不限于经济管理的某些具体环节的改进和完善。在冶方同志看来，只有进行经济体制改革，只有突破传统的社会主义经济模式，建立适应生产力发展的要求、符合社会主义性质和本国国情的经济体制，才能从根本上解决提高经济效益的问题，才能使他一再提倡的用最小的消耗取得最大的经济效果这条红线，能够贯穿于我们的整个经济工作中，使社会主义的生产目的得到完满的实现。

坚持批判自然经济论，认为传统体制的重要理论基础是自然经济论

为了推进对传统经济体制的改革，冶方同志从20世纪50年代

---

① "胡乔木、孙冶方说：铁托最先认识社会主义不应一个模式"，载《人民日报》1980年5月7日。

又成了问题。不少人认为，新经济政策只适用于从资本主义到社会主义过渡时期，而在建立起社会主义经济制度后，新经济政策就不适用了。于是又开始实行过分集中的、以行政管理为主和排斥市场机制的经济体制。当时，占统治地位的思想认为计划经济与价值规律是互相对立的，制定计划甚至不要根据客观经济规律。总之，排斥价值和价值规律的自然经济论和唯意志论又一次泛滥起来。

1952年，斯大林在《苏联社会主义经济问题》中，对苏联的经济体制和模式作了理论说明。他一方面承认了经济规律的客观性，批评了某些流行很广的唯意志论观点，指出"创造""改造"经济规律的观点"是大错特错了"。同时，他也承认了社会主义条件下商品生产和交换存在的必然性和价值规律作用的重要性。这些都是对社会主义政治经济学的重大贡献。但是，另一方面，斯大林仅仅是在两种不同公有制还存在的意义上承认发展商品生产和交换的必要性，承认价值规律作用的重要性，而在许多方面，特别对全民所有制经济内部关系则仍然坚持自然经济论的观点。例如，他否认价值规律对社会主义生产的调节作用，认为价值规律的作用同国民经济的有计划发展、同建设社会主义和共产主义相矛盾；否认生产资料产品是商品，主张发展直接的物资分配即调拨和配给；否认交换和流通是独立的经济过程，认为作为政治经济学对象的生产关系不包括交换和流通；等等。

由此可以看出，自然经济论在社会主义经济工作和经济理论中总是顽强地表现着自己，并对社会主义国家的经济管理体制的选择发生着深刻的影响。冶方同志1964年10月7日《关于经济学界同志对我的批判给中宣部、中央理论小组和国家计委领导小组的报告》中，对自然经济论作过定义性的说明。他说，自然经济论"认为商品经济消亡以后，商品拜物教的物质基础，也就不存在了，人与人之间的生产关系就一目了然，社会财富就直接以一大堆使用价值的面貌出现，产品不再具有使用价值和价值的两重性，劳动也不再具有具体劳动和抽象劳动的两重性，价格、利润、生产价格等，从价值派生出来的经济范畴更是不会再存在。"冶方同志接着指出，这些都说明"经济学界确实存在着这种根深蒂固的否定社会主义社会的价值范畴的'自然经济论'思想"。（第327页）他还比较深入地叙述了苏联和我国社会主义计划经济体制受自然经济论影响的种种表现。

（1）没有用最小的劳动耗费取得最大经济效果的核算观点，只讲费用不讲效果，或只讲效果不讲费用，不计盈亏，借口算政治账掩盖经济建设中的高消耗和低效益。

（2）没有产品二重性、劳动二重性的观点。对价值指标和使用价值指标没有统一的管理，国家计划部门只注意实物量指标，如速度、产品、产量、总产值，而价值指标则由财政部门来管。

这就使得生产和需要脱节，企业按上面敲下来的指标进行生产，但往往货不对路，造成积压，而社会需要的东西又不生产。

（3）没有流通观点。把全民所有制经济看作一个大工厂，用工厂内部的技术分工代替社会分工，用互相交换劳动代替互相交换产品，把配给当作分配并且取代了交换、流通，不准生产资料产品进入流通，把千千万万不同品种、规格的产品集中到物资管理部门，进行实物配给。

（4）没有等价交换观点。把价格看作是使用价值的计量单位，用等价格交换偷换等价（值）交换概念；计划价格脱离实际，从而歪曲了国民经济各部门之间的比例关系，特别是长期保持工农业产品价格剪刀差，实际上是用超经济的办法向农民征收"贡税"。

（5）没有资金核算观念。实行资金供给制，不讲究资金使用效果，助长了争投资、争设备，造成资金的积压和浪费。

（6）没有固定资产精神磨损观念。人为地压低折旧率，拉长折旧年限，基本折旧基金上缴财政，把老本当作收入，大修理实行"不变形、不增值、不移地"原则。这些，都迫使企业搞"古董复制"，结果冻结了技术进步。

上述这些表现，是冶方同志在文章和谈话中经常提到的。实际上，自然经济观念的影响看来要比上面所述的广泛得多。过去，在经济生活中，所有制结构方面排斥多种经济形式和多种经营方式；经济决策结构方面权力过分集中，企业与劳动者个人缺乏必要的经济活动的自主权；任何调节体系方面排斥市场机制；管理方法主要用行政办法和实物指标进行管理；组织结构方面的"大而全""小而全"、条块分割；以及利益动力结构方面的平均主义，吃"大锅饭"；等等，无一不是受自然经济观念的影响；无一不是自然经济论在经济体制上的直接间接反映。正是因为自然经济论对传统经济体制有着广泛深刻的影响，冶方同志明确指出，要研究和实行经济体制改革，"很有必要把这种自然经济论的思想加以批判和否定"。（第151页）

冶方同志还从社会历史原因上深挖了自然经济论的顽固性。社会主义革命首先是在经济比较落后的俄罗斯、东欧和中国这样的国家取得胜利的。在这里，缺乏社会化大生产的传统，商品生产不够发达，革命前小农经济和封建庄园的自然经济的生产关系在许多地区长期占优势。这种情况，不可能不使马、恩的关于未来社会主义社会的某些设想和论点，被人们用包围着他们的那个世界的精神去理解、去接受和解释，这就容易使一些同志把计划经济和自然经济相混同，同时又把价值规律、市场同资本主义自发势力相混同。

传统的经济体制移植在我国后，很快与我国"古老的陈旧的生产方式以及伴随着它们的过时的社会关系和政治关系"相结合，逐渐强化，具有特别顽固、特别正统的色彩。难怪20世纪50年代东欧一些国家对苏联传统模式进行改革时，我们却把这种改革当作修正主义加以批判。冶方同志在国内倡导改革的理论和设想，也被当作离经叛道而受到围攻。

党的十一届三中全会后，在党中央和国务院的领导下，我们开始改革现行经济体制。冶方同志对自然经济论的批判，逐步为经济学界一些同志所接受，价值规律在社会主义经济中的作用从理论上得到更加深刻的理解，逐渐为更多的人们所重视和尊重。

根据这几年经济体制改革的试验，我们逐渐明确了经济体制改革应当遵循的原则和达到的目的。这就是：在坚持社会主义国营经济占主导地位的前提下，正确地发展多种经济形式和经营方式，建立适合我国国情的所有制结构；在坚持计划经济为主的前提下，正确地发挥市场调节的辅助作用，建立起合理的计划体系，加强国家对整个经济活动的有效管理和指导；按照经济的内在联系和社会化大生产的要求组织各种经济活动，以城市为中心逐步建立不同范围、不同层次的跨地区跨行业的经济区和经济网络，维护和发展社会主义的统一市场；正确处理国家、集体、个人三者利益，在国家的集中统一领导下，充分发挥地方、部门、企业改善生产经营和提高经济效益的积极性；正确地切实地贯彻执行"各尽所能，按劳分配"的原则，坚决克服平均主义，打破吃"大锅饭"的制度，使劳动者真正能够按照劳动的数量和质量得到相应的物质利益。我们应该以此为据，坚持经济体制改革的正确方向，巩固和完善已经实行的初步改革，抓紧制定改革的总体方案和实施步骤，以便在"七五"时期逐步开始全面的改革。而为了替这种改革在思想和理论上扫清道路，继承冶方同志的科学精神，坚持反对社会主义政治经济学中的自然经济论，分析批判自然经济观念在传统经济体制上的各种表现，进一步肃清其影响，仍然是必要的。

这里需要附带说一点。有的同志认为，传统经济体制的主要特点在于它建立在"产品经济"的基础上。如王琢同志说："我国改革经济体制的目标，就是要把产品生产的计划经济体制改革成商品生产的计划经济体制"，"我国现行经济体制的许多弊端，例如，政经不分、政社不分、政企不分和条条分割、条块分割、城乡分割，以及吃'大锅饭'的平均主义倾向等，都是由于超越历史阶段过早地推行产品生产这种生产形式带来的"。①旧体制的主要弊端，包括王琢同志说的那些，看不出来源于产品生产和产品经济。现在很难想象，未来产品经济是政经不分、政社不分、政企不分和条条分割、块块分割、城乡分割，以及吃"大锅饭"的平均主义的。同时，无论从历史背景看，还是从现实状况看，对实际经济生活发生影响的，并不是什么产品经济观，而是自然经济观，即把社会主义经济"看作是像原始共产主义社会一样的实物经济，即没有抽象劳动、价值、价格和货币等概念的自然经济"，不过在理论上却挂上"产品经济观"的招牌，甚至的确有不少人认为他们真的是在按马克思主义经典作家的产品经济理论办事。但实际上，他们往往自觉地或不自觉地就像冶方同志批评的那样，把社会主义社会看成是和原始社会的部落经济一样的，而只是"一个统一集中的计划机关代替了原始部落中的首脑"（第60页）。如果认为弊端是由于过早地实行产品经济造成的，那就容易使人把封建自然经济思想对社会化大生产的反动，粉饰为少数人物的好心和善意了。看来，这种认识无助于我们排除思想障碍，积极稳妥地实现经济体制的改革。

孙冶方新经济体制的基本模式是把计划放在价值规律的基础上

冶方同志在对传统经济体制中的自然经济论进行批判的同

---

① 王琢："经济体制理论研究"，载《南方经济》1983年第1期。

时，正面提出，要把计划放在价值规律的基础上。这实际上是他对新经济体制的总设想，或者说是他的新经济体制的基本模式。

这里首先需要说明，冶方同志说的价值规律，与许多同志说的价值规律不完全一样。正如冶方同志自己1959年在上海举行的全国经济理论讨论会说的，他说的价值规律主要是第二号价值规律，即他后来说的"产品价值规律"。他在"千规律，万规律，价值规律第一条"一文中，更明确地提出他说的价值规律就是时间节约规律，也包括"有计划按比例的规律"（第372页）。与此同时，他承认在存在着两种形式的社会主义公有制的情况下仍然存在商品生产，所以他所说的价值规律有时也包含商品价值规律的意思在内。如果把冶方同志所说的价值规律作这样宽泛的理解，那么他主张把计划放在价值规律基础上，就同我们通常说的计划主要依据社会主义基本经济规律和国民经济有计划按比例发展规律，同时也要依据价值规律的说法，基本上是相通的。但是，在纯理论的分析上，由于冶方同志认为只有全民所有制才能代表社会主义的本质关系，而在他看来全民所有制内部是没有商品性的，因此冶方同志更多强调的是"产品价值规律"而不是"商品价值规律"。虽然这两个"价值规律"的运用，在对具体的经济体制问题的研究讨论中往往不是能够分得很清楚的。

冶方同志提出把计划放在价值规律的基础上，从两方面突破了传统的经济体制：

一是把计划经济和价值规律统一了起来。在旧体制中，计划经济和价值规律是对立的。斯大林曾说，在社会主义计划经济条件下，"价值规律的作用是被严格地限制在一定范围内"，[①]搞计划经济就不能让价值规律广泛发生作用，否则就没有计划经济。冶方同志尖锐地批评了这种观点，说："价值规律同国民经

孙冶方经济体制改革理论的几个问题

_____

① 斯大林：《苏联社会主义经济问题》，《斯大林文选》，人民出版社1962年版，第586—587页。

济的计划管理不是互相排斥的。同时也不是两个各行其是的并行的规律。国民经济的有计划按比例发展必须是建立在价值规律的基础上才能实现。那些无视价值规律，光凭主观意图行事的经济政策（包括价格政策）和经济计划，到头来就是打乱了一切比例关系，妨碍了国民经济的迅速发展；主观主义的强调计划，它的结果只是使计划脱离了实际。"（第12页）这是非常准确地抓住了我们经济计划经常脱离实际的弊病。冶方同志上述的奔走呼号了二十多年的观点，现在已逐渐为较多的人所理解。不少同志开始认为，要使我们的经济工作转移到以提高经济效益为中心的轨道上，关键在于处理好计划经济与价值规律的关系。党的十二大明确规定，国家在制定计划时，不论是指令性计划还是指导性计划，都要充分考虑和运用价值规律。

二是在计划、统计和核算中，把实物指标和价值指标统一起来，并且以价值指标为主。由于片面理解使用价值是社会主义的生产目的，因此，在旧体制中计划统计指标着重于表现物量，而忽视价值量；着重于表现生产的成果即总产值，而忽视对成果的内容即新增产值和转移产值比例的分析。要取得更多的使用价值，必须提高劳动生产率，而这就应该注意劳动消耗的计算。冶方同志说：我们的计划和统计工作"应该注意物质生产的价值方面的计算，即是应该比现在更多地注意成本和劳动生产率的计算与分析研究，更多地注意国民经济平衡表的编制和国民收入的计算与分析研究，更多地注意国民收入同财政收入的比例关系，生产和积累、消费的比例关系的分析研究"。（第13页）冶方同志的这个思想是很可贵的。他常生动地比喻说：抓实物指标，像是抬牛腿，费很大的劲还难以使牛前进几步；而抓价值指标，则是牵牛鼻子，可以不太费劲就能拉牛往前走。只有主要抓价值指标，才能比较顺利地做到节约劳动，讲求效果，以便生产更多更好的使用价值来满足社会的需要。

冶方同志的把计划放在价值规律基础上的新体制，有哪些具体设想呢？概括说来有：

第一，按资金价值量的简单再生产和扩大再生产，划分国家和企业的权责。凡是不要求国家追加投资的，在原有资金价值量范围以内的一切事务，是简单再生产，包括固定资产基本折旧基金的管理，设备更新改造等，属企业的"小权"，应由企业自己安排，使企业成为独立核算的生产单位；凡是剩余劳动创造的价值转化为新投资的，超出企业原有资金价值范围以外的事务，是扩大再生产，属国家的"大权"，国家应该量力而行，严格控制。国家不适当地干涉企业的"小权"，会限制企业独立经营的主动性；国家放弃对新投资的控制，会造成基本建设战线过长，宏观经济乱套。这里需要指出，过去有的同志误认为冶方同志是个分权主义者，其实他始终非常强调国家要集中积累资金搞扩大再生产的重点建设，认为这是国家不能放弃的"大权"。

第二，国家侧重价值量的管理，而使用价值指标则由企业通过合同关系进行平衡。整个国家计划都要以合同为基础。新建企业要自上而下地以各种供应、销售合同为保证；一般计划要自下而上通过对合同的汇总平衡形成。合同一旦签订，双方都得严格执行。

第三，改变由国家统一调拨和分配生产资料的物资供应体制，把全民所有制经济内部的生产资料供应纳入流通渠道，即用企业、部门、地区间的购销关系取代传统的实物配给制。

第四，利润是反映技术水平高低和经营管理好坏的综合指标或中心指标。在以生产价格作为计划价格的基础的前提下，国家按资金利润率来考核企业经济活动的效果。社会平均资金利润率是每个企业必须达到的水平，超过平均资金利润率水平就是先进企业，达不到这个水平的就是落后企业。废除资金无偿占用制，实行资金有偿使用原则。

第五，实行等价交换。首先要在不同公有制之间，工业品与农产品之间实行等价交换原则，逐步缩小以至消灭工农业产品价格的剪刀差。同时，在全民所有制经济内部，不同部门、地区和企业之间，也要实行等价交换。因此价格要尽量符合价值（或生产价格）。他反对没有价格同价值的背离就没有价格政策的说法，不赞成把价格作为国民收入再分配的杠杆来利用，认为价格的最重要职能是核算社会劳动消耗。在一般情况下，只有价格与价值（或生产价格）相符，才能较好地发挥价格对社会主义生产和流通的积极作用。

这几条设想的核心是把社会主义国家和企业的关系作为经济关系来处理。冶方同志是我国最早把经济体制改革的重点从中央和地方的权力分配关系转移到国家与企业的经济关系上的经济学家。他为处理这个关系提供了一个简明的经济数量界限。冶方同志曾经说过：用资金价值量的简单再生产和扩大再生产，来划分企业"小权"和国家"大权"的标准，是他自己的一项创造。尽管人们对这个主张有不同意见，并且这几年来改革的实践也跨越了这条界限（一部分可用于扩大再生产的资金也包含到企业留利之中），但它仍不失为具有重要理论意义和实践意义的独到见解。与此同时，我们也看到，由于冶方同志强调的是产品价值规律而不是商品价值规律，他的经济体制模式基本上是排斥商品货币关系的。早在20世纪五六十年代，他在激烈批评自然经济论的同时，就反对把商品货币关系引进全民所有制内部来。即使在他所承认的两种形式的社会主义公有制之间的商品关系上，他在实际上也是主张用产品价值规律来调节它们的关系，最明显的例子就是他反对利用价格与价值背离向农民征收间接税，而主张取消"剪刀差"，征收直接税，就是说，即使在不同所有制之间的关系上，他也反对把价格当作经济杠杆来使用。他把反对自然经济论和商品经济论这两种倾向作为经济学思想上的两条战线斗争提出来。（第216页）进入20世纪七八十年代，冶方同志在继续坚持批判自然经济论的同时，仍然批评某些同志好走极端，先是根本否认价值规律对全民所有制经济的调节作用，现在承认了这种作用，却把商品货币关系也引进了全民所有制。我们完全赞成冶方同志对自然经济论的批判，但是，他对商品经济论的批评，我们认为似乎还值得进一步讨论。

我们都知道，社会主义计划经济，从根本上说有两条要求：一是要合理分配社会劳动，正确地安排和保持国民经济的适当比例，求得生产和需要的平衡，使产品符合社会需要；二是要节约活劳动和物化劳动消耗，求得最大的经济效果。这两条在冶方同志论著中有过非常精彩的论证，并给了自然经济论以有力的打击。他说：把比例"不看作是社会必要劳动的比例，价值的比例，而只看成是或主要看成是使用价值的比例，那么结果是以工艺技术定额代替了各生产部门之间的社会必要劳动的平衡（包括物化劳动和活劳动的平衡），代替了价值平衡，于是就会违反等价交换原则"。（第331页）他还说："经济效果就是指投资效果的好坏和劳动生产率的高低，而这都属于价值范畴。由于过去大多数经济学者把未来社会的经济看作是自然经济，所以投资效果也在很长一段时间内被看作是资本主义经济范畴，造成高消耗、低效果，这点理论工作者是要负责的。"（第127页）这是令人折服的真知灼见。但是，怎样实现平衡和节约呢？在现阶段，这是很难离开商品货币关系调节的。

从实践看，是否承认商品货币关系的存在，这对社会主义计划经济的发展关系极大。三十多年来，我国社会主义建设曾有两个时期发展比较快，一个是第一个五年计划时期，一个是20世纪60年代调整时期，这两个时期同其他时期相比，都比较注意发展商品货币关系，尊重商品价值规律，结果是城乡协作好，农轻重关系比较协调，各部门各行业都注重经济核算和提高经济效果。

但是，在国民经济发展中，也曾有两个时期受到了比较大的挫折。一个是第二个五年计划时期，一个是"文化大革命"时期，都是因为在"左"倾思想指导下，不尊重价值规律和等价交换，企图取消商品货币关系，或者认为发展商品货币关系必然导致资本主义而加以排斥和打击，造成国民经济比例严重失调，经济建设中浪费损失惊人，经济活动效果下降。当然，这与林彪、陈伯达、"四人帮"在政治上、经济上的破坏也是分不开的。党的十一届三中全会以来，我国国民经济发展比较顺利，原因固然很多，但与我们党在经济建设和经济工作中尊重客观经济规律，包括价值规律，确定"大力发展社会主义的商品生产和商品交换"的方针是分不开的。我们看到，商品货币关系不仅在不同所有制之间得到了很大的发展，而且，在社会主义全民所有制经济内部也得到了广泛的发展，如承认国营企业是相对独立的商品生产者，扩大了企业的经营自主权，生产资料一批又一批地作为商品进入市场，企业之间、地区之间以及部门之间经济协作的开展，等等。商品货币关系的这种发展使生产者在客观内在经济机制的作用下，具有了发展生产的动力、压力和权力。

那么，社会主义全民所有制经济中存在商品货币关系的必然性是什么呢？我们都知道，在社会主义生产资料公有制基础上，代表人民利益的国家，独立核算的生产单位以及劳动者个人，这三者在根本利益上是一致的，这是能够实行计划制度的最深刻的经济根源。但是，与此同时，他们之间也存在着经济利益的差别和矛盾。这种经济利益的差别和矛盾，是商品货币关系存在的根本原因。在社会主义历史阶段，劳动还不是像共产主义阶段那样成为生活的第一需要，而还是劳动者谋生的手段，劳动者的劳动能力和贡献的差别，必然要反映在经济利益的大小上，否则就会影响劳动者积极性的发挥；而劳动者集体即企业经营的好坏，也必然要反映到企业相对独立的经济利益的差别上，否则也会影响企业改善经营管理的积极性。这种经济利益的差别和矛盾，仍然需要按等价交换的原则来调节，从而需要保留商品货币关系。

冶方同志积极倡导经济体制改革，并强调价值规律，但却不大考虑社会主义全民所有制经济内部保留商品货币关系的必然性和重要性，因为他的价值规律一般是同商品生产和交换脱钩的，是产品价值规律，只起核算社会劳动消耗的作用，并一般反对运用价格同价值的背离作为调节社会生产和流通的杠杆。这与他过分注意社会主义人们的利益一致性而忽视利益差别性可能是有关系的。我们看到，冶方同志在20世纪五六十年代的文章、讲话中，每当批评自然经济论时，都顺带要批评强调物质利益原则的观点，他曾说："既然社会主义全民所有制企业所创造的利润是企业职工为社会扩大再生产和社会公共需要所创造的财富，因此就必须全部上缴国家，而修正主义者则提倡以物质刺激原则为指导的利润分成制度和奖励制度。"（第261—262页）当然，冶方同志是坚持社会主义按劳分配原则的，而反对一切靠物质刺激；他也没有一般的反对物质利益原则，并特别强调和重视国家的全局利益。这些，无疑都是正确的，至今有现实意义。但是，冶方同志在强调上述正确观点时，也有点过头，实际上主张完全取消利润分成制度和奖励制度。尽管在打倒"四人帮"后，他对这个观点作了修正，但却还没有考虑上述观点对他的社会主义经济理论体系的影响。

冶方同志在他的社会主义经济理论体系中为什么会忽视人们的利益差别性呢？我们考虑也许有两条原因：

一是20世纪五六十年代的政治环境。我们都知道，冶方同志具有特色的社会主义经济理论观点基本上是在五六十年代形成的。在那个年代，唯意志论广泛流行。冶方同志旗帜鲜明地对此进行了斗争，但同时也应该看到，人是环境的产物，他在举国批判物质刺激的"左"倾思潮面前，也不能说没有受到一点影响。

他说："在当时陈伯达、张春桥刮起的反对物质刺激、否定按劳分配的'共产风'影响之下，我一般地否定奖金和企业留成"，这是一种"左倾思想"（第3页）。还说："左倾病是社会主义国家中的流行病，在我们这个原来小生产者占绝对优势的国家里更不例外。在我们中间，患这种左倾病只有轻重程度之分，没有有无之分。"①这是一位无产阶级革命家光明磊落的自我检讨。

二是他研究社会主义经济方法论有一定缺陷。大家知道，马克思主义政治经济学的叙述方法必须与研究方法相区别。研究是从具体到抽象，而叙述则倒过来，从抽象到具体，从简单范畴到复杂范畴。冶方同志研究社会主义经济是以纯粹意义上的社会主义全民所有制为对象的。他主张用"脱衣法"把社会主义经济运动过程中一些非本质的、次要的现象暂置不理，待把本质的、主要的经济现象研究清楚，再用"穿衣法"把那些暂置不理的经济现象引进来。这个研究方法，在原则上来说是对的。但是，脱衣要脱到什么程度，这却是一个重大问题。列宁说："人类从资本主义只能直接过渡到社会主义，即过渡到生产资料公有和按劳分配。"②所以，纯粹意义上的社会主义所有制应该是生产资料公有加按劳分配。但是在冶方同志的方法论中，按劳分配却作为社会主义非本质的、次要的因素舍象了。这不仅在理论上很难说得通，而且也导致了他整个理论体系对社会主义经济利益问题的忽视。

但是，冶方同志在运用"脱衣法"即抽象法的同时，也强调社会主义社会是一个变化多端和错综复杂的社会，我们在研究它的时候，也要从实际出发。因而认为，尊重商品交换和等价交

① 孙冶方："为什么调整？调整中应该注意的一个重要问题"，载《社会主义经济的若干理论问题（续集）》，人民出版社1982年版，第241—242页。
② 列宁：《无产阶级在我国革命中的任务》，《列宁选集》第3卷，人民出版社1972年版，第62页。

换的原则是"能否处理好城乡关系和工农关系的关键所在"。在冶方同志心目中，大力发展两种社会主义公有制之间的商品生产和商品交换，对发展社会主义经济有重大意义。同时他还由此强调了"国营企业之间的往来难免带有一定程度的商品性质，它们之间的交换仍旧需要采取商品交换的方式"（第81页）。十一届三中全会以来我国经济体制改革的试点经验，使他对社会主义商品货币关系有了进一步的认识，他开始注意了企业、劳动者之间的利益差别。1982年5月，冶方同志在给中国商业经济学会成立大会的信中，从发展社会主义全民所有制经济的意义上强调说，生产的服务对象是消费者，不是仓库，过去只强调商业要有生产观点，不强调生产要有商业观点（即能卖出去），那是有片面性的。对全民所有制企业来说，也存在着W—G即实现问题，呼吁以此为出发点改革现行计划体制。这是他理论观点的一个重大发展。我们相信，如果不是病魔过早地剥夺了他从事研究工作的权力，他一定会从实际出发，来对自己的理论做出新的更加完整的表述。

孙冶方经济体制改革理论的几个问题

再论买方市场*

（1983年9月）

近两年来，经济学界关于"买方市场"的看法时有争论。我曾在1980年写过一篇关于计划调节和市场调节的文章①，提出要建立一个社会主义的有限制的买方市场。后来有同志反对这个提法，尽管如此，"买方市场"这个概念却越来越多地被运用到我们的经济生活中来了，并以此来分析实际问题。特别是1982年以来，市场情况之好是二十多年所没有的，因而"买方市场"的说法就更为流行。由于有反对意见，究竟应该如何看待"买方市场"的问题，我想就以下几个方面，再谈点自己的看法。

一、问题的提出

"买方市场"并不是单纯从西方移植过来的"舶来品"，应该说，它是从我们实际生活中提出来的，是在我国经济调整、经济改革中碰到的一个问题。经济调整就是要把失调的国民经济比例调整过来，包括农轻重、积累与消费等一些基本比例的失调。那么，比例失调的根子何在？就在于为生产而生产，生产的目的不够明确。社会主义生产的目的本来是不断满足人们对物质文化

---

* 原载《财贸经济》1983年第9期；《人民日报》1983年9月23日转载摘要。

① "略论计划调节与市场调节的几个问题"，载《经济研究》1980年第10期。

生活日益增长的需要，而过去我们却由于对消费者利益重视得不够，使生产所花的代价与人民生活的改善不能相比。为生产而生产，忽视消费者利益表现在很多方面：人民收入增加得缓慢，有的时候还有降低；市场供应越来越紧张，凭票、凭证的商品越来越多，排队现象十分普遍；品种花色很少，几十年一贯制；服务质量很差；等等，这一切使走后门的不正之风愈加严重……这些都是前些年我们经济生活中经常遇到的问题，因而展开了生产目的的讨论，有的同志在报刊上提出了"消费者权利"的问题。[1]消费者在市场上没有权利，生产者和供应者是主宰，消费者只能听从生产者、供应者的意志。"买方市场"的提出是生产目的讨论和消费者权利讨论的继续。怎么把我们的市场变成真正为消费者服务，听消费者意见，由消费者做主的市场？我们调整国民经济中的积累与消费、流通与生产以及农轻重等比例失调的最终目的，仍然是为消费者服务。这就是从调整中产生出来的要建立一个买方市场的想法。

　　改革就是改变过去过分集中、过分采取行政办法来管理经济的种种弊病。社会主义经济适当的集中是必要的，行政手段也是必要的，但过分集中、单纯行政手段只能把经济管死。进行经济体制改革，就是要在坚持必要集中的前提下，实行适当的分散；在保留必要的行政手段的情况下，更多地利用经济手段；在坚持计划经济的前提下，发挥市场调节的辅助作用。使得集中与分散相结合，行政手段与经济手段相结合，计划与市场相结合，更多地利用市场机制的作用、经济杠杆的作用来管理经济。这就需要一个比较松动的市场，供求比较协调的市场。市场如果老是紧张，物资商品总是处于供不应求的状况，那就只能更多地采取强制性的计划控制，更多地采取集中的行政手段。那么，集中与分

---

① 黄范章："'消费者权力'刍议"，载《经济管理》1979年第2期。

散相结合、计划与市场相结合、行政手段与经济手段相结合都谈不上了。那样一来，改革还怎么办得到呢？！因此，从改革的要求来讲也必须有一个松动的市场。要有相当数量的物资、商品储备和后备，不是直接马上要用的，而是能够根据市场情况进行调节的，这也就是我们所说的"供给略大于直接需求的有限制的买方市场"。

"买方市场"这一概念里的"买方"，不单指作为个人消费者的买方，而且包括作为"生产的消费者"的买方。生产的消费者也就是生产者，他在市场上既作为产品销售者的卖方而出现，也作为原材料等的购买者即买方而出现。在存在着买方市场的条件下，不仅个人消费者，而且生产者也有选择的余地。个人消费者选择商品是为了更好地满足其生活需要，生产者选择什么东西来投入生产，什么原材料，什么设备，等等，是为了使他生产的产品能够价廉物美。生产者在原材料等的投入上进行选择，是他行使企业自主权的很重要的一条。假如，生产者在投入上不能自主选择，给他什么就是什么，他也就没有多少自主权可言了。而生产者在投入上能否有选择之权，同市场的松动与否有着密切的关系。假如物资很紧张，市场供不应求，他就无从选择，只好你配给什么就用什么（或者根本不能用）。当前的讨论中，许多同志着重从个人消费者利益的角度考虑买方市场问题，我认为，生产的消费者也同样存在着需要一个买方市场的问题。当然，个人消费者也是生产者，商品供应丰富和生活的改善，无疑会对他的生产积极性产生良好影响。

所以，社会主义经济中需要建立一个买方市场的问题，一是在经济调整的过程中提出来的，二是在经济改革的过程中提出来的。这个市场包括个人消费者和生产的消费者，是买方能够说话、能够选择的市场，而不是消费者无权说话，不能选择，给你什么你就只能买什么的卖方市场。

刘国光
经济论著全集

第
5
卷

二、概念

"买方市场""卖方市场"的概念本身，最先是西方经济学使用的。后来一些东方国家的文献中也用了。这个概念是属于商品经济的一个概念，不是资本主义的经济概念。有商品经济就有商品的供给与需求的关系。市场上供给与需求关系在一种形势下（供大于求）就出现了买方市场，在另一种形势下（求大于供）就出现卖方市场。凡是有商品生产和商品交换的地方都会存在这两方面的情况。

但是，人们有一个疑虑，好像买方市场只是属于资本主义社会特有的，因为资本主义的生产是在追逐利润的动机下盲目扩大生产，而另一方面由于广大劳动人民受剥削，购买力相对跟不上，因此造成供大于求。相反地，供不应求应当是社会主义经济的特征，购买力的增长，超过生产的增长，表现了社会主义的优越性。①这似乎成为过去政治经济学中的金科玉律了。早在20世纪20年代苏联就有一位经济学家提出，"在商品资本主义经济中存在着普遍的松动，而在无产阶级自然经济中则存在着普遍的短缺"，②似乎供不应求的问题是社会主义经济无法解决的。而西方不少经济学家也就以此为口实攻击社会主义，断言我们就是解决不了这个问题。但是，我认为这个问题是可以在社会主义计划经济下解决的。社会主义的计划经济，既包括生产供应方面的计

---

① 斯大林在讲到苏联经济制度比资本主义经济制度优越的地方时，就说，"在我们苏联这里，群众的消费（购买力）的增长总是超过生产的增长，推动生产向前发展，而相反地在他们资本家那里，群众的消费（购买力）的增长从来赶不上生产的增长，并且总是落在生产后面，往往使生产陷入危机"。（《斯大林全集》第12卷，第282页。）

② 参见匈牙利JANOS KORNAI著：ECONOMICS OF SHORTAGO Vol. A，第29页。

划，又包括购买力需求方面的计划，这两个方面，国家都可以控制，控制到一个适当的程度就可以掌握总的平衡。不但可以掌握供需的平衡，还可以根据经济发展战略的需要，掌握供需的不平衡，制造一个供过于求的局面或求大于供的局面，社会主义计划经济都能有主动权来掌握，而不像资本主义私有制决定了不可能搞这种平衡。

我有时思考这样一个问题，能不能说资本主义市场的特征就是买方市场？并且能够始终一贯地造成买方市场？我看不能这么讲，恐怕随着它经济周期的变化，不同的时候有不同的情况。再一个从整个世界的资源、行情发展看，也有周期性变化。比如石油，有一段时期是个卖方市场，价格从两美金一直涨到三十几美金，而后来因为产油国一下子上去了，耗油国拼命节油，又引起了买方市场，价格一下子跌到二十几美金。据预测，到20世纪90年代，石油供需关系将再趋紧，油价也将看涨。当然其间有人为的因素，也有市场的规律性。再从经济周期的变化看，当资本主义经济处于萧条、危机、复苏的时候，东西多、卖不掉，买方市场是很显眼的；但当它从复苏后期进入繁荣阶段，许多东西也很紧张，形成卖方市场。此外，资本主义的各种形式的垄断，既能造成买方市场，也能造成卖方市场。当然总的讲起来，资本主义逃脱不了生产过剩的周期性危机的冲击。而且这种由于生产过剩造成的买方市场确实引起极大浪费。但是否因为这个原因，我们社会主义就不能运用买方市场的概念呢？还有一点，资本主义之所以出现上述情况是剩余价值规律决定的，并不是为了消费者的利益，后者并不是它的生产目的，这个道理是显而易见的。而社会主义的生产目的是为了不断满足人们对物质文化的需要，正因为如此，就必须尊重消费者的权利，就需要一个买方市场，使得消费者能够说话，有主权，能够决定生产的方向。在这个含义上的一个买方市场是很必要的。因此，我们在开始运用这个概念的时候，就给它一个限制，使它不同于西方讲的买方市场那么回事。

所谓社会主义经济需要的"买方市场"讲的是：供略大于求，商品生产比直接的需求稍大一点，大出多少呢？第一要大出一个必要的预防不测事故的后备，预防比例不协调的后备。这里的不测事故包括自然事故，生产上技术性的事故，等等。第二要大出一个经常性的调剂余缺的周转性的储备，包括生产环节上的、流通环节上的周转性储备。第三要大出一个能够造成必要的卖方竞争的余额。卖方竞争是形成买方市场的不可分割的一个要素，通过竞争要把那些质次、价高、过时的东西淘汰掉。在生产不断发展中，总有一部分物不美、价不廉、过时陈旧的产品要通过市场的筛选不断地被淘汰，被处理，这些东西就是多余的。有些生产者不改进生产，他们只好在竞争中承受损失。社会主义经济中买方市场的供给略大于直接需求的"限制"，就是限制在这个范围，不是像资本主义的生产过剩。而供需买卖双方都是社会主义的生产关系的承担者，或者是集体，或者是国家的代表，或者是劳动者———一方面是生产者，一方面是消费者，而且双方都在国家的计划（直接计划或间接计划）控制之下，即使是自由市场里面的活动，也是国家计划的综合平衡里面，通过经济杠杆等来控制的。当然，现在实际上控制得不够好，这是另外一个问题，是我们工作上的不完善或者失误造成的，从理论上说我们是能够控制的。因为买卖双方都是社会主义生产关系的承担者，双方都是处在国家的直接、间接计划和国民经济的综合平衡的罗网控制之下。那么，一方略大于另一方，又是有限度的，也应该是计划能够控制的，而且这个限度又首先是可以从宏观上来掌握的。

这里要明确一点：使生产和供给略大于直接的需求，这本身就是总的平衡关系里面的一个构成要素。我们总的国民经济的综合平衡应当就包括生产和供给略大于直接的购买力需求的因素，这一点很重要，因为有些同志总是把买方市场同按比例发展的综合平衡对立起来。这不是一个对立的关系。这本身是在综合平衡中要考虑的因素，综合平衡就得考虑计划要留有余地，留有后备，使我们计划很主动，整个经济的发展也就主动稳妥，这就联系到马克思讲的"生产过剩"，"这种过剩本身并不是什么祸害，而是利益；但在资本主义生产下，它却是祸害"。[①]也就是说，生产大于直接需求的这一部分，在资本主义社会里变成危机的祸害，而在社会主义社会里则是有计划的控制和调节的一个很重要的因素，对社会主义社会是非常必要的。

所以，我们一开始运用这个概念，就给"买方市场"限定了一个范围，规定了它的界限：其性质与资本主义不一样、意义也不相同，用它来分析我们的经济生活，达到我们经济政策的目的，又有什么不可以呢？这可以用"利润"概念作个类比。孙冶方同志当年将社会主义利润与资本主义利润划清了几条界限[②]以后，很多人还是认为不能用，批判了他好多年。划清界限后的利润就是要争取的，没有利润社会主义社会怎么能够扩大再生产！没有买方市场，没有消费者的权利，怎么能够实现我们的生产目的呢！没有那样一种比较宽松的市场，没有那样一种留有余地的、稳定的经济发展，市场总是绷得那么紧，总是感觉到东西短缺，经济生活怎么能搞得好呢！

我最初是把"买方市场"作为一个宏观的概念提出来的，就是说在整个国民经济范围总的需求与总的供给的关系上要有一个买方市场的局面。其前提就是要使积累加消费所形成的社会总购买力同可供使用的国民收入相适应，前者的规模不能超过后者

① 《马克思恩格斯全集》第24卷，人民出版社1972年版，第526页。
② 孙冶方：《社会主义经济的若干理论问题》，人民出版社1979年版，第260页。

而应略小于后者。在宏观平衡的前提下，某一个商品的市场，某个地方的市场有没有出现买方市场、或者卖方市场，这是个从属性的问题，当然也是很重要的问题。在总的平衡之下，这一层的问题，具体商品的市场平衡问题比较好解决，而且具体的商品市场往往不论是用计划控制也好，或者是市场调节也好，具体的品种总是这里多那里少，不可能达到商品结构与需求结构的完全一致，总是处在不断的调整之中。有的同志提出所谓"结构性的买方市场"的概念[①]，我认为"结构性的买方市场"只有在总的市场的松动下才能出现，没有一个总的市场的松动，结构性的买方市场不大可能出现，因为如果总的经济情况是紧张的，就会造成一种抢购的心理和行为，不管你供应什么东西我都买，不用的也买回来，看见队伍就站排，也不管前面卖的是什么东西。这样，就没什么结构性的买方市场了。结构性买方市场是有的，但是它的前提是总的经济情况要有所松动。至于供需结构上的不平衡，永远都会存在，总要不断调整。我们力争市场供需总量上的协调，结构上也要协调，这是我们的目标。

反对使用"买方市场"这个概念，归根结底就是把这个概念同资本主义的引起周期性危机的、引起生产力浪费和破坏的、那样一种生产过剩的买方市场联系起来了。这样一种"买方市场"我们当然要反对。但我提出的不是那样的买方市场。在资本主义的买方市场上，资本家为了追求利润，把消费者奉为他的什么"衣食父母"，鼓吹什么"顾客就是上帝"，这都是虚伪的说词。这种买方市场发展到一定程度就表现为生产过剩的危机，使得整个社会受害。尽管资产阶级的经济理论家和经济政策的制定者费尽了心机，总是回避不了这种周期性经济危机。资本主义国家也无法控制它那个市场。资本主义买方市场供需的失调，并不

① 郭文轩："'买方市场'疑议"，载《经济学周报》1983年4月4日。

是整个经济平衡的因素，而是本身就是不平衡、比例失调的表现，这同我们所讲的社会主义的买方市场是国民经济综合平衡按比例发展里面的一个因素，是截然不同的。把社会主义经济中的买方市场同资本主义买方市场划清了界限，为什么还不能用这个概念？有了几条界限，我看是完全可以用的。

三、社会主义经济要不要一个买方市场

划清了界限以后，不但我们可以用这个概念，同时我们还要理直气壮地建立一个买方市场。建立买方市场的好处、意义过去说了不少，这里用不着多说了，概括地强调几条：

1. 实现消费者的权利。消费者的权利只有在买方市场的局面下才能实现。如果国民经济的计划平衡不是留有余地，留有后备，而是处处留有缺口，各种商品物资短缺，市场供求绷得紧紧的，那么消费者的权利就实现不了，社会主义生产的目的，要真正实现也很难。只有实现了社会主义的买方市场，消费者才有说话的权利，他是受到尊重的，他是被服务的对象，而不是被冷遇、被训斥、给你什么是什么甚至爱给不给的那种对象，这与社会主义的商业格格不入，为了结束这种状况，就必须建立社会主义的买方市场。

2. 促进卖方的竞争，给生产者以压力。只有在买方市场的条件下，才能给生产者以压力，促成卖方的竞争。产生竞争，这是好事，在卖方市场或者在一种紧张的平衡之下，反正是一种买方求卖方、消费者求生产者的关系，那么，经营上的缺点，技术上的劣势，管理上的毛病，都会被表面的繁荣所掩盖，而成为理所当然的了。只有出现了买方市场，才能把这些矛盾揭露出来，促使它必须改进，包括改进生产技术、改进经营管理、改进服务态度，你如果不改进，你在竞争中就混不下去。

刘国光
经济论著全集

第
5
卷

3. 有利于改革。买方市场的出现，将为我国经济体制的改革提供一个良好的条件，有利于改革。这我已在前面讲了，就不再重复了。假如我们的市场条件还是很紧张，东西还是不够，急急忙忙去改，比如，1983年上半年我们看到有些商店搞了承包，由于东西还是那么多，还存在供不应求的紧俏商品，于是出现了短斤少两、变相加价、倒手买卖等问题。这样，市场条件不具备，反而把改革的名声搞坏了。所以必须有一个松动的市场来为改革提供适宜的环境。

4. 促进精神文明。买方市场的出现，对精神文明，对社会风气的好转有好处，东西多了才能真正刹住走后门、乱敲竹杠之风，有了竞争才能促进服务态度的改善，等等，这些道理也是不言而喻的。

反对社会主义社会里需要一个买方市场的理由，如前面所讲的，归根结底是把买方市场说成与资本主义生产过剩危机是一码事。有些同志提社会主义社会要有计划按比例，社会主义需要的不是买方市场，而是供需比例协调的市场，但同时也强调供给略略大于需求。我以为这与我所讲的社会主义买方市场没有本质差别。这里需要分清的是：我们所讲的供给略大于直接需求本身是国民经济综合平衡要考虑的一个因素，而资本主义市场的供大于求则是一种比例失调的表现。这就是界限的关键所在。提出不要买方市场而要供需比例协调的同志，实际上已把供给略大于直接需求即我讲的买方市场的含义，包含进去了。例如贾履让等同志讲的"供需平衡"就包含了这个"余额"，[1]这就是马克思讲的必要的生产过剩。应该指出，超过直接需求的那个"余额"同那几种扣除（如扩大再生产的扣除、增加消费的扣除、集体消费的扣除，等等）还不一样，我们讲的直接需求包括了扩大再生产的

再论买方市场

----

[1] 贾履让、林文益："关于'买方市场'的质疑"，载《经济研究与管理》1981年第5期。

需求，包括公共集体的需求以及个人的需求，而供给大于直接需求就是大于这些直接需求，大于多少呢？就是前面所说的必要的周转的储备，应付不测事故的后备，以及通过竞争被淘汰的一部分。这一部分余额是永远应该有的，是经济生活前进所要求的，要前进就会有淘汰，我们就希望出现一个局面，就是那些质次价高、过时陈旧的东西不再有人去抢着买，而是卖不掉，经过市场的筛选被逐步淘汰掉，这样才能不断前进。如果这些同志所说的"余额"与我讲的"供给略大于直接需求"是一个意思的话，那仅只是说法的不同而已，并不是有人只强调买方市场而不强调供求平衡。这并不是对立的观点。而提出要建立一个买方市场的主张正是认为没有一个供给略大于直接需求的安排，没有买方市场这么一个因素，整个综合平衡就稳定不了，整个国民经济的留有余地、留有后备的稳定的发展也实现不了。另一方面这又与解决我们社会现象中的一些弊病有直接关系。为了反对过去那种紧张的供求平衡，甚至保留有缺口的平衡，而突出提"买方市场"的概念，这没有坏处，只有好处。所以我认为，提出要建立一个社会主义的买方市场，概念清楚，观点鲜明，对于我们当前经济的调整和改革，对于实现四化任务，都是有益的。

那种认为一提倡买方市场就会引起积压、浪费，这还是把它与资本主义买方市场的概念相提并论了。另外还有一个道理也需要讲明的，有一种观点认为，在社会主义社会中，买卖双方应平等对待，兼顾双方利益；不能光讲买方利益，只提买方市场。[1]但是，第一，社会主义社会没有单纯的买方或单纯的卖方，卖方也是买方。作为买方来说，买方市场对大家都有好处，从劳动者个人来说，劳动力是不出卖的，劳动者只是买方，广大人民群众从买方市场得到好处是无疑的。从企业来说，它既是买方又是卖

---

[1] 贾履让、林文益："要造就一个供大于求的买方市场吗"，载《光明日报》1981年7月18日。

方，企业要购买生产资料。比如机械行业的企业，过去产品在市场紧张时很容易销出去，作为卖方讲起来，真是人家有求于他。但他如想要钢材、要动力，也很困难，无权选择其所急需的材料，只能靠统配，而统配的物资可能并不一定是他所需要的，因此投入的东西，可能成本高，规格不合用，需要多加工、多改造，从卖方市场得到的好处，比起他在买方市场获得的坏处，不见得是有利的。反过来出现了买方市场以后，销售是有些困难了，因而，采购员满天飞变成推销员满天飞了。但他进一些钢材，买些原材料就容易了。第二，生产的目的，流通的目的还是为消费者服务的，消费者包括个人的消费和生产的消费。这里有个谁服从谁的问题。总不能让消费者服从生产者吧！只能生产者服从消费者，应该是这么个道理。我认为，这里面没什么平等可言。从为谁服务的关系来说，没有什么平等可言，生产者就是应该为消费者服务，而不是相反。当然，从整个社会关系来说，生产者与消费者、卖方与买方是平等互助的关系，他们之间应当互相尊重，互相协作，但这与买方市场的问题无涉。第三，国家收购的农产品，有些地方出现了销售难，特别是实行联产承包责任制，产量大增，而有些原来商品经济不太发达的地方，国家收购点很少，发生了压级压价等现象，这里的买卖，买方居于优势，卖方要听买方的，似乎这就是买方市场的毛病了。我看这不能同买方市场混为一谈，这主要是国营商业收购的垄断以及流通渠道的不畅造成的。

有的同志说买方市场不是一个供大于需的问题，而是一个竞争和垄断的问题，这有一定道理。一方面，如果东西多了，还是一家独营，没有竞争，卖方市场仍然还是难于转变为买方市场的。另一方面，如果供给上没有一定的松动的话，竞争也搞不起来。所以两个方面的原因都不能忽视，而供给的松动是前提。没有更多的东西，而渠道多了，商贩多了，只能造成混乱，并不能造成买方市场。所以要造成一个我们所需要的买方市场，必须要两个条件，一是要有比较充裕的供给，即略大于直接需求的供给，二是要增加流通渠道和网点，实行卖方之间的必要的竞争。两条缺一，都不可能形成健康的买方市场。

四、关于目前市场形势的估计

大家比较一致的认识是，党的十一届三中全会以前很长一段时间，我国市场一直比较紧张，基本上是卖方的市场。三中全会以后，由于调整和改革的结果，使得我国的整个市场状况有了很大变化，特别是1982年的市场情况，是二十多年从来没有的好。1983年上半年，城乡市场继续繁荣兴旺。对目前的市场形势，大致有三种看法：一种是说买方市场的局面已经形成了；一种是说在卖方市场向买方市场的转化过程之中，但很不稳固；一种是认为尚未形成。我认为第二种意见比较接近实际。总的来看，是还不够稳定、不够稳固的转化，从总体上讲还不能说是已经形成了买方市场，只是在总的经济生活有所松动的情况下，某些商品，某些局部市场，出现了买方市场的趋向。从整体上看买方市场的局面仅仅是在形成的过程之中，而且很不稳固，随时有转回去之可能。实行调整方针以后，特别是由于压缩投资、基建下马……在1980—1981年，生产资料的供需矛盾有所缓和，当时机电产品，冶金产品，以及部分建筑材料等销售发生一些困难，各种展销会搞得很多，出现了部分买方市场的情况。但到了1982年又有变化，主要由于固定资产投资规模又上去了，生产资料市场重新开始紧张，原来就是"瓶颈"的能源和交通更趋紧张，而一度形成买方市场苗头的机电产品和三材等原材料又开始紧张，物资部门收回了部分企业自销的产品。而消费品情况，1979—1981年人民收入和购买力增加很快，商品供应一下子赶不上来。到了1981

年年底开始出现比较显著的缓和，除了农业生产关系的改革对农业生产起到越来越显著的效果外，这主要是由于贯彻进一步调整的方针，进一步压缩基建投资规模，采取了加强轻工业发展的六个优先等措施的结果。消费者的收入增加了，消费品的供应也赶上来了。社会商品零售额的增长率同货币流通量增长率的对比，一年比一年接近。

	社会商品零售额比上年增长	货币流通量比上年增长
1979年	+15.5%	+26.3%
1980年	+18.9%	+29.3%
1981年	+9.8%	+14.5%
1982年	+9.4%	+10.8%

1982年有一个情况，就是工、农、商、饮食业等部门为市场供应的零售商品货源的增长速度超过了购买力增长速度：为社会提供货源增长11.6%，而当年形成的购买力则增长9.8%，扭转了前几年购买力增长大于货源增长的情况。前些年凭证供应的商品有70多种，现在只剩几种，可以由消费者自己选购所需商品了。出现了生产者、供应者之间的竞争，使他们感到有压力，所谓"形势大好，生意难做""形势大好，厂长难当"，一时间讲求市场经营之术和利用广告推销之风突然兴起，这是前所未有的。另一方面，是消费者的心理变化，消费者有了选择的权利，他们对消费品的"口味"越来越高，由"持币抢购"转变为"持币待购"再转变为"储币选购"。据说，人们对中、高档耐用消费品有"七不买"：不是名牌的不买；质量不高的不买；难修理的不买；式样不新颖的不买；不急需的不买；货不对路的不买；不降价不买。这几年居民储蓄大大增加，1982年年末达到675亿元，其中相当大部分是定期储蓄，在城市占80%以上，农村占60%以上。据一些地区典型调查，后备性、积累性的存款约占居民储蓄存款总额的2/3~3/4。消费者心理的稳定，同物价涨势的趋缓与

逐步稳定，也有重要关系。消费品零售物价上涨的幅度，1980年是6%，1981年为2.4%，1982年降到1.9%。所有这些情况，都反映了市场供应的好转和卖方市场向买方市场转化的趋向。

我们说卖方市场逐渐向买方市场转化，但迄今并没有形成一个稳固的买方市场。从上述情况可以看出：第一，从1982年下半年以来，生产资料买方市场势头已经缩回去了，并且出现了一股涨价的歪风。第二，还有相当一部分重要的消费商品的供应仍是不足的，比如粮食、火柴、肥皂等在某些地区仍呈紧张状态，农村需要的建房材料一直供不应求。至于部分积压产品，却是由于品种质量、价格不合理等原因造成的。另外农村的购买力潜力也没有完全挖掘出来，这里存在着流通渠道不畅等一系列的老问题。第三，特别值得注意的是，由于1982年固定资产投资规模的再度急剧膨胀，造成重工业回升过猛，在能源材料的供应不足和交通运输日趋紧张的情况下，已经开始露出重工业重新挤轻工业的苗头，1983年上半年这种趋势仍在继续。再就是，由于消费基金的增长有些失控，1983年上半年社会商品购买力的增长速度又超过了零售商品货源的增长速度。所以我们对形势的估计不能盲目乐观。现在我们已经出现了生产资料买方市场势头的消失，消费资料买方市场也很不稳固，如果我们固定资产的投资再来一次大规模的失控，再加上工资奖金福利上的失控如不扭转，那么，好不容易出现的买方市场的势头便会荡然无存，重新回到卖方市场的老路上去。这个情况值得我们严重注意。

这里顺便再讲讲前面提到的一种观点。这种观点认为这两年出现的所谓"买方市场"，并不是真正的"买方市场"，而是"结构性的买方市场"。因为有的品种不对路，消费者需要的，你没有，名牌货你没有，而杂牌的却积压了不少；因为你质量差，价格高。不是没有销路，而是价格高，比如化纤品积压，按平均消费量来讲，我国人均消费化纤布很低，怎么还会积压呢？

还是因为价格太高。1983年化纤布一降价，积压的又很快销出去了。还有流通领域本身的组织问题，造成这里积压那里脱销。

因此，如果说出现了什么买方市场，那也只是"结构性的买方市场"，而不是真正的买方市场，真正的供略大于求的买方市场。我在前面已经讲了这种看法是有一定道理的，问题在于这样一种结构性的买方市场，是在总的经济生活和市场供需出现了缓和、松动趋势的情况下，才能产生的，是在总的市场出现了卖方市场向买方市场转化的趋向，或叫苗头，或叫势头，才可能出现结构性买方市场。假如没有一个总的市场供求关系的松动，那么，结构性买方市场也不会出现。这里要说明一下，卖方市场中的库存积压同样存在，而且更加厉害，货源不足造成抢购，然后货到地头死。因为不需要的也要买，买到后作为筹码，存在它的库里，想方设法再去换取需要的物资，这种浪费是惊人的，我们库存年年增加，并不是由于买方市场造成的。有些同志认为买方市场才会造成积压浪费，其实是不全面的。正如奥塔·锡克指出的，捷克斯洛伐克的库存积压比国民收入的增长还要快。其实凡是卖方市场占统治地位的国家往往都有这种情况。我们说结构性买方市场必须在总的卖方市场向买方市场转变时才有可能出现，但结构性的调整却是永远要有的。无论是消费与积累之间，或者是消费内部和积累内部，其结构都在不断地调整。由于生产技术的不断更新和需求的不断变化，总会有一部分产品积压，一部分不足，这种调整即使到共产主义社会也是会有的，用什么好办法也不可能使供给正好与需求相等。你不可能使每一种产品的生产和供应，在任何时候、任何地方都能跟上瞬息万变的需求，计划办不到，电子计算机也无法追踪这种细腻的变化，市场机制也只能在事后进行调整。这些情况，在分析结构性买方市场问题时都是需要注意的。

总之，这几年我们争得了一个从卖方市场向买方市场转化的好势头，这是我们贯彻执行调整改革方针的成果。而这个势头的不稳定、不稳固则是由于调整得还很不够，还不彻底；通过调整所踏出来的新路子，还不是所有的人都认清了，都坚定地走上去了。这正是我们目前迫切要解决的问题。

五、前景和努力方向

根据以上对当前市场形势的分析，前景可能有两个：一个是目前尚不稳固的买方市场的势头，得到进一步的巩固和发展，逐步形成全面的稳固的买方市场；一个是刚刚出现的买方市场势头很快又会消失，重新转回到全面紧张的卖方市场。

我们当然要竭力避免第二个前景，力争第一个前景。但是，如果搞得不好，第二个前景不是不可能成为现实的。如前所述，1982年下半年以来，由于固定资产投资规模重新急剧扩大，带动了重工业生产迅猛回升，造成生产资料供应再度吃紧，虽然还没有全面影响消费资料市场，但是，如果投资规模扩大和重工业猛烈回升的势头继续下去，控制不住，就会在能源材料交通运输等方面进一步挤轻纺工业，再加上如果消费基金也控制不住，工资奖金的增长继续大大超过劳动生产率的增长，那么跟着生产资料买方市场的消失，消费资料的买方市场也将全面消失，重新回到卖方市场的老路上去。应该说，这条老路过去我们是非常熟悉的，尤其在所谓"投资饥饿症"[①]尚未得到根治之前，我们很容易走上这条老路。这是严峻地摆在我们面前的一个前景。

当然，这个前景并非注定要发生。我在前面已经讲过，社会主义经济制度、特别是它的计划经济制度，应当是能够把普遍短缺的卖方市场转化为普遍丰裕的买方市场的，因此第一个前景是

---

① "社会主义国家'投资饥饿症'病根"，载《经济参考》1983年7月12日。

刘国光

经济论著全集

第

5

卷

有实现的可能的。这里一个重要问题是要根治"投资饥饿症"，这要经过对吃"大锅饭"的经济体制进行全面、系统、彻底的改革来解决，这个问题要专门地谈，这里不多讲了。另一个重要问题是要制定正确的经济发展战略，搞好经济计划的综合平衡，当前特别要处理好调整与发展的关系，在"六五"期间要坚持继续把经济调整作为中心，在调整中进行发展，决不能离开调整，到处为翻番而片面强调发展。在整个经济计划的综合平衡中，突出注意以下几点：

一是计划的发展速度一定要留有余地；计划的综合平衡一定要留有后备；在积累与消费的安排上，一定要严格控制投资规模和消费基金的增长额度，使积累加消费形成的社会总需求，一定不要超过而要略小于可供使用的国民收入额。为发展所必要的重点建设，一定要在严格控制投资总规模的前提下进行。最近中央工作会议关于控制固定资产投资规模和集中资金搞好重点建设的决定，一定要认真贯彻。

二是对产业结构、产品结构，继续进行调整，在继续保持农业发展的好势头的同时，重工业的发展，以不影响轻工业的六个优先保证为限度，农、轻、重各自内部的产品结构、技术结构、企业结构，等等，也要进一步调整，以适应市场需求结构不断变化的要求。

三是在计划工作上，要把计划的指导和市场调节的辅助作用很好地结合起来，使得生产的安排能够尽可能符合市场的需要。要充分运用经济杠杆的作用，包括利用价格杠杆、税收杠杆、信贷杠杆来进行生产的指导。还有发布经济信息也是一种很重要的指导。不久前有一种提法叫"鼓励消费"，这是由于前些时候某些消费品出现了滞销和库存积压，同时居民储蓄又增加了，好像要刺激一下消费才行。但是，刺激消费、鼓励消费的提法还是不够贴切，因为现在市场情况虽比过去大大改善，但商品物资还不够宽裕，有些商品物资供应还是偏紧，全面稳固的买方市场尚未形成。在这种情况下提刺激消费的口号，对于巩固和发展尚不稳固的买方市场，不一定有好处。不如叫对消费者进行指导好。而要指导生产，指导消费，就要运用经济杠杆，提供各种信息。

此外，从商业工作来说，要加快流通体制和经营方式的改革，把少数"官商"的垄断变为以国营商业为主体的多种流通渠道，多种经营方式，多量商业网点之间的竞争，真正树立为消费者服务的社会主义商业作风。现在真正竞争的局面还没有形成，商店内部还是"大锅饭"，比如报纸上最近揭露北京一家菜场涨价，被罚款以后，照样涨价，这一方面是因为货源就那么多，又没有竞争，另一方面也由于内部还是吃"大锅饭"，反正罚的还是公家，不是个人。这种情况不改，买方市场的发展与稳固也是困难的。

最后我还想讲讲，我过去提出买方市场不单是一个商业问题，我现在还要强调这是国民经济综合平衡的一个战略问题，一个宏观决策的问题，一个走出一条新的发展路子的问题，即速度比较稳妥，要有经济效益，人民能够得到实惠的发展路子。只要计划的速度没有水分而留有余地，计划的平衡不留缺口而有后备，投资的规模不超出国力而是量力而行，这样我们的经济就能比较松动一些，就能比较稳定地增长。计划速度看起来是低一点，但有松动的余地就容易完成和超额完成。这样大家都很高兴，而对经济发展也是有利的。看起来慢，实际上是快。"六五"计划的速度是保四争五，有些同志很着急，嫌慢，于是不管自己的部门和地方是否有此需要和条件，都按翻两番的要求来安排速度和投资，这样就把速度指标定高了，投资规模搞大了，马上材料、设备就紧，重工业就要上，重工业一上，轻工业就跟着紧了，轻工业一紧市场就要紧，整个经济生活就又紧张了。这种恶性循环不能让它再发生了，而要切实代之以新路子的良性循环。所以这个问题不是一个单纯的商业问题，当然商业直接关系到市场，商业要组织货源为消费者服务，任务也是很重的，要建立和搞好买方市场，没有商业部门的努力当然是不行的。然而最终买方市场的问题还是要提到整个国民经济综合平衡的战略高度来认识，来解决。

关于我国经济体制改革的
目标模式问题[*]

（1983年年末至1984年年初）

当前，我国经济体制改革工作正在逐步展开。这一改革的根本要求，在于创造与我国现阶段生产力发展相适应的生产关系的具体形式。要做到这一点，在探索改革目标时，一方面要对各种社会主义经济体制模式进行比较研究，另一方面更要着力对我国的实际情况进行系统的、深入的研究，寻求适合我国国情的模式。在这个基础上，才能设计出我国经济体制改革的总体方案。陈云同志在谈到如何做好经济工作时曾经提出"全面、反复、比较"的科学方法，这对于搞好我国经济改革也是完全适用的。只有遵循这样的方法，才能把我国经济改革的全盘工作放在更加科学的基础上，使新的经济体制更加适合我国的实际情况。同时，也才能在对待别国经济改革经验的问题上，防止一概照搬或一概排斥的盲目性，尽量吸取他人成功的经验，避免重复他人走过的弯路。

---

[*] 这篇研究报告是在作者主持下写成的。先后参加讨论和起草部分初稿的中国社会科学院经济研究所比较经济体制研究课题组成员有吴敬琏、陈吉元、荣敬本、林青松、孔丹、孙学文。主要执笔人为陈吉元、荣敬本、林青松。原载在《中国社会科学》1984年第5期。

一、比较研究社会主义经济体制模式

比较研究社会主义经济体制模式问题，是运用马克思主义方法深入研究社会主义经济的需要。研究社会主义经济，同样应当采取从抽象到具体的方法，不仅应当研究能够体现社会主义生产关系本质特征的公有制、计划性、按劳分配等方面的问题，而且应当研究社会主义生产关系采取的各种具体形式。社会主义经济体制，就是社会主义生产、交换、分配、消费的具体形式。社会主义经济体制模式则是指一定的社会主义经济体制的基本规定性及其主要框架和运行原则的组合，这些规定和原则互相联系，互相制约，在不断重复的再生产过程中构成经济运动的整体。因此，一种社会主义经济模式并不直接等于某一社会主义国家实际存在的经济体制，而是排除了该种经济体制细节特征的理论概括。所谓经济体制改革，一般来说不是限于对原有经济体制的细枝末节的改良、完善和改进，而是经济模式的变革，是在社会主义基本制度的范围内，从一种模式到另一种模式的变革。比较研究社会主义经济模式，有助于我们排除细节和次要因素的干扰，把握这种或那种经济体制的基本特征，了解从一种经济体制过渡到另一种经济体制的内在原因和客观趋势，探索和选择既符合社会主义经济一般发展规律，而又适合我国国情的经济改革的目标模式。当然，要建设有中国特色的社会主义，不能匆忙地决定最终要达到的目标，要摸着石子过河，脚踏实地地前进。但是，及早探索改革的目标模式，有助于在设计改革方案和实施改革的过程中把握正确的方向，防止盲目性，注意各项改革措施的协调配套，保证经济改革有计划、有秩序、有步骤地进行。

划分社会主义经济模式的类型，对其进行比较研究，可以根据社会主义经济体制模式的内容构成，从不同侧面和角度来考虑。一般来说，社会主义经济体制模式可以从以下几个方面进行分析。

第一，所有制结构。

所有制结构是由生产力发展的具体状况决定的。生产资料公有制是社会主义经济制度共有的本质特征，而社会主义公有制体现的具体形式和经营方式则是多种多样的，可以形成不同的所有制结构。从理论上说：一个极端是单一的全民所有制或国家所有制，像马克思、恩格斯当初所设想的那样。另一个极端是以公有制（或称社会所有制）为基础的实际上是集体经营的自治实体的集合。中间的为两种公有制形式并存的，但其经营方式又各有许多变异。如果加上个体经营、各种合营以及特种条件下允许存在的部分私营因素，实践中还会显示出所有制结构的多样化和复杂性。

第二，决策结构。

在社会主义制度下，消灭了资本主义的生产资料私有制，从而也取消了资本家及其代理人的经济决策权或管理权。但是，在社会化大生产中仍然存在着不同层次的管理和决策的职能，如整个国民经济的宏观经济活动的决策，各个企业单位的日常微观经济活动的决策，各个社会成员和家庭经济活动的决策，等等。因此，就会产生有关生产、交换、分配和消费的决策权的划分问题。决策权力的分布：一个可能的极端是所有各层次的决策权都是集中化的，都由国家集中决策；另一个极端是各层决策权都是分散化的，基本上决定于企业和个人的市场决策。中间还有不同层次不同程度的集中决策和分散决策的各种结合。由于决策权力的分布不同，就会产生不同的决策结构。

第三，调节结构。

社会主义计划经济克服了资本主义的生产无政府状态，但是，仍然会出现和存在不平衡问题，因此，要采取各种调节手段，合理地分配人力、物力和财力资源，保证国民经济有计划、按比例、高效率地增长。社会主义经济的调节手段包括计划调节和市场调节。从理论上说，一个极端是一切通过行政指令来实行直接的计划调节。另一个极端是一切通过市场机制来实行间接的计划调节或市场调节。一般是计划调节与市场调节在不同范围和以不同方式的结合。所有这些，又与不同的信息传输与反馈系统相适应。这样便显示出社会主义制度下调节结构的多样性。

第四，利益和动力结构。

社会主义制度消灭了资本主义社会的对抗性矛盾，这里，全社会利益从根本上说是一致的，但是，由于生产力还没有达到高度发展，劳动仍然是谋生的手段，旧的社会分工还没有消灭，因此，国家、集体、个人之间或者集体之间、个人之间仍然存在着非对抗性的利益矛盾。对这些利益的矛盾，可以有不同的处理方式。一个极端是片面强调国家利益和整体利益，单纯强调政治动员的作用。另一个极端是片面强调个人利益和局部利益，单纯强调物质刺激的作用。而一般是对各种利益在不同程度上实行统筹兼顾。在个人利益的处理上，一个极端是实行平均主义，另一个极端是完全按收益或盈利来分配。一般则是在两个极端之间，实行不同方式和不同程度的按劳分配，有些地方还存在非按劳分配因素（如资金收益等）。在以上各种场合，都可能出现不同的经济行为方式，或者说会有不同的经济推动力。因此，在社会主义制度下，可以有不同的利益和动力结构。

第五，组织结构。

在社会主义经济的运行中，存在着各种经济活动的组织问题，于是就会出现不同的经济组织形式。从理论上说，一种是所有经济单位都是政企不分的，一切经济活动都是按照国家行政系统（条条）或行政区划（块块）来组织的；另一种是所有经济单位都是独立的或相对独立的经济实体，一切经济活动都按照专业化协作等内在的经济联系来组织。中间的是既有行政的组织管理，又有经济的组织管理，及二者在各种不同程度上的结合。从而在社会主义制度下形成各种不同类型的组织结构。

以上五个方面是社会主义各种经济体制所包含的最基本的结构，而且这些结构彼此又互相交错、互相联系、互相制约，构成一个总的模式框架，一个大的经济运行系统。各种经济体制的细节就是在这个总的框架系统下面展开和运行的。同时，结构和功能是统一的，有什么样的结构，就会有什么样的功能，从而产生不同的效果。由于在社会主义制度下存在着以上所说的不同的经济结构，就会产生不同的经济体制模式，也会有不同的经济效能。这就需要对各种体制模式进行具体的分析比较。

根据所有制结构、决策结构、调节结构、利益和动力结构以及组织结构五个方面的特征，社会主义经济可以大体上区分为以下五种模式。

第一种军事共产主义的供给制模式。

它的特点是全部经济活动，包括宏观经济活动，企业日常经济活动和家庭经济活动（如职业的选择、劳动与闲暇的选择、消费方面的选择等）的决策权力，都集中在国家手中。这是一种完全排斥商品货币关系和市场机制的实物分配型经济，实行平均主义的分配制度，整个经济的运转只能凭借行政强制（命令）和精神动员来推动，控制经济活动的信息则采取垂直的指令形式传递。

在这种模式关于经济组织的目标构想上，是把整个社会看成为一个大工厂。这种经济模式是在战争、经济封锁等异常条件下采取的，它能够比较迅速地动员和集中必要的人力、物力、财力，战胜敌人，克服经济方面的巨大困难。但是一旦战争过去，这种经济模式就会与农民、工人的利益相抵触，不能调动他们的积极性，从而使经济效率大大降低。

第二种传统的集中计划经济模式。

它的特点是宏观经济活动和企业日常活动这两层的决策权集中在国家手中；个人和家庭的经济活动的决策则基本上是分散化的。计划调节借以实现的基本方式是以行政权力等级结构为基础的指令性计划。在全民所有制和集体所有制经济之间，以及个人与国家之间还存在商品货币关系，但在国家的行政力量控制下，市场的作用是微小的，除了时而放松时而收紧的集市贸易外，计划外的市场交易是很少的或者不合法的。在国营经济内部，企业之间不存在商品关系，"商品"只是外壳，"货币"基本上只起核算和分配筹码的作用。企业缺乏与经营状况相联系的相对独立的经济利益，经济决策的实施基本上靠上级对下级的行政命令和下级对上级的行政责任来推动。经济信息主要采取指令和报告的形式在行政系统的上下级之间纵向传递，横向的信息联系也有，但处于从属地位。经济组织结构的变化，基本上限于行政管辖权限的调整。

这种模式存在的范围很广，时间很长。它的优点是，由于实行了高度集中的计划管理，便于把大量的人力、物力、财力集中投放到国家决定优先发展的部门和地区中去，能够实现较高的积累率，从而可以使经济落后的社会主义国家在一定时期内有较高的经济增长率，迅速地实现国家工业化。

但是，这种高度集中的计划经济模式也有其内在的矛盾和弊病，主要表现在两方面：一是信息结构、决策结构存在重大缺陷。对于企业日常经济活动有权做出决策的国家机关，由于远离现场，难于及时掌握为保证决策所必需的情报。同时，决策也缺少随着情况变化而变化的必要的灵活性。这些都不能不影响微观经济活动的效果。而且由于生产者同消费者之间缺乏横向的信息联系，很容易造成供、产、销脱节，使经济结构失去平衡。此外，国家决策活动由于缺乏民主程序的控制，而只依赖庞大臃肿的行政机构，也易于产生官僚主义的唯意志论，有可能导致宏观决策的重大失误。二是利益关系的调节存在重大缺陷。企业作为国家机关的附属物，只受到行政指令的强制推动，内无利益的动力，外无竞争的压力，因而缺乏改进生产、革新技术、降低成本、提高质量、适应需求的主动性、积极性。由于完成计划规定的数量指标是衡量企业工作成果的主要依据，企业一般总是向上级多估投入的需要，少报产出的可能。因此，这种模式势必导致宏观经济和微观经济效率的下降。特别是随着经济的发展，由外延为主转向以内涵为主，也就是由强调数量的增加转向强调质量和效益的提高，而且随着发展目标的多样化复杂化，由主要解决提高国家经济实力、国防实力，转向把解决提高人民生活、开发智力、保护环境和资源等任务也提到议事日程上来，这种传统的集中计划经济模式就逐渐不适应了。

第三种改良的集中计划经济模式。

这种模式基本上保留了传统的集中计划经济模式的基本特征，但将部分微观决策权力下放给企业，如计划外产品有一部分可以自销，有一部分利润可以由企业留用于发展生产和奖金福利，等等。国营经济的活动基本上仍然由指令性计划来控制，但减少了指令性指标，同时，扩大了价值指标的作用，但对重要产品的生产和分配仍然保留实物指标。程度不等地放宽了对集体所有制经济的政策，允许个体经济存在，市场调节作用的范围有所扩大，但市场调节对整个社会经济，特别是对于计划经济的主体上只起外部的补充作用。为了推动企业执行国家下达的指令性指标，除了继续强调指令的强制性外，开始注意发挥价格、利润、工资、信贷等经济杠杆的作用，但由于基本上保持了指令性计划和固定价格的制度，所以对经济杠杆还不可能灵活运用和充分发挥其作用。因此，这种模式只是开始注意把行政手段与经济手段结合起来，实际上仍然以行政手段为主。

由于这种模式坚持了集中计划经济的原则，因而保留了第二种模式的优越之处。同时，由于企业决策权有所扩大，使企业日常经济活动有了一定的灵活性；物质利益原则的贯彻，使企业的积极性和主动性也有所提高。这些，都使第二种模式中原有的矛盾得到了某些缓和，在一定程度上促进了经济的发展和经济效益的提高。

但是，由于这种模式只是在第二种模式的基本框架内作了某些局部改良，所以前述第二种模式的弊病在这种模式中仍然没有得到根本克服。而且，由于这些局部改良同原来的基本框架不协调，又产生了一些难以解决的矛盾。例如，在新的体制中作为决定企业物质利益的主要依据，不再是总产值、产品品种等实物指标的完成情况，而是净产值或利润等价值指标的完成情况。然而由于价格体系没有改革，在保持原来的固定价格制度的情况下，价格经常大幅度地偏离价值，不可能及时正确地反映供给和需求信息，因而企业对利润的追求往往与满足社会需要发生冲突，结果使消费者的利益受到损失，供求之间严重脱节的问题难以得到解决。这正是采取这种模式的国家之所以不断地徘徊于增加和减少指令性指标、反复地改变中心指标的根本原因。由于在采取某些经济改革措施方面的徘徊与反复，还导致了经济发展的不稳定局面。就总的趋势来看，采取这种改良模式的国家，始终未能根本改变经济增长率下降，产品质量不佳，经济效率低下的状况。

第四种计划调节与市场机制有机结合的计划经济模式。

为了在计划的指导下扩大市场机制的作用，这种模式在所有制形式、经营方式和企业的经营自主权等方面有了更大的松动。其特点是，宏观经济的决策权是集中化的，凡是关系国民经济全局的战略性经济活动由国家集中决策，企业日常经济活动则基本上由企业自行决策。家庭和个人的经济活动的决策权也是分散化的。在坚持对整个国民经济活动进行计划管理的前提下，对于微

关于我国经济体制改革的目标模式问题

观领域的经济活动除在必要的严格限制的很小范围内保留指令性计划管理外，主要通过运用经济杠杆引导企业完成计划，使国家的宏观计划决策通过微观的市场机制来实现，从而使计划调节与市场机制内在地、有机地结合起来。企业作为相对独立的商品生产者，既有与其经营状况密切相关的自身利益所决定的内在动力，又有市场竞争的外部压力。生产者和消费者之间横向的经济联系和信息传递得到了广泛的发展和加强，特别是市场价格将越来越发挥重要的信息和调节职能。国家和企业之间的纵向信息传递与企业之间、生产者和消费者之间的横向信息传递交织成国民经济的信息网络。在经济组织结构上，不是以行政方式，而是以经济方法来建立各企业和各地区的经济联系，既建立社会大生产和规模经济所必需的生产的集中和大经济组织，发挥各种中心经济组织作用，又保持由于社会需求和技术结构经常变动所必需的生产的分散，采取各种反垄断措施，在保持一定限度的买方市场的条件下，鼓励它们之间开展竞争，使这种竞争向符合更好地满足社会需求的方向发展。

在这种模式下，传统的集中计划经济模式所存在的弊病在较大程度上得到了克服。分层的决策结构，增强了宏观决策和微观决策的可靠性，有可能减少决策的失误。同时，这种模式也能够避免发生市场社会主义经济模式对宏观经济失去控制的情况，防止社会生产无政府状态的出现。因此，这种模式能够比较好地把计划调节和市场机制、宏观调节和微观调节有机地衔接起来，从而使经济的稳定增长和经济结构的协调获得比较可靠的保障。

当然，正如任何一种经济模式都不可能十全十美一样，这种模式也有它自己的矛盾和问题。主要困难是计划调节与市场机制如何结合，在什么范围和程度上发挥二者的作用。在计划调节与市场机制的复杂关系中，掌握好适度性并不是一件容易的事。在这里，一般认为有两个难点。一是如何造成有限度的买方市场。

第二种模式容易促成商品短缺。这种趋势是第二种模式的内在矛盾。为了解决这种矛盾，需要扩大市场机制的作用，向第三种或第四种模式过渡。但在商品短缺的情况下，容易造成价格上涨，使经济发生波动，这样势必重新加强指令性计划控制，于是又回到前一种模式的矛盾中来，结果就会发生像钟摆一样的摇摆，即一会儿强调计划，一会儿强调市场。第二个难点是如何运用各种经济杠杆来保证企业的经营活动符合社会协调的利益。在这种模式中，社会主要是通过各种经济信息和经济杠杆来管理经济，这里既有市场信息、货币流通信息、价格信息，也有非价格的信息，如资源信息，科技发展信息，人才培养信息，等等。这是一个多层次的、多流向的、多阶段的信息流动和反馈的十分复杂的体系。如何科学地根据各种经济信息，熟练地运用准确反映这些信息的各种经济杠杆，并制定正确的价格、税收、利息、工资、投资、信贷等方面的政策，使整个经济机体和各个经济细胞协调地运行，是一件十分复杂艰巨的工作。这方面迄今还有许多问题尚未在理论和实践上获得解决。

第五种市场社会主义经济模式。

这种模式中的公有制基本上是一个个集体经营的独立自治实体的集合，同时在较大范围内容许个体经济的发展和某些私营经济的存在。这种模式的特点是宏观、微观以及家庭和个人三层经济活动的决策都分散化、市场化了。由于取消了国家所有制，企业自主权很大；市场调节在整个国民经济中起着普遍的和主导的作用。一般来说，微观的经济效益较好。然而，由于国家既不直接管理经济，又缺乏必要的调节、控制手段，虽然也编制社会计划，就国民经济发展的某些主要方面提出参考性指标，但实际上难以实现计划的目标。虽然在经济组织结构上摆脱了行政管理的框框，但既存在着少数大组织的垄断，又有许多小组织的盲目竞争。

这种模式是在特定的社会历史条件下产生的。它在经济运行上带有某种市场经济的性质，因而不可避免地具有市场经济所难以避免的弊病，即由于缺乏控制宏观经济的有效手段，经济易于失调，微观经济效率的提高在很大程度上会被整个社会生产的盲目状态带来的浪费所抵消，还会出现损害消费者利益的现象，如某些企业的垄断，大量的财政赤字，急剧的通货膨胀，工人失业，等等。所以，这种模式在微观经济方面取得的某些成功，是以在宏观经济方面带来的消极后果为代价的。

从以上的比较和分析中可知，这五种经济模式都各有其历史背景，都是一定历史条件下的产物，各有其优点和不足之处。我们不能离开具体的历史条件来看待它们，说这种模式是绝对的好，那种模式是绝对的坏，不能肯定一切或否定一切。从十月革命到今天，社会主义经济制度的发展还不过几十年，而资本主义已有好几百年了。从历史的长河来看，社会主义经济建设现在还带有相当大程度的试验性，各国都在探索适合于自己情况的发展模式和体制模式。所以，党的十一届六中全会决议说得好："社会主义生产关系的发展并不存在一套固定的模式，我们的任务是要根据我国生产力发展的要求，在每一个阶段上创造出与之相适应和便于继续前进的生产关系的具体形式。"

上述五种社会主义经济模式是我们对历史上和现实存在的社会主义经济体制的理论概括。在现实经济生活中，各社会主义国家的经济体制并不像理论分析那样纯粹，都或多或少地存在着混合的复杂情况。20世纪50年代以来，从一些国家经济改革的实际情况来看，一般存在着从第二种模式（传统的集中计划经济模式）逐步向第三种模式（改良的集中计划经济模式）和第四种模式（计划调节与市场机制有机结合的计划经济模式）过渡的趋势。实行传统的集中计划经济模式的国家，在建立多样化的经济形式和经营方式，采取分散化的决策体制，以及利用市场机制等方面采取了这样或那样的措施，以搞活经济，提高经济效率。另一方面，实行市场社会主义经济模式的国家，则在研究采取何种措施，以加强对社会经济活动的控制，解决物价上涨、失业增加、地区和民族矛盾加剧等问题。

虽然经济改革的趋势有如上述，但是各国提出的改革目标、采取的措施以及改革的成果，则不一样，并且各有特点。这里有一点经验值得注意和总结，即采取根本措施进行改革的国家，成效都较为显著，而采取修修补补改良措施的国家，则收效甚微，甚至带来一些新的矛盾。道理很简单，因为经济改革是要改变经济体制的基本规定性和运行原则，是由一种经济模式过渡到另一种经济模式。如果经济改革只是局限于原有模式的基本框架内，对某些细节作局部改良，那么不仅无法彻底解决原有的问题，而且如前所说，局部改良同原来的基本框架的不协调，还会产生一些新的难以解决的问题。

我们要从我国的实际出发，通过对社会主义经济模式的比较研究，总结各社会主义国家经济改革的经验和教训，探索我国经济改革的目标，并采取切实可行的措施，逐步完成由旧的经济体制向新的经济体制的过渡。

二、我国的国情是选择目标模式的出发点

探索我国经济体制改革的目标模式和制定改革的总体规划，必须以科学社会主义为指导，从我国的国情出发，认真研究原有经济体制存在的主要问题，总结以往的经验教训。

我国的国情有以下几个重要特点：

第一，我国是一个发展中的社会主义大国，拥有十亿人口，生产力水平不高，经济文化比较落后。无论按人均国民生产总值、人均社会总产值、人均国民收入计算，或者按人均基本生产

资料（钢铁、水泥、化肥等）、人均能源（石油、电、煤等）、人均基本消费资料（粮、食油、布、住宅面积等），以及国民教育水平（每万人拥有大学生和中专生、中等义务教育普及程度等）等计算，都低于其他一些社会主义国家。

第二，我国经济发展极不平衡。国民经济各部门之间首先是农业和工业，原材料工业和加工工业发展极不平衡，地区之间主要是沿海和内地经济发展不平衡，技术发展不平衡主要表现在既有少数现代化、机械化、自动化程度较高的大生产，又有大量的手工劳动和手工操作的小生产。当然，地区发展不平衡是不少社会主义国家所共有的，但如此明显的经济上的二元结构，即一方面是少量的现代化工业，另一方面80%以上人口生活在农村，基本上仍从事手工劳动，则无疑是中国的特点。

第三，商品生产不发展，基础设施薄弱，地区联系不密切。中国历史上是一个中央集权的封建大国。各封建行省必须向皇室缴纳粮食及其他贡税，并往往实行封建割据。农村则长期是自给自足的自然经济，地区间的经济联系和商品流通历来不发展。帝国主义侵略中国后，通过沿海少数中心城市来掠夺内地各种经济资源和倾销外国商品，多了一层殖民地式的经济联系，但地区之间仍然没有从发展社会分工和合理利用资源出发建立起正常的经济联系。中国历史上资本主义只有微弱的发展，也不同于多数社会主义国家。新中国成立30年来，中国发生了翻天覆地的变化，但历史上形成的上述特点仍然会继续发生某些影响。

确定我国经济体制改革的总体规划，还需要认真回顾新中国成立以来我国经济体制演变的历史，从中吸取必要的经验教训。

解放初期和第一个五年计划时期，我们基本上是根据我国情况办事的。一方面，根据我国生产力落后和工业基础薄弱的特点，适当集中了全国的物力和财力，有计划地开展了大规模的经济建设，建立了工业化的初步基础。同时，对农业、手工业和私营工商业采取了适合我国特点的社会主义改造的方针，注意运用价格、税收和信贷等经济手段加以控制、调节和引导，使它们朝着有利于国民经济和人民生活的方向前进。在计划方法上，实行直接计划和间接计划相结合。对大规模的基本建设，采取直接计划，而由于当时五种经济成分同时并存，即使是国营企业，也是在市场环境中活动的，具有较大的决策权，灵活性。因此，总的来说，当时的经济体制是符合我国情况的，因而不仅经济增长速度较快，而且经济效益较高，城乡联系较为密切，人民生活有较大改善。同当时一些社会主义国家相比，我国的经济发展是比较顺利的。

但是，当社会主义改造基本完成和有了初步工业化的基础之后，我国逐步建立起以中央集权、主要运用行政办法为特征的经济体制。国营工业生产、交通运输和基本建设计划基本上采取指令形式自上而下地下达，企业的人、财、物，产、供、销都由上级部门决定。形成这种体制有多方面的原因，包括不顾我国情况照搬苏联体制，解放区在战时条件下形成的供给制传统的影响，以及从对资本主义工商业社会主义改造中沿袭下来的某些措施。随着社会主义经济建设的开展，我国经济体制的弊病日益暴露出来。这种弊病既有上述第二种模式（传统的集中计划经济模式）的通病，即过分集中的行政管理所造成的妨碍企业和群众发挥积极性主动性的情况，又有不适合我国国情所带来的特殊弊病，即由于我国存在更突出的二元经济结构，农业对工业增长的制约性更大，因而在这种体制下，我国工业增长的波动性比其他社会主义国家来说，更为明显。

通过实践，对于我国原有经济体制的弊病早就有所察觉，因而过去曾经试图作某些改革。现在看来，其中有的改革在方向上是正确的，也有一些改革由于认识上的原因和经验不足，并没有在原有体制上前进。

1956年4月，毛泽东同志在《论十大关系》的重要讲话中，以苏联建设社会主义过程中的缺点和错误为鉴，总结我国的经验，论述和指出了正确处理社会主义革命和社会主义建设中十大关系的根本原则。关于国家、生产单位和生产者个人的关系，提出"不能只顾一头，必须兼顾国家、集体和个人三个方面"；"把什么东西统统都集中在中央或省市，不给工厂一点权力，一点机动的余地，一点利益，恐怕不妥"；"各个生产单位都要有一个与统一性相联系的独立性，才会发展得更加活泼"。毛泽东同志的这些意见，为我国应该建立什么样式的经济体制从原则上指明了方向。

　　随后，在党的第八次全国代表大会上，刘少奇同志在他代表党中央所作的政治报告中，指出，"应当保证企业在国家统一领导和统一计划下，在计划管理、财务管理、干部管理、职工调整、福利设施等方面，有适当的自治权利"。"我们的经济部门的领导机关必须认真把该管的事管好，而不要去管那些可以不管或者不该管的事。只有上级国家机关的强有力的领导同企业本身的积极性互相结合，才能把我们的事业迅速地推向前进"。在这次代表大会上，陈云同志系统地阐述了他对社会主义改造基本完成后我国经济体制的设想，他说："我们的社会主义经济的情况将是这样：在工商业生产经营方面，国家经营和集体经营是工商业的主体，但是附有一定数量的个体经营。这种个体经营是国家经营和集体经营的补充。在生产的计划性方面，全国工农业产品的主要部分是按照计划生产的，但是同时有一部分产品是按照市场变化而在国家计划许可范围内自由生产的，计划生产，是工农业生产的主体，按照市场变化而在国家计划许可范围内的自由生产是计划生产的补充。"之后，陈云同志在谈到改进商业工作时又指出，"把商业系统250万职工当'算盘珠'拨一拨，动一动，不要他们发表议论，这是官僚主义的领导方法"，"我们应该在每一个基层单位组织管理委员会，小单位要组织管理小组，再小的单位就叫管理会议"。

为了解决当时经济管理体制中存在的问题，发挥市场调节的辅助作用，中共中央考虑了一系列措施，准备经过试验，逐步推行。这些措施包括：

（1）改变工商业企业之间和商业的上下机构之间的购销关系，对品种繁多的日用百货，逐步停止统购包销而改用自销的办法。除供不应求的品种外的其他原料，也不再由国家分配，而由工厂自由选购。上级商业批发站不再向下级派货，下级商店可以向全国任何批发机构自由选购，也可以向工厂自由选购。

（2）工业、手工业、农业副产品和商业的很大一部分实行分散生产、分散经营。把在对资本主义工商业的社会主义改造中合并起来的工厂的大部分按照原来的状况或加以必要的调整后分散生产，分散经营。把在合作化过程中合并起来的绝大部分服务性行业和许多制造性行业的手工业合作社以及部分供销合作社改变为小合作社，由全社统一计算盈亏改变为各合作小组或各户自负盈亏。

（3）取消市场管理办法中原来为了限制资本主义工商业投机活动而规定的办法。除了仍然需要由国家统购或委托供销合作社统一收购的粮食、经济作物、重要的农副产品外的部分农副产品，如小土产，改变由当地供销社统一收购的办法，允许各地国营商店、合作商店、合作小组和供销合作社一起自由收购、自由贩运。

（4）采取较为灵活的价格政策，使价格有利于生产。纠正把"稳定物价"理解为"统一物价"或者"冻结物价"的偏向，允许品质优良、成本较高的产品和新产品适当提价，允许自由采购、自由贩运的小土产的销售价格波动。

（5）变更对某些产品的国家计划管理方法。国家计划中对日用百货、手工业品、小土产规定的各项指标只作为参考指标，生产这些产品的工厂，可以按照市场情况自定指标进行生产，并且根据年终的实绩来缴纳利润。

上述措施可以概括为两个重要原则：一是在国家统一领导下适当扩大企业和地方的权限，发挥企业和地方的积极性和主动性；二是在社会主义计划经济中充分发挥市场调节的辅助作用。经过二十多年的实践，现在看来，这一改革方向是完全正确的。

可惜的是，在以后的实践中，这些改革措施不仅没有贯彻下去，相反，有些做法还与此背道而驰。

在1958年和1970年，我国先后两次对经济体制进行过改革，但主要是扩大地方行政机关在计划、基本建设、财务、物资、劳动工资等方面的权限，甚至把相当一部分供、产、销面向全国，关系国计民生的大型骨干企业也下放给地方。这种改革主要是在中央和地方之间分权，没有改变企业作为行政机关附属物的地位。这种改革同苏联不成功地向地方放权的改革有共同之处，但由于中国原有地区不平衡、经济联系不发展的特点，这种做法更助长了地方上的各自为政，以及大搞"小而全""大而全"的独立完整的经济体系的倾向，使投资分散、盲目重复建设、争能源、争材料的状况更加严重，形成了管理权限混乱、政出多门、企业"婆婆多"这种既乱又死的局面，使经济效益大为降低。实践证明，这种改革是不成功的，也不可能坚持下去，而且势必造成在中央集权和地方分权问题上收了放，放了收的兜圈子状况。

1958年以后，由于"左"的指导思想的影响，在所有制问题上以为越大越公越好，排斥多种经济成分；在商品货币关系问题上，把发展商品经济同发展资本主义等同起来，排斥利用市场机制和价值规律；在分配问题上大批资产阶级法权，否定利润、按劳分配；在劳动制度上进一步限制劳动力和人口流动；在组织问题上，部门、地区和企业都竞相追求"大而全""小而全"的封闭体系。这样，就使得我国经济的决策权力进一步集中化，社会经济关系更趋于实物化，组织管理体系更趋于分割化和封闭化，企业之间、职工个人之间在物质利益方面越来越平均主义化。

因此，在1978年党的十一届三中全会以前，我国经济体制基本上是一种带有军事共产主义供给制因素的、传统的集中计划经济模式；在集中化、实物化、封闭化和平均主义化等方面，比其他一些社会主义国家走得更远。这种模式是社会主义的一种不成熟的、粗陋的形式，包含着人们对于社会主义原则的种种误解。当前的经济体制改革，就是要把过去那种不成熟的、包含着对于社会主义原则的误解的原有模式，改造成为比较成熟的、更加健全的、更加符合社会主义原则的新模式。

党的十一届三中全会是我国经济体制改革的新起点。全会公报指出了我国原有经济管理体制存在着权力过于集中、党政企不分等严重缺点，提出了大胆下放权力等改革措施，以充分发挥中央部门、地方、企业和劳动者个人四个方面的主动性、积极性、创造性，使社会主义经济的各个部门各个环节普遍地蓬蓬勃勃地发展起来。近几年来，在三中全会方针的指引下，我国经济体制改革在两个方面有了较大的进展。一是在广大农村普遍推行了联产承包责任制；一是在城市扩大工商企业经营管理自主权，在其他方面也进行了一些试验性的改革。这些改革措施是符合我国国情和经济发展规律的，对于打破"大锅饭""铁饭碗"那一套旧模式的框框起了有益的作用，因而在较短的时间里，我国经济改革，特别是农村的改革收到了显著效果。但是，这次改革又是在国民经济调整时期，重大比例关系还没有完全协调、财政经济状况还没有根本好转的情况下进行的，因而自然就增加了改革的困难程度和复杂程度，这方面又有许多宝贵的经验和教训需要总结。认真总结我国经济改革的新经验，对于探索改革的目标模式也是十分重要的。

为了探索目标模式，还需要从我国经济改革的实践出发，同其他社会主义国家的经济改革作比较研究。其他社会主义国家在经济改革中遇到的难点，在我国改革过程中同样出现过，我们可以从中吸取适合我国国情的有益的经验教训。这里需要着重研究的问题，就是如何确定计划和市场、集中和分散、宏观经济和微观经济衔接的适度点，以及如何运用经济杠杆来有效控制各生产单位的经济运行，以实现国家计划规定的目标。

三、目标模式的选择

关于我国经济体制改革的方向，党的第十二次代表大会的文件已经作了原则性的指示。这就是要"坚持国营经济的主导地位和发展多种经济形式"；"正确贯彻计划经济为主、市场调节为辅的原则"，"在计划管理上需要根据不同情况采取不同的形式"；"无论是实行指令性计划还是指导性计划，都要力求符合客观实际，经常研究市场供需状况的变化，自觉利用价值规律，运用价格、税收、信贷等经济杠杆引导企业实现国家计划的要求，给企业以不同程度的机动权"；"切实改进商业工作，大力疏通、扩大和增加流通渠道"；等等。上述这些指示，是我们党在深刻地总结我国经济体制改革的经验教训和吸收别国经验的基础上，根据我国的国情提出来的，应该成为研究和探索我国经济改革目标模式的指导原则。我们认为，探索我国经济改革的目标模式，总的来说，必须有利于建设中国特色社会主义，有利于国家的繁荣昌盛，有利于人民的富裕幸福。这种模式，应当是在坚持社会主义公有制和按劳分配原则的基础上，适合于大力发展商品生产和商品交换，并巩固计划经济制度的模式。这样的模式应当能够把集中领导和分散经营，计划调节和市场机制，国家、集体和个人利益，以及行政手段和经济手段恰当地结合起来。从我国带有军事共产主义供给制因素的集中计划经济体制的现状出发，能够比较有效地克服原有模式的弊病，比较妥善地解决上述几个方面的问题，从而比较好地体现改革的精神和要求的，目前看来还是前述第四种模式，即计划调节与市场机制有机结合的计划经济模式可能比较适宜。基于这一认识，我国经济改革的目标模式在所有制结构、决策结构、调节结构、利益和动力结构以及组织结构方面，应具有以下特征：

第一，在所有制结构方面：建立以社会主义国营经济和集体经济为主体，以个体经济和少量国家资本主义经济为补充，包括各种形式的联合等多层次所有制结构，以适应我国人口多，社会生产力发展不平衡的状况。对于关系国家经济命脉的生产高度社会化的部门，如银行、邮电、铁路、航运、国防工业，以及产品关系到国计民生的现代化骨干企业，仍应继续采取国有国营的形式，在国民经济中发挥主导作用。对于其他部门以及中小型工业企业、零售商业、饮食服务业、修理业等，则可以根据具体情况实行国家所有、集体经营，即实行由职工集体或个人承包经营或租赁经营等多种经营方式，或改为集体所有制企业。同时，进一步大力兴办各种形式的合作经济，支持和鼓励个体经营的手工业、养殖业、运输业、服务业、饮食业、修理业和零售商业的发展。为了利用外资，引进先进技术，还可以兴办各种形式的中外合资经营企业，有些地方和行业也可以允许外商独资经营。还可以根据经济发展的需要，打破部门、地区和所有制的界限，建立各种形式的联合经营企业。

第二，在经济决策结构方面：建立国家、企业和劳动者个人多层次的决策结构，以保证国民经济活动沿着正确的方向和谐发展。宏观经济活动，其中包括整个国民经济发展的战略性问题，如国民经济的增长速度，国民收入在积累与消费之间的分配，产业结构的变化，投资的规模、主要投资方向和重大投资项目，必要的价格控制，公共消费和个人消费的比例等，由国家集中决策。微观经济活动，包括企业的产、供、销、人、财、物，以及设备更新、自有资金的使用等，在国家统一政策法令下由企业分散决策。将国营企业上缴利润制度或上缴税利并存的制度彻底改为缴纳税金的制度，进一步改进国家与企业的关系。减少部门、地方对企业日常经营活动的不必要的行政干预，使企业拥有更大的经营自主权，并在这个基础上对不同企业实行独立核算和各种不同程度的自负盈亏。改变现行劳动制度中职工能进不能出、能上不能下的状况，随着条件的成熟，逐步扩大劳动者个人在选择职业等经济活动上的自由，允许职工在一定范围内的合理流动。

第三，在经济调节结构方面：建立以计划调节为主体的计划与市场相结合的调节结构。大的方面一定要管住，小的方面一定要放开。国家计划工作的重点放在以五年计划为中心的中长期计划上，主要通过国民收入的分配计划搞好宏观经济的综合平衡，即总需求与总供给的平衡，及其主要结构如积累与消费、社会消费与个人消费、两大部类、主要产业部门之间的平衡。为此，国家必须严格控制投资总规模、主要投资方向及重点建设项目，以防止"投资饥饿症"的发生，并保证主要比例的协调。在此前提下，企业日常的产供销活动，除少数短期内难以从生产开发和调整进出口结构来解决的资源性短缺产品（如能源、主要原材料等），必须要由国家实行指令性的收购、调拨，以保证重点需要者外，一般应由企业根据市场信息（包括国家提供的信息）编制计划，由下而上逐级平衡纳入由国家发布的指导性计划，但最终仍以企业之间落实的合同为依据。经验证明，对于除上述特殊情况外的一般短缺物资，单纯采取行政指令办法，往往事与愿违，无助于短缺问题的解决，反而加深供应紧张的程度；所以主要应依靠经济的手段来改变产品短缺的状况，创造出一个有限度的买方市场。对于品种繁多的小商品和目前所称的三类农副产品，则可以不作计划，实行自由生产，作为对计划调节的补充。无论是指令性计划管理，还是指导性计划管理，都必须利用价值规律，运用价格、税收、信贷利率等经济杠杆来进行调节，使计划调节与市场机制密切地结合起来。同计划与市场相结合的调节体系相适应，应实行国家统一定价、浮动协议定价和自由定价相结合的价格体制，逐步扩大浮动价格的范围。当然，上述调节体系只能随着经济发展和管理水平的提高，指令性计划管理的范围渐趋缩小，指导性计划管理的范围相应扩大的过程逐步形成。为了积极发挥各种经济杠杆，特别是价格的调节作用，当前价格体系的改革势在必行；应当周密计划，慎重处置，为全面改革积极创造条件。

第四，在利益结构方面：建立国家利益、集体利益和个人利益相互结合、相互促进的利益结构。在利益关系上，既要反对过去存在的片面强调国家利益，忽视乃至损害集体、个人利益的倾向，也要反对近年来出现的某些片面强调集体、个人利益，忽视，乃至损害国家利益的倾向。在国营企业的收入分配上，保证国家得大头，是巩固社会主义制度，保证社会主义经济建设发展所必须坚持的一条重要原则。应允许生产经营水平不同的企业在收入分配方面存在差别，解决企业吃国家"大锅饭"的问题；同时，改变职工收入同企业经营成果和个人劳动贡献相脱节的情况，进一步贯彻按劳分配原则，克服劳动者个人之间的平均主义，解决职工吃企业"大锅饭"的问题。随着经济的发展，职工的收入应逐步增长，上不封顶下不保底，但按企业计算的职工人均收入的增长幅度，必须低于全员劳动生产率的增长。国家可以通过征收累进所得税或奖金税，对不合理的收入和消费的增长加以适当的控制。

第五，在组织结构方面：建立适合社会化大生产客观要求，按内在联系组织经济活动的经济组织管理结构。除铁路、邮电、民航等部门，以及全国性公司和产销关系涉及全国的少数大型骨干企业，仍应由中央有关部门继续管理外，其余大量企业今后主要应由所在城市负责管理，改变现行的按行政系统、行政区划管理经济的条块分割、城乡分割、流通堵塞、领导多头的组织管理体制。根据党政分工、政企分开的原则，各级党委主要通过思想政治工作，保证和监督党的方针政策的贯彻执行来加强对经济工作的领导。要注意发挥行业特别是城市在组织经济方面的作用。行业主管部门要抓好发展规划、经济政策、技术政策、技术标准、新技术的推广、新产品的开发等工作。城市要做好对企业经济活动的统筹、协调、服务和监督工作。要以经济比较发达的城市为中心，逐步形成以城市为依托的各种类型的开放式的经济区，按照专业化协作和经济合理的原则组建各种类型跨行业跨地区的经济联合体，加强企业之间的横向联系。企业内部要在扩大厂长生产经营管理权限的基础上，逐步实行厂长负责制，同时，建立和健全职工参与管理和自主管理相结合的民主管理制度。国营大企业的经理（或厂长）由国家有关主管部门同企业职工组织协商后任命，其他企业的经理（或厂长）由企业公开招聘或由职工民主选举产生。在企业职工群众的监督下，经理（或厂长）全权负责企业的日常生产经营管理事务。

由于上述模式是在对社会主义的各种可能的理论模式的比较研究中，根据我国的具体国情设计出来的，因此，实行这种模式，将有利于在国家统一计划指导下充分发挥地方、企业和劳动者个人的积极性，促进社会生产力的发展，克服官僚主义，使我国国民经济在有计划按比例的发展中达到较高的效率。

有的同志担心，采取这种模式能否保证宏观经济活动的平衡发展。由于在这种模式下，宏观经济活动与微观经济活动的主要决策方式不同，如何使企业根据市场信息做出的决策符合国家总的计划目标的要求，在实践中是一个十分复杂的问题，因而这种担心不是完全没有道理的。但是，这种模式本身为国家根据总的计划对企业经济活动进行控制提供了必要的经济力量和调节手段，因此，我们认为，保持企业微观决策对宏观计划决策的协调的困难，是可以克服的。

所谓宏观平衡，最重要的是国民经济的总供给与总需求的平衡、国民收入中积累与消费的分配与两大部类产品的生产之间的平衡，而在这种模式中，这些基本的比例关系都是可以由国家通过直接和间接的计划加以控制的。

首先，国家可以通过税收和其他缴款形式把企业创造的国民收入中相当于社会总利润的大部分集中在自己手里，这一部分国民收入在投资和社会性消费（包括国防、行政管理、文教卫生、科学事业以及其他福利事业费用）之间的分配是由国家直接计划的。另一部分由企业自主分配的国民收入，国家仍然可以通过物价、信贷、税收、工资等经济参数进行间接的乃至直接的计划控制，如规定企业用于个人收入的分配对于生产增长、劳动生产率提高的比率和在企业创造的国民收入中的比率，规定个人收入超过一定的限度要征收高额累进税。

其次，为了使社会总产品两大部类之间保持平衡，使之同积累和消费之间的比例相适应，一方面，国家可以通过对当年两大部类生产进行科学的预测作为确定积累与消费之间比例关系的主要依据，来使社会对第 I 部类产品和第 II 部类产品的总需求同两大部类的总供给相适应；另一方面，国家还可以通过自己掌握的投资基金的直接分配和运用经济杠杆影响企业投资基金分配方向，对两大部类以及各个产业部门比例关系的合理形成施加决定性影响，使产业结构趋于合理。

当然，这里有个在整个投资基金中，究竟国家掌握多大比例，企业掌握多大比例较为适当的问题，企业掌握的比例太小了，会影响企业扩大再生产的积极性，国家掌握的部分少了，会使国家失去保持宏观平衡的强有力的直接控制手段。这个问题，只能通过实践来解决。从原则上说，这个比例应当以既有利于发挥企业扩大再生产的积极性，又能够保证国家有足够的直接控制手段来保持宏观经济平衡为宜。至于具体的比例，我们设想，在实行这种模式初期，国家控制的比例可以大些，然后逐年降低比例。如果比例过小，影响宏观平衡，再提高比例。经过反复实践，就可以找到一条较为恰当的比例线。当然，这条比例线可能同国家运用经济杠杆进行间接控制的熟练程度密切相关，如间接控制的水平高些，国家直接控制的比例就可以小些，反之，则可以大些。总之，为了保证宏观平衡，国家在有关问题上掌握着充分的主动权。

有的同志认识到我国目前价格体制的弊病，感到有加以改革的必要，但担心采取上述目标模式会引起物价的波动——物价上涨，通货膨胀。其实，物价上涨的根本原因，在于国民经济中的总需求超过总供给这种宏观的不平衡，而不在于企业日常经济活动的市场调节。在上述计划经济模式中，宏观平衡是由计划保证的，企业的自主经济活动只能在计划规定的总范围内进行，因此，只要国家采取正确的措施，既保持宏观平衡，又保持对企业经济活动的控制，物价的相对稳定是可以得到保持的。

实行这种模式，虽然总的来说可能是比较理想的，但是，这并不等于说这种模式的全面实施是一件轻而易举的事情。探索目标模式，为我国经济体制改革确立一个战略目标，对于明确当前和今后改革过程中所应采取的措施和步骤的方向是必要的。可是，全面实现这一战略目标，则不仅要求具备较为良好的客观条件，而且要求具备必要的主观条件。

比如，这一目标模式的全面实施要求我们从根本上改变原来国家计划调节的基本方式和主要手段，充分发挥价值规律和市场机制的作用。这就需要以商品物资的供应比较宽松，储备比较充裕，即以比较稳定的买方市场已经形成为前提。否则，如果商品物资全面紧张，那就很容易再回到集中的行政管理体制，上面所设想的模式就难以实现。目前，我国国民经济调整业已取得了重大成就，某些方面出现了卖方市场向买方市场转化的趋势，但由于"投资饥饿症"远未根治等原因，这种趋势还不很稳定，形成全面的比较稳定的买方市场还需要较长时间。同时，我国人口众多，底子很薄，劳动力过剩而资金和某些资源不足所造成的困难，在今后相当长时期内也会在客观上限制着我国的改革进程。

又如，实现这一目标模式还要求国家各级经济工作人员和企业管理人员具有更高的管理水平。然而，在我们这样一个经济文化都比较落后的国家，培养训练更多的懂技术、会管理、又红又专的管理人员，以适应这种目标模式的需要，也不是短期内所能办到的。

基于上述种种原因，我们认为，我国经济改革的目标模式的全面实现需要经历一个较长的过程，不应该也不可能一蹴而就。然而，我国目前经济上存在的种种困难和问题在很大程度上又恰恰是由旧体制造成的，因此，期望原封不动地依靠旧体制来克服这些困难，为全面实施我们所设想的目标模式创造条件，显然也是不现实的。而且，党的十一届三中全会以来已经实行了一系列改革措施。其中，农村的改革已经取得重大的突破，农村经济体制的新模式正在逐渐形成。城市的改革也有了一些进展，但改革措施基本上尚未越出改良模式的范围。在近期内继续采取前述的改良模式的某些办法作为过渡，看来是必要的。但是，为了比较彻底地破除旧体制的弊病，应当采取更积极的措施，为进一步实现计划调节与市场机制有机结合的目标模式准备条件。最近，为了加快城市改革的步子，从解决国家与企业、企业与职工的关系入手，在实现利改税第二步，建立企业内部各种形式的责任制，实行奖金不封顶、不保底，以及扩大企业自主权等方面，把适合于当前情况的改革措施初步配起套来，这是向目标模式前进的一个重要步骤。总之，我们对经济改革必须采取既积极而又谨慎的态度，稳步前进。

我国经济体制改革的目标模式问题，在党的十一届三中全会提出改革任务后不久，我国经济理论界就提出来了。但是应该说，对于这个问题的研究，注意得还很不够，跟不上改革的要求。几年来由于改革措施不配套、不系统而产生的问题，在一定意义上都同我们对于改革的目标模式研究不够有关。这篇报告中，我们只是对这个问题提出一些轮廓的看法。鉴于这个问题的重要性和复杂性，还需要从理论上进行多方面的论证，并在实践中进行不断的验证。这项工作，有待于广大经济理论工作者和实际经济工作者共同协作，努力完成。

中国经济发展战略问题*

（1984年1月）

一、研究经济发展战略问题的重要意义和我国经济界、经济学界对这个问题的研究情况

　　"经济发展战略"这个概念在中国流行还是近几年的事，回顾一下1979年、1978年以前，或者20世纪50年代、60年代，经济学界不大用这个词，几乎看不到这种提法。但是，战略这一概念，运用于战争和革命，对我们并不陌生。毛泽东同志早就写过《中国革命战争的战略问题》等有名的著作。战略一词，原来是军事术语，它的本意是基于对战争全局的分析、判断而做出的筹划和指导，与从局部出发的战术有区别。毛泽东同志说："战略问题就是研究战争全局的规律的东西；凡属带有要照顾各方面和各阶段的性质的，都是战争的全局。"战略的重要性，在于战争的胜败首先取决于战略的是否正确。战略左右战争全局，与战术比，它居于前提的位置。

　　这个原理，同样适用于其他事情。战略一词的含义，后来演变成为泛指重大的，全局性的，根本性的计谋和对策。例如推广到政治领域，政治斗争的战略是指在一定的历史时期内依靠谁、

---

*　本文系1983年至1984年在北京、南京、昆明等地所作学术报告稿，其中主要部分作为"代序"载于作者主编的《中国经济发展战略问题研究》，上海人民出版社1984年版。

团结谁、打击谁和通过什么斗争形式、经过什么斗争阶段、达到什么斗争目标的总路线或总方针。

经济领域也是这样。经济发展战略是指在较长时间内（例如5年、10年、20年），根据对经济发展的各种因素、条件的估量，从关系经济发展全局的各个方面出发，考虑和制定经济发展所要达到的目标、所要解决的重点、所要经过的阶段以及为实现上述要求所采取的力量部署和重大的政策措施等而言。它涉及经济发展中带有全局性、长远性和根本性的问题。就这个意义来谈，过去我们虽然没有用经济发展战略的概念，但实际上不是没有研究过这类问题。过去我们对经济发展战略的研究，体现在对较长时期的经济发展制定的路线和一系列重大的方针、政策的总和之中。不过因为缺乏"发展战略"的概念，因此这种研究就没有放在经常的、自觉的基础之上；直到最近几年提出这个概念，才把对这个问题的研究提到应有的地位，受到普遍的重视。

经济发展战略所谓全局性的"局"，依其层次的不同，范围有大有小。在不同层次上和不同范围内，从一个国家到一个部门、一个地区甚至一个企业，都有自己的"全局"，因而都有自己的发展战略。下一个层次和较小范围的战略，又是上一个层次和更大范围的战略的组成部分。有人把这种关系称为总体战略——子战略。我们这里讲的主要是指全国性的，有关全国性的若干重大方面的经济发展战略。地区、部门的问题要另外去讲。

在我国理论界，很多同志主张使用"经济社会发展战略"。还有同志主张，经济生活不外是整个社会生活的一部分，不如使用"社会经济发展战略"，甚至"社会发展战略"更好。这都是有道理的。本来，经济与社会是不可分割的，研究经济发展战略，不能离开生产力和生产关系、经济基础和上层建筑的矛盾运动。但是，经济是整个社会发展的基础，经济社会发展战略中的核心问题是经济问题。因此，我这里讲的首先是经济发展战略问题。当然在做这种研究的时候，特别是在研究有关人口、就业、消费、城市化、国土开发、智力开发、生态平衡和环境保护等问题的时候，就不能仅仅限于狭义的经济方面，而必须涉及社会方面的问题。

"经济发展战略"一词的使用和"发展战略"一词的引入经济学，是在第二次世界大战之后。当然，关于经济发展的理论，已有久远的渊源，可以从亚当·斯密那里找到关于经济发展理论的踪迹。马克思关于社会发展特别是关于资本主义发生、发展以及为更高社会形态代替的理论，可以说是最早的科学的发展理论。但是，要有相对特定的研究对象，成为初具体系的经济学科，则是第二次世界大战后为了适应世界政治、经济形势的变化才出现的。战后，随着一系列国家走向独立，为了摆脱经济落后的严重局面，研究经济发展问题越来越显得重要而迫切。发展中国家的发展不同于发达国家的经济增长，而有自己的不少特色，照搬一般的经济增长理论，无助于解决这些国家的经济发展问题。于是，逐步产生了以发展中国家的经济发展为研究对象的发展经济学，并伴随着出现了"经济发展战略"一类新的概念和新的用语。20世纪60年代，不少国家总结工业化的经验，提出了"进口替代的发展战略""出口替代的发展战略"等经济发展的不同形式。同时，联合国先后制定了60年代、70年代、80年代三个十年的"国际发展战略"，使这个概念在国际上更为流行。

事实上，各个发展中国家的经济发展，不管他们自己意识到的程度怎样，总是在一定的战略思想指导下进行的。经过三十多年的实践，虽然还没有一个完全成功的范例，但是各国取得了不同的成就，其中少数国家（和地区）开始进入中等发展国家的行列，多数国家还存在不少问题有待继续解决，也有部分国家收效不大，贫穷、失业、分配不均等问题仍旧十分严重，甚至与发达国家的差距不是缩小了而是更加扩大了。发展经济学总结这些国

中国经济发展战略问题

家的经验，提出各国的经济发展，大体上先后采取了两种或三种不同的战略，经历了两种或三种不同的阶段：

首先，实行所谓"传统的"或"旧的"经济发展战略。很多国家在取得独立之初，发展经济缺乏经验，往往照搬发达资本主义国家或苏联早期采取的经济发展战略。这种战略的特点是：以国民生产总值或国民收入的增长为主要目标，以工业化为主要内容，求得国家的富裕和繁荣强大。采取这种政策，往往会片面提高积累率，忽视农业生产和人民福利，有的带来分配不均、财政赤字、外债剧增、通货膨胀、物价波动、环境恶化等后果。

其次，实行所谓"改良的"或"变通的"经济发展战略。鉴于上述教训，20世纪60年代以来，不少发展中国家着手改变原来的做法，采取了"变通的"战略。这种战略的主要表现是：比较强调平衡发展，比较强调经济结构，比较强调农业生产，比较强调人口控制，比较注意智力开发，比较强调独立自主，改进对外贸易；等等。初步看来，这种战略有利于减缓传统战略的弊端，但是由于只在上述战略基础上加以改良，并且受到社会制度的局限，不能解决根本问题。

最后，实行所谓"新的"经济发展战略。20世纪70年代以来，世界经济形势愈益严峻，多数发展中国家的经济发展并不顺利，于是出现了一种呼声，要求改弦易辙，采取新的战略。这种战略，强调从发展中国家的实际情况出发，以满足人们的基本需要为至上目标，并探索新的衡量尺度，具体化为不同的成套指标，包括提高就业率和识字率、提高平均估计寿命等。有人认为要重视分配的公平，有人认为要保证生活的质量，这些主张，在某种程度上迎合了群众的愿望；但在许多发展中国家当前的社会条件下，真正贯彻是不容易的。

在各国经济发展战略不断演变的同时，作为研究经济发展战略的一门科学——发展经济学，本身也在逐步发展。尽管对当前

刘国光

经济论著全集

第

5

卷

是否已形成了基本上统一成型的新学科还有争论，但是研究这个问题的人越来越多，提出的学说和设想越来越庞杂，则是一个客观事实。三十多年来，发展经济学已经出现了若干流派。例如美国学者金德伯格在他写的《发展经济学》中，就把发展经济学分为三个主要流派，即：

（1）新古典主义派；

（2）结构主义派；

（3）激进主义派。

西方各种流派的发展经济学，基本上属于资产阶级经济理论的体系，不能作为我们研究和制定社会主义经济发展战略的指导。但是，它研究经济发展问题的某些分析方法和使用的某些概念，是值得我们参考的；特别是它对发展中国家的发展方式的具体考察，资料的收集以及总结的经验教训，是值得借鉴的。

下面简单说说我国经济学界关于经济发展战略问题的研究情况。

20世纪70年代末期，中国一些经济学者，尤其是研究外国经济和世界经济的同志，开始使用经济发展战略一词。80年代初，于光远、童大林同志提出研究"经济、社会发展战略"问题的倡议，得到各方面的重视和响应。1981年2月，中国社会科学院经济研究所等单位联合发出召开经济、社会发展战略问题座谈会的通知。《通知》中开宗明义地说："现在我国已经确定了一个总的发展目标——在20世纪末达到'小康'社会的水平，然后继续前进，逐步达到更高程度的现代化。但是研究走什么样的路子，采取什么样的步骤来实现现代化，邓副主席指出还要经过'继续摆脱一切老的和新的框框的束缚，真正摸清、摸准我国的国情和经济活动中的各种因素的相互关系'来解决。这就是要求对我国经济、社会发展的战略进行探讨。"自此以后，座谈会在北京定期召开，已经持续四年多，在这期间，许多省、市、自治区和专业部门先后召开了类似的座谈会，报纸、刊物陆续登载了有关发展战略问题的文章。近几年出版的有关发展战略的译著何止几百种。现在，这个问题作为经济研究的一个新领域，不仅得到了肯定，而且越来越引起经济理论工作者、实际工作者和未来学、社会学以及自然科学、技术科学工作者的关心和支持。这种现象表明，研究经济发展战略问题是我国进行现代化建设的迫切需要。

三年来，在介绍外国理论、吸收外国经验的同时，通过分析和比较，我们坚持了结合中国的具体情况进行研究，探讨有中国特色的经济发展战略。国家计委在制定长远规划的过程中，国家科委在制定科技发展长远规划时，国务院有关部门都对中国经济发展的战略问题进行了研究，各省、市、自治区也针对本区的特点，探索各自的发展战略目标。我国经济发展战略，不同于其他发展中国家的发展战略，首先在于它是以马克思主义为指导思想的，它必须体现社会主义原则，有利于巩固社会主义制度并发挥其优越性；同时它必须考虑我国是一个人口多、底子薄的大国的国情特点，不能照搬别国的发展模式和做法。

在研究和讨论我国发展战略的过程中，人们提出这样一个问题：是否可以考虑建立马克思主义的发展经济学？有些同志认为，研究作为社会主义发展政策体系的经济社会发展战略是必要的，但是建立独立的马克思主义的发展经济学科则无此必要，因为马克思主义的政治经济学社会主义部分特别是其中关于社会再生产的理论，已经为确立和制定社会主义经济和社会发展战略提供了充分的理论依据。这种看法是有一定道理的，因为离开马克思主义的政治经济学的全部理论特别是其中关于社会再生产理论的指导，我们就不可能正确地对经济社会发展战略进行研究。但是，马克思主义的政治经济学毕竟属于基础经济理论的研究，而发展经济学则是在政治经济学的指导下，涉及各个部门经济学和专业经济学，以及人口、国土、生态、科技等领域；它是跨部门的、边缘性的和综合性的、属于应用经济理论的研究。前者并不能包括或代替后者。以马克思主义为指导的、以发展中国家的特点为研究对象的发展经济学，显然可以为研究经济、社会发展战略提供直接的理论根据，而在实际研究过程中，这两者又是紧密联系在一起的。广泛深入地研究（例如我国的）发展战略问题，就能够为发展经济学的立论提供重要的、事实的和政策性的根据。所以，要建立马克思主义的发展经济学，首先从研究经济发展战略起步，也是符合逻辑的。于光远在1983年10月21日北京的发展战略讨论会上，提出建立经济社会发展战略学，作为我们研究现阶段社会主义经济社会发展战略的理论科学基础，这也是值得探讨的。

二、我国经济发展战略的历史演变与十一届三中全会以来发展战略的重大转折

自从1978年年底中国共产党第十一届三中全会以来，通过"调整、改革、整顿、提高"方针的提出和实施，中国经济发展战略发生了一个重大的转变。对于这个转变的含义和内容，经济学界已经有了不少论述。这些论述是与介绍国外关于发展战略问题的研究材料同时进行的，因此很自然地就有人援引和类比发展中国家发生的战略转变，认为中国近几年发生的转变也是从"传统的"发展过渡到"变通的"或者"新的"发展战略。虽然，从片面追求生产总值转向更多地注意人民生活需要这一点来说，确有某些外表上的相似之处，但是中国经济发展战略的演变仍有许多独特的地方，不能用"传统的"或"新的"战略来概括。过去中国经济的发展战略并不是一成不变，而是几经变动，把新中国成立初期的国民经济恢复时期除外，从1953年到1978年十一届三中全会，以实际上发生的变化为标尺，可以把中国的经济发展划

分为四个战略时期，下面我们作一些简单的回顾。

（一）第一个五年计划时期（1953—1957年）

这个时期的经济发展战略原来是一个更长时期（三个五年计划）的发展战略的组成部分，它体现在1953年8月提出的过渡时期的总路线和总任务中。"一五"计划就是这个总路线、总任务的具体化，其战略目标包括：逐步实现社会主义工业化；逐步实现农业、手工业和资本主义工商业的社会主义改造；在发展生产和提高劳动生产率的基础上逐步改善人民的物质文化生活。为实现上述目标所采取的战略措施有：优先发展重工业，相应发展轻工业和农业；集中财力、物力，搞好以156项重点工程为骨干的基本建设；正确处理建设和生活、积累和消费的关系；注意综合平衡等。

实践证明，"一五"时期的经济发展战略是正确的。"一五"计划原定的主要指标大多提前和超额完成。每年平均工农业总产值增长10.9%，国民收入增长8.9%；农业和工业、重工业和轻工业的增长幅度大体上是按比例的；经济效益好，国营工业生产的资金税利率和劳动生产率显著提高；人民生活得到改善，农民和职工的收入都有提高；农业、手工业实现了合作化，资本主义工商业实现了同行业的公私合营，从而基本上完成了对生产资料私有制的社会主义改造。但是，这个本来要求用三个五年计划时期完成的任务，在不到一个五年计划的时间里提前完成了，工作中也有缺点和偏差，并开始滋长了急于求成的情绪。

（二）"大跃进"时期（1958—1960年）

"一五"计划完成之后，制定第二个五年计划，本来要继承"一五"的经验和继续"一五"的战略，那是切实可行的。但是，随即提出"超英赶美"的口号，特别是以钢的产量为主要指标，发展到"以钢为纲"；1958年提出总路线、"大跃进"、人民公社"三面红旗"，改变了原定的稳步发展的战略，实际上采取了另一种急于求成的冒进战略。这种战略的主要目标是：盲目追求"大跃进"的高速度和"一大二公"的生产关系；事实上，把人民生活置于次要地位。当时的战略措施，主要是：大炼钢铁，1958年要求一年翻番；大办人民公社，取消自留地和集市贸易；提高积累率，扩大基本建设规模；大搞群众运动，不要综合平衡；取消计件工资和奖金，否定按劳分配原则。

实践证明，这种战略是不正确的。实行了三年就难以继续下去，从1960年下半年起不得不着手纠正。但是，其消极影响一直到以后好几年。整个"二五"时期，工业总产值增长很少，农业总产值是下降的，国民收入也是下降的；经济效益大幅度倒退，人民生活遭到损害；集中到一点，则是国民经济的比例关系严重失调。

（三）调整时期（1961—1965年）

错误使我们清醒起来。60年代初，确定了"调整、巩固、充实、提高"的八字方针，这是经济发展战略的一次事实上的调整。在这前后，一些同志提出了一些值得重视的经济发展战略思想，如：农业是国民经济发展的基础，计划工作要按农、轻、重为序；发展商品生产，尊重价值规律，用经济办法管理经济；建设规模要和国力相适应，人民生活和国家建设必须兼顾；搞好综合平衡，尤其是物资、财政、信贷的平衡；等等。这些思想，对后来实际执行的经济发展战略，是有重要影响的。当时的战略目标是：调整国民经济比例关系，首先是恢复农业生产；调整生产关系，对农村人民公社实行"三级所有、队为基础"，克服"共产风"和平均主义；大力压缩积累，保证人民的基本生活。相应的战略措施有：减少基本建设投资；增收节支，力争财政、信贷平衡；制止通货膨胀，稳定市场物价；精简职工，减少城市人口，充实农业第一线；整顿和调整企业，关停部分厂矿；等等。

经济调整很快取得成效。1963—1965年，每年平均农业总产值增长11.1%，工业总产值增长17.9%，国民收入增长14.5%；经济效益显著提高，不少指标创造了历史最高水平；人民收入增加，生活有了改善。我们终于度过了由于主客观原因而出现的经济严重困难阶段。但是总的来看，这一段时期经济发展战略的转变是被迫实行的，在实际工作中不得不这样做，而在理论认识上，当时和以后相当长时期仍然坚持"高举三面红旗"的提法，也就是说，在根本的战略指导思想上问题并没有彻底解决，以致后来只要形势好转，就会重犯"左"的错误。

（四）十年动乱时期（1966—1976年）

经过调整，国民经济得到恢复和发展，进入了第三个五年计划时期。原来设想，"三五"的基本任务是：大力发展农业，基本解决人民的吃、穿、用；适当加强国防建设，努力实现尖端技术；加强基础工业，相应发展交通、商业、文教、科学等事业。但是，1966年开始了"文化大革命"，上述战略意图没有可能贯彻执行。10年内乱时期，经济建设受到政治运动的冲击，经济发展战略被搞乱了，很难有一个全局的打算。从具体情况看，实际上搞的是：在经济建设上，突出战备，加强三线建设；在经济工作中，仍然强调高速度，强调重工业，强调"以钢为纲"；在生产关系上，搞"穷过渡""割资本主义尾巴"；在人民生活上，冻结工资，批所谓资产阶级法权，鼓吹平均主义；在对外经济关系上，批所谓"洋奴哲学""爬行主义"，实行闭关锁国。

这是一种在"左"的思想指导下的、杂乱无章的经济发展战略。虽然，由于广大干部、群众的抵制和努力，整个国民经济断断续续地有所增长，但是损失很大。这10年，生产发展速度下降，其中有几年的农业、工业或国民收入出现了负增长；积累和消费、工业和农业、重工业和轻工业的比例关系又一次严重失调；特别是经济效益严重下降，很多指标倒退到不如"一五"的水平；职工实际工资下降，农民收入增加不多，人民生活有不少困难。

1976年粉碎"四人帮"后，由于受到10年动乱的影响，纠正错误很不容易。起初三年，重犯了急于求成的错误，使原已存在的比例失调进一步加剧。直到党的十一届三中全会，才开始拨乱反正，随后提出了"调整、改革、整顿、提高"的新八字方针，使经济发展战略逐步回到正确的轨道上来。

从以上的历史回顾可以看出，中国过去的发展战略几经变化，有比较正确的时候，也有重大失误的时候。当战略决策正确时，国民经济蓬勃发展，人民生活得以改善，社会主义制度得以巩固；而当战略决策失误时，经济发展就有挫折，人民生活不能改善，社会主义制度也会受到削弱。因此，把过去二三十年中国民经济的发展战略笼统地用发展中国家的"传统的"旧战略来类比和概括，是不怎么确切的。尽管过去曾经发生过这样那样的失误，中国的经济发展中尽管一再出现某些消极现象，但是许多发展中国家在工业化过程中长期存在的收入分配不公平、经常的失业、持续的通货膨胀、不断迅增的外债负担等"传统的"发展战略带来的弊病，在中国或者是不存在，或者是局部暂时的现象。另一方面，向发展中国家推荐的"新的"战略所要解决的满足人民基本需要的问题，包括营养、保健、教育等，在中国过去的发展中就已经取得令人瞩目的成就。这几年由于总结经验教训，我们对过去发展中的失误讲得多些，而对成就讲得较少。这里，我们不去列举那些枯燥的统计资料，只引述几件国外人士对我国过去经济发展的评价，那是比较客观和公平的反映。

一件是英国剑桥大学应用经济学系1981年从《世界发展》

1979年第七卷翻印的一篇题为《基本需要还是国际经济新秩序》的小册子，是剑桥大学阿克特·辛教授写的。他对中国经济的发展作了以下一些评价：

"中国被普遍认为是在采用满足基本需要的发展方针中最为成功的先驱国家。中国在现代化工业发展取得迅速进步的同时，能够满足居民的基本需要并提高其生活水平。在某些领域，例如在向全体居民提供保健服务方面，他们的成就是特别令人注目的。正如摩拉兹（Morawetz）在1977年指出的，中国的健康水平大体相当于美国在20世纪30年代的水平——对于一个人均收入不到300美元的国家来说，这是一个了不起的成就。他们从一开始就注意缩小在收入分配、消费分配和财富分配方面的不平等，并注意逐步缩小三大差别。尽管居民的不同部分之间生活水平仍有重要差别，但这种差别在中国要比在任何其他地方要小。过去1/4世纪的中国经济史表明，迅速工业化同满足基本需要并不矛盾，事实上两者是互相推动的。"①

另一件是1982年3月发表的世界银行考察团对中国经济的考察报告《中国：社会主义经济的发展》，报告中对于中国经济的发展战略，有如下一些评论：

"30年来，中国发展经济的努力，一直是朝着两个基本目标进行的。第一，工业化，特别是建立重工业基础；第二，消除贫困的各个最坏方面。虽然有曲折，产生一些经济上的剧烈波动，但在达到这两个目标方面取得了巨大的进展。工业化进行得很快，工业在国民经济生产总值中的份额（约40%）和中等收入的发展中国家的平均水平差不多。以国际可比值计算，1957—1977年按人平均国民生产总值差不多以2%~2.5%的速度增长，大大高于其他低收入的发展中国家（1960—1978年为1.6%），但尚

①　载于《世界发展》1979年第7卷，第591、593页。

刘国光

经济论著全集

第 5 卷

未达到脱离低收入行列的高度。消费的增长则大大低于收入的增长，按实际计算，1957—1979年期间按人平均消费每年增加只有1.3%，比其他低收入国家平均数（1960—1978年为1.2%）高不了多少。因为不存在从私有财产取得的个人收入，所以，不像别的发展中国家那样，极端贫穷和十分富有常常在一个地方并存。虽然平均消费水平增长很慢，但过去30年中最显著的成就，正是在基本生活需要方面，使低收入群众的状况比大多数其他穷国同类人要好得多。他们都有工作做，他们的口粮是有保证的，大多数的孩子受到比较好的教育，大多数的人都能享受基本的卫生医疗和节育服务。中国现在平均寿命——由于它是由许多其他因素和社会的变动因素所决定，因而可能成为衡量一个国家实际贫困程度的唯一标志——为64岁（中国官方统计1979年是68岁）。这对于像中国这样一个人均收入水平很低的国家来讲是很突出的。"

　　再一件是1983年4月在北京召开的"南南会议——发展战略、谈判及合作讨论会"上阿尔梯亚·森的报告《经济发展：几个战略观点问题》。报告作者研究了14个人口超过1000万、1980年人均国民收入在410美元以下的低收入国家。这14个国家中，中国人均国民生产总值增长最快（1960—1980年增长率为3.7%）；1980年国内投资占国内生产总值的比重最高（31%）；工业产值占国内生产总值比例最高（47%）；预期平均寿命（64岁）和成人识字率都居于前列。作者还指出，中国人的营养水平一般是较高的，并在劳力使用型的经济增长中取得了突出成绩。他认为，消灭饥饿、延长寿命、保证所有的人得到起码的教育，这些都是"经济发展的基本目标"。

　　以上引述的几件外国人士对中国经济发展的公正评价，概括起来就是，中国在过去的发展中既能迅速地进行工业化，又能同时解决满足人民的基本需要。这种观点，比起前面提到的另一种观点——认为中国过去实行的是仅仅以工业化为目标而忽视满足居民基本需要的"传统的"战略，中国目前的转变正在于从这种"传统的"战略过渡到以解决基本需要为重点的"新的"战略——来说，无疑前一种观点比较符合实际。事实上，中国三十多年来，在各方面取得了相当大的成绩，建立了一个独立的、比较完整的国民经济体系，有了相当的重工业基础，同时基本上解决了10亿人民的温饱问题。中国经济发展中的这些成就，表明中国过去的经济发展战略包含着符合社会主义要求的适合中国情况的正确的东西，这些正确的战略决策能够使中国社会主义制度的优越性得到发挥，达到其他非社会主义的发展中国家所未能达到的成果。

我们在上面引述外国的评论以说明我国经济发展的成就，当然丝毫也不意味着否认我国经济建设中发生过一些较大的挫折。这些挫折，如前所述，大多与1958年"大跃进"以来经济发展战略一再发生了"左"的偏差是分不开的。十一届三中全会以来经济战略上的拨乱反正，就是要切实改变长期以来在"左"的思想指导下的老一套做法，在进一步认清我国国情的基础上，走出一条速度比较实在、经济效益比较好、人民可以得到更多实惠的新路子。可以认为，这是中国经济发展战略的一次历史性转变。综合地看中国经济发展战略这一根本转变，可以归纳为以下几点：

1. 在经济发展的战略目标上，从过去常常片面追求经济增长转变为更加注意在经济增长的基础上逐步满足人民日益增长的物质和文化需要。经济增长是重要的，没有经济增长，改善人民生活就缺乏物质基础。但是，"为经济增长而经济增长"，把经济增长作为唯一的或者最高的战略目标，置人民生活于次要地位，则是片面的。过去，我国经济增长，总的看来，并不算慢；但是，与人民得到的实惠比，很不相称，不能不认为战略目标有过偏差。党的十二大制定的经济发展战略目标，要求在工农业总产值翻两番的基础上，人民的物质文化生活达到小康水平。这体现了社会主义基本经济规律，体现了生产发展和生活改善之间的统一，并比过去任何时期的经济发展战略目标更加明确，更能动员广大群众为实现这个目标而奋斗。

2. 在经济发展的速度和效益问题上，从过去的片面追求高速度转变为把提高经济效益作为中心任务。经济发展的速度也是很重要的。但只讲速度，不讲效益，特别是追求脱离实际的高速度，影响经济效益，结果必然是欲速则不达，想快反慢。过去，我国经济发展保持了一定速度，然而很不稳定，有时大起大落，原因在此。这几年，速度较正常，但是效益并未有明显的提高，使得国民经济迟迟不能完成从不良循环向良性循环转化，影响了财政经济根本好转的进程。党的十二大制定翻两番的生产目标，以不断提高经济效益为前提。这就是说，离开了提高经济效益，翻两番将失去其真实意义；另一方面，不提高经济效益，翻两番也难以实现。应当看到，在这个问题上，我们的不少同志思想上还没有转变，往往自觉地或不自觉地仍旧倾向于追求产值和速度。因此，必须进一步强调效益，力争尽早地把全部经济工作转到以提高经济效益为中心的轨道上来。

3. 在处理平衡发展和不平衡发展的关系上，从过去的片面突出重点的不平衡发展战略转变为抓重点、促平衡的相对平衡发展战略。在经济发展中，突出某些薄弱环节或关键环节作为重点，集中力量给以解决，以带动其他部门的发展，是必要的。但是，如果仅仅突出某一部门，例如像过去那样只突出重工业，甚至只突出重工业中的钢铁工业，而丢掉其他产品、其他行业特别是轻工业、农业、基础设施、服务业，那也是十分片面的。

当然，在相对平衡发展中也必须正确选择发展重点和主攻方向，必须确定发展的先后次序以及优先和超前的程度。但是，这种重点和优先都必须以不破坏发展的比例性和平衡性为原则，而且，一些部门和方面的重点发展和优先发展，正是进一步实现和保持平衡的必要条件。因此，重点发展和优先发展作为一个重要内容和组成部分，应当包含在平衡发展战略之中，如果忽视或者丢掉平衡发展而单提重点发展，那就容易造成经济的不平衡发展，我国30年的经验教训应该使我们懂得这一点。

自从实行经济调整以来，我们的经济发展指导方针就开始实行了从不平衡发展战略向平衡战略的转变，并取得了一定的成效。农业生产有了恢复和发展。消费品的生产连续几年得到了较快的发展，能源交通开始受到重视，商业服务性行业有所扩大。这一切就为我国经济结构的合理化和国民经济的平衡发展奠定了基础。但是，还有很多因素阻碍着这种转变的实现，出现一些违背调整宗旨和影响平衡发展的现象，比如：1982年以来又重新出现片面追求产值速度，基本建设规模再度失控；生产资料工业回升中随着固定资产投资的猛增又出现过快增长的苗头；上述趋势如果继续下去，国民经济将会出现新的不协调。这一切既影响到经济调整的效果，也影响到向平衡发展战略的转变。1983年6月中的中央工作会议已开始纠正。党的十二大提出了把农业、能源和交通、教育和科学作为经济发展的战略重点，在综合平衡的基础上解决这几方面的问题，以促进消费品生产的较快增长，并带动整个经济发展。这个抓重点、促平衡的发展战略，同过去的片面强调"以钢为纲"或片面强调优先发展重工业的不平衡发展战略是完全不一样的。

4. 在扩大再生产的方式上，从过去的一味依靠上新的建设项目的外延发展方式转变为更多地注意通过企业的整顿、改组和技术改造来挖掘现有企业潜力的以内涵为主的发展方式。

我们主要依靠新建扩建来扩大生产规模，这在我国工业从无到有的创业时期是完全必要的。现在，我们已经有了几十万个工交企业，初步建立了独立的工业体系和国民经济体系；但是，由于忽视工业技术改造，相当大的一部分企业设备陈旧，工艺落后，产品质量差，消耗高，通过更新改造达到增产节约的潜力很大。在这种情况下，扩大生产规模就应当由主要依靠新建扩建转向主要依靠现有企业的更新改造。在今后20年不到的时间里，我们要根据技术进步的需要和经济发展的可能，建设一批现代化企业。但是，振兴我国经济，实现产值翻两番和达到小康水平的主要任务，还要依靠大量现有企业来承担。也就是要通过现有企业的设备更新和技术改造来实现。

根据扩大再生产的规律，随着固定资产（固定资本）的积累达到一定规模，不仅折旧基金成为建设资金的重要源泉，而且，固定资产的扩大再生产和整个社会的扩大再生产中越来越大的部分要通过现有企业的更新改造和提高经济效率来实现。

30年来，我国固定资产投资构成也是向着这个方向变化的，特别是近几年来，更改投资有了较大的增加，其在固定资产投资中所占的比重有了提高（详见下表）。

比重（%） 项目 时间	固定资产投资总额	基本建设投资	国家预算专项特殊工程	更新改造投资
第一个五年计划	100	90.0	6.2	3.8
第二个五年计划	100	90.8	1.5	7.7
第三个五年计划	100	81.0	3.6	15.4
1963—1965年	100	75.7	5.0	19.3
第四个五年计划	100	73.8	3.7	22.5
第五个五年计划	100	70.4	3.1	26.5
1981年	100	64.1	2.2	33.7

资料来源：根据《中国统计年鉴》（1981年）及有关资料计算。

但是，同我们所面临的更新改造任务相比，这一投资不仅数量小，比重低，而且使用不当。近几年完成的以更改措施为名的投资中，实际上新建项目扩建项目占很大比重，真正用于设备更新和技术改造的只占一半左右，有的省市更新改造投资中用于新建扩建扩大生产能力的竟达70%以上。这就直接影响到我国经济发展战略方针的转变。今后在投资的安排上应把越来越大的部分用于现有企业的更新改造。

5. 在物力和人力两种资源的开发上，从过去的只重视物质技术基础的建设、不注意人力特别是智力的开发转变为开发物力资源和开发人力资源并重的战略。人是生产力中最重要的因素，人的智力状况，人对科学技术掌握的程度，人对现代化生产力的组织和管理水平，对于经济发展尤其是现代化建设，起着越来越重要的作用。过去轻视知识，歧视知识分子，给我国的经济发展带来不小的损害。党的十二大在重视物力资源开发的同时，重视了人力资源的开发，把教育和科学列为战略重点，也就是把智力开发放在重要位置。这样，就能有效地提高我国的技术水平、生产水平和管理水平，保证经济的更好发展。智力投资必须先行，这同样是一项投资少、收效大的根本之计。

6. 在对待内外关系的问题上，从过去实际上的闭关自守转变为自力更生为主并实行对外开放的战略。我国是一个社会主义的大国，进行现代化建设必须立足于自力更生，主要靠自己艰苦奋斗。但是，过去由于外国的封锁、禁运和背信弃义，由于对自力更生的片面理解，我们在对外关系上往往采取自给自足、闭关自守的方针，限制了自己的发展。社会生产力发展到今天，任何一个国家都不能拥有自己所需的一切资源和一切技术。尤其是一个发展中国家，存在着缺乏资金、缺乏技术等困难。实行对外开放，扩大对外经济技术交流，将促进经济发展，增强自力更生的能力。党的十二大肯定了对外开放战略，对于加快经济发展，是重要的一着。

国内外经济学界常用内向战略和外向战略两个术语来判断一国经济发展战略的倾向性。但是对什么叫内向型战略，什么叫外向型战略，我国属于内向型还是外向型，人们的认识并不一致。

大体可以作三种不同理解：其一，把主要依靠国内资源、国内市场归于内向型，否则为外向型。按这种理解，我国过去是、现在是、将来也仍然是内向型。其二，把外贸只限于互通有无归于内向型，而发挥优势，扬长补短，利用外贸提高效益、调整结构，则为外向型。按这种理解，我国过去是内向型，现在开始转变为外向型。其三，把闭关自守归于内向型，否则为外向型。按这种理解，我国过去有一段相当长的时期是内向型，现在已经过渡到外向型。我们认为，不进行具体分析，笼统地、简单地把我国的经济战略说成是内向的或外向的，不一定很确切。如果说我国已由封闭式的战略转变为开放式的战略，可能更符合我国实际。

7. 最后，适应于上述几个转变，在经济管理体制上，也从过去盲目追求"一大二公"的经济形式和过分集中的、排斥市场机制的、吃"大锅饭"的体制转变为坚持以国营经济为主的多种经济形式、经营方式并存，和集权与分权相结合、计划与市场相结合，贯彻按劳分配和物质利益原则的新体制。这一转变将大大有利于调动各方面的积极性，发展商品生产和商品交换，从而促进整个经济战略目标的实现。

以上各方面的转变，使我国经济发展战略走出了一条新的路子。这个新战略有中国特色，它既不同于其他发展中国家的经济发展战略，更不同于发达国家的经济发展战略。我国的新战略既注意经济增长，又不忽视人民生活；既鼓励劳动致富，又防止贫富悬殊；既对外开放并积极利用外资，又谨防陷入外债泥坑。我们提出的小康水平，也不仅是满足基本生活需要，而且有更丰富的内容，包括合理的充分就业、基本稳定的物价和适当的环境整备等世界上许多发展中国家至今没有解决好的问题。我们要求的是适度消费而不是西方的"高消费"即高浪费；我们要求有更高的精神文明和更好的安全感（低得多的犯罪率等）。这些都是具有中国特色的。总之，中国的新经济发展战略是中国式的，是不能用任何陈旧的发展模式来套说的。

三、新的发展战略的若干重要问题

以上所述，中国经济发展战略的转变，是就总体而言。根据这些原则精神，还要对经济发展战略的各个方面作进一步的深入研究。当前，我国经济领导部门和经济理论界正在广泛地进行这项研究。这里，我想概括地谈谈如下几个问题：

第一，从中国国情出发制定具体的战略目标问题。制定经济发展战略，其客体即战略实施的对象，就是一个国家的具体情况。这是制定战略的客观依据。国情包括多种多样的内容，除了资源、地理等自然因素外，还有经济、政治、文化、传统等社会因素。一般地罗列现象是不难的，但是真正揭示各种因素之间的相互关系，必须经过广泛、深入的调查，才能逐步地摸清、摸准。对各种因素的评价应当力求全面，深知它的过去和现状，熟悉它的利和不利，明确它的优势和劣势及其变化的规律性，从而据以制定经济发展的战略目标和途径。

中国是一个人口多、底子薄的社会主义大国。中国国情的这些基本特征带来很多矛盾。例如，人口多，劳动力资源极其丰富，但也给社会经济增加负担和困难；自然资源多，但按人口平均并不算多，而且勘探和开发利用不够；经济发展已有一定基础，但水平较低，还未完全摆脱贫穷落后；社会主义制度有优越性，但还不够完善。大国可以集中力量搞一些中小国家无力搞的大事，但地区差别大和行政层次多又带来中小国家所没有的复杂性；等等。这些表明，我国的现代化建设充满希望，前途无限；然而又是长期的、艰巨的，不能幻想速胜。过去，经济发展战略上出偏差，原因往往是离开了这些国情的基本特征，缺乏长期奋斗的思想准备，犯了急性病。

刘国光
经济论著全集
第
5
卷

明确了国情，就能实事求是地制定经济发展战略目标，对人民群众起着组织和动员的巨大作用。目标与国情必须一致。作为一个社会主义国家，我们的经济发展战略目标不能离开社会主义生产的最终目的即不断改善人民的物质、文化生活，绝不是让少数人剥削发财。作为一个发展中国家，特别是在当今世界上还存在着帝国主义和大小霸权主义，侵略战争的危险还没有消失的情况下，我们的经济发展战略目标还应包含不断增强国家经济实力和国防实力这样的内容。不论是提高人民的生活，还是增强国家的实力，都只有在扎实地发展工农业生产的基础上才能逐步实现，而不可能一蹴而就。因此，中国作为一个发展中的社会主义国家，在制定自己的发展战略目标时，既要注意它的多层次性，又要注意它的分阶段性。党的十二大制定到20世纪末的奋斗目标，就体现了多层次和分阶段这两个特点。

党的十二大制定的经济发展战略目标的多层次性，表现在它不是单一的工农业总产值翻两番，而是包含着一群互相联系的目标。这里包括总目标和子目标，最终目标和中间目标，这一群目标中有的实际只是达到目标的手段，如"不断提高经济效益"本身是目标，也是达到更上一层目标的手段。这一群相互联系的目标之间的关系，还要进一步研究，但下面一点是否可以明确，即这个战略总目标的最终目的，具体地表现在两方面：一是经济实力和国防实力将大为增强；二是人民的物质文化生活可以达到小康水平。新战略中一系列目标组成的目标体系，相互联系，相互促进，而最终都反映在这两个方面。

第一方面：经济实力和国防实力将大为增强。到2000年，我国按人口平均的国民收入还比较低，据估算，仅约达1000元。如按联合国统计方法，每人平均的国民生产总值也只接近1000美元。但是同现在相比，我国的经济实力将大大增强。

经济实力通常是指一国已积累的国民财富以及资源潜力情

况，即包括已积累起来的固定资产、流动资产与年社会产品产量的总和，以及可利用和发挥作用的资源潜力。反映经济发展水平之一的每人平均国民收入（或国民生产总值）、产品产量等指标，虽然与经济实力有联系，但经济发展水平与经济实力是不同的概念。前者表现民富的程度，后者表现国强的程度。比如某些小国，或由于盛产石油或由于其他原因，人均收入、消费水平或人均某几种产品的产量比较高，但其国民财富、社会产品产量绝对额、可发挥作用的资源潜力等的总和，并不能列入世界经济的前列。我国到2000年，经济实力的增强，表现在：

1. 国民收入总额将居于世界前列。据估算，到2000年我国国民收入总额将由1980年的3 660亿元增加到12 800亿元左右，约增长2.5倍。为了同世界各国对比，采用国民生产总值指标，以美元计算，1980年，我国居第八位（如下表）。参照上述国民收入每年平均增长6.5%的速度到2000年，国民生产总值约为10 950亿美元，略低于日本1980年的水平，而超出联邦德国、法国、英国、意大利等各国1980年的水平。在此期间，各国也有一定增长。但是，根据近年情况，包括苏联在内，每年增长率多在2%~5%。当前，西方世界经济不景气。今后，多数国家的增长率不会提高很多，更不可能超过6.5%或7.2%。因此，我国与各国的差距就会缩小，到20世纪末，很可能超过意、英、法三国而上升为第五位。

国家	国民生产总值（亿美元）	位置
美国	25 824	1
苏联	12 120	2
日本	11 529	3
西德	8 278	4
法国	6 277	5
英国	4 428	6
意大利	3 240	7
中 国	2 855	8

2. 主要工农业产品的产量将居于世界前列。当前，我国的主要工农业产品中，有少数产量已经居于世界第五位之前；一部分产量也在第6至第10位；还有一部分的产量在第11位之后。例如，按照1980年资料，居于第10位之前的有：

农副产品

	谷物	棉花	糖料	茶叶	猪牛羊肉
产量 位次	28 972万吨 2	297万吨 2	3 603万吨 6	34万吨 2	1 261万吨 （1981年）3

工业产品

	原煤	原油	发电量	钢	水泥
产量 位次	6.2亿吨 3	10 595万吨 6	3 006亿千瓦时 6	3 712万吨 5	7 956万吨 3

此外，例如棉花、自行车的产量，我国已居第一位；油料、化纤、硫酸、烧碱、化肥、机制纸等，也居第10位之前；但如牛奶、水产、汽车、耐用消费品等，位次靠后，个别的（如录像机）还是短缺。由于我国工农业生产今后将保持稳定的较快的增长，到2000年不少产品的产量将会超过某些国家，其名次有所提前，例如谷物、棉花、原煤等可能居首位，原油、发电量等可能进入前5名，某些耐用消费品和水产、水果等可能进入前10名。

3. 整个国民经济现代化过程将取得重大进展。这表现在工业交通重要领域实现初步现代化，生产技术多数将达到发达国家80年代水平，少数接近当时世界水平，国民经济各部门的机械化、自动化也将比现在有更高发展，管理也趋于初步现代化和科学化。

这样看来，到20世纪末的20年内我国经济建设迅速发展，经济实力大为增强，国防现代化和国防实力将大大加强，可望建设成一个名副其实的社会主义强国。

第二方面：城乡人民的收入将成倍增长，人民的物质和文化生活可以达到小康水平。这是战略目标体系中一个带根本性的目标，它体现着中国式的社会主义现代化社会的一个重要侧面，即着眼于亿万人民群众的生活水平逐步地、普遍地有所提高，而且是相当平等的社会。

从1980年到2000年，中国城乡居民收入将增长至少1倍以上。即使按增长1倍计算，城镇每个职工每年平均工资将由762元增加到1 500元左右。根据农民经济生活调查资料推算，每个农民全年平均纯收入将由191元增加到400元左右。农民通过增加生产并从国家提高农产品收购价格和减免农业税等措施中增加收入，城市职工则从调升工资级别和国家实行奖金以及补贴制度等方面增加收入。这也就使得城乡居民的消费水平随之提高。据测算，全国城乡居民的平均消费水平大约将从1980年的227元增加到2000年的600多元，增长1.6倍，其中：非农业居民的消费水平将从468元增加到1 000元左右；农民的消费水平将从173元增加到近500元，相当于目前城镇居民间中上收入的平均消费水平。就是说，1980年城镇居民的消费水平为农民消费水平的2.7倍多，到2000年将缩小为2.3倍左右。

随着居民收入的成倍增长，到20世纪末，城乡居民生活将达到"小康水平"。现在有人按照生活改善的程度，分为四个阶段：饥寒—温饱—小康—富裕。解放前是饥寒，目前是温饱，20年后是小康。所谓小康水平，从一个国家来说，主要是指按人口平均国民生产总值达到世界中等水平国家的人民物质和文化生活状况。根据1980年世界银行的分类：凡按人口平均国民收入在330美元以下的为低收入的国家和地区，年国民收入7 590美元以上的是高收入的国家和地区。到2000年，我国人民生活将达到或接近中等发展中国家的水平。在吃、穿、用、住、行和文化生活等各方面的水平都有较大的提高。

以上这个多层次的经济目标，要分阶段去实现，我国经济发展战略目标不只是规定到20世纪末生产翻两番，而且规定了一个又一个相衔接的过程，使目标阶段化，一步一步地促其实现。党的十二大规定的战略步骤，20年内分两步走。第一步即前10年（20世纪80年代），主要是打好基础，积蓄力量，其中分两小步，即第六个五年计划和第七个五年计划。第二步即后10年（20世纪90年代），是在前一步完成各项准备的基础上实现新的经济振兴。不妨认为，前10年是近期目标，后10年是中期目标。至于远期目标，即从21世纪起，再经过几十年的努力，就有可能实现高度的现代化，赶上最发达的国家。战略目标实现过程的阶段性是不能任意超越的。如果我们把后10年才能做的事情拿到前10年来做，或者把第七个五年计划时期才能做到的事情拿到第六个五年计划时期来做，那就可能欲速而不达。按部就班，才能理顺各方面的关系，克服能源等薄弱环节，培养技术人才和管理人才，有计划、有步骤地实现既定的战略目标。

　　以上目标，还是综合的即全国性的。进一步具体化，则有各部门、各地区的经济发展目标。前些时候，许多地区、部门甚至企业流行一种看法，认为全国翻两番，自己这个地区、部门、企业也非翻两番不可。这种为国家争挑重担的热情是可嘉的，但是不尽符合实际。因为，一个地区、一个部门、一个企业是不是要翻两番，不能光从这个地区、部门、企业来看，而要决定于整个国民经济的需要和可能的综合平衡。如果不加区别，大家都翻两番，那就不可能调整部门比例、地区布局和企业结构，使之渐趋合理化，还会重新造成片面追求产值速度、盲目扩大建设规模、竞相争投资和物资的倾向。应当指出，1982年下半年到1983年年初，已经出现了这种苗头，这是需要注意和纠正的。我们应当根据"全国一盘棋"的要求，从各地区、各部门、各企业的具体情况出发，来确定它们各自的具体发展目标，有的也可能需要增长得更多更快，走在现代化的前列，而有的则不一定需要和可能翻两番。

第二，实现战略目标的关键在于不断提高经济效益问题。经济发展战略目标确定之后，如何实现它，要有一条正确的途径。过去正反两方面的经验告诉我们，必须正确处理速度、比例、效益的关系。其中，不断提高经济效益又是实现适当速度和最优比例的核心问题。在我们过去的经济工作中，这是一个突出的弱点，至今仍是经济发展转向良性循环的主要障碍。西方经济学者往往把这点作为我国经济发展的障碍因素，并据以做出对前景的不确定估计。为了实现今后的目标，我们更要紧紧地抓住这个关键，务求经济效益有根本性的好转。

在国情分析中，我们看到，我国经济发展的有利条件很多，但是不利条件也不少，例如，资金缺乏、能源紧张、技术和管理水平低，等等。克服这些不利因素，成为实现生产翻两番所必须突破的难点。

拿资金来说，党的十二大提出了20世纪末工农业年总产值翻两番，城乡居民收入成倍增长的奋斗目标。为实现这一目标，需要多少资金和多大规模的基本建设投资呢？

1953—1981年平均计算，我国每增加1元工农业总产值，要求积累2.3元资金，分配使用1.1元左右的投资。20年内我国工农业总产值要增加21 000亿元（从7000亿元增到28 000亿元），可以算出，如果不提高积累和投资的效果，那就势必要求积累48 000亿元左右的资金，拿出约23 000亿元进行投资，这意味着在20年内平均每年要积累2400亿元左右的资金，拿出1100亿元以上进行投资。目前我国每年生产国民收入不过4000亿元左右，国家财政收入不过1000多亿元。从这几年国民收入增长的情况来看，虽然今后逐年会有所增长，差距还是很大的。如何积累如此巨大的资金，并把大量投资用好，都要靠提高经济效益。长期以来，我国国民收入的增长速度低于工农业总产值的增长速度，这除了结构变化的因素外，还反映了物质消耗高，损失浪费大，限制了剩余产品的增长和资金的积累。这几年，财政收入在国民收入中的比重已从过去的1/3下降到1/4稍多，国营工业的税利在产值中所占比重已从过去的30%左右下降为不到20%。今后，我们必须扭转这些倾向，力争国民收入和财政收入的增长率尽量接近于工农业总产值的增长率，比如超过6.5%或者至少不低于6%，这样才能有越来越多的剩余产品和资金积累。在积累基金和投资的使用方面，长期以来，我国积累基金产出率和投资产出率很不稳定，并呈下降趋势；而积累系数、投资系数则呈上升趋势。例如每增加1元国民收入，"一五"时期需要投资（包括基本建设和挖革改）1.68元，"四五"时期提高到3.76元，增长1倍多。今后，我们一方面要保持适当的积累率，另一方面要努力提高积累和投资的产出率，使有限的资金发挥更大的作用，才能实现翻两番。所有这些，关键都在于提高经济效益，要通过体制改革、结构改革、技术改造，提高企业素质，通过这四项来提高积累效益和国民经济效益。

现在再看看能源的情况，工农业总产值翻两番，如果不考虑能源的节约，那就要求能源供应也翻两番。1980年我国能源生产总量折合为标准燃料为63 210万吨，翻两番就要达到25亿吨，实际上，耗能主要在工业，工业总产值不止翻两番，要求能源供应翻两番以上。由于能源开发需要的一次性投资比较多，一个大型能源建设一般需要上亿元、几亿元的投资，建设周期也比较长，规模稍微大一点的煤矿油田、水电站，就需要8~10年时间。根据资金、技术和地质勘探等条件，能源翻两番是办不到的。因此，必须在大力开发能源的同时，更着眼于节约能源，提高能源利用效益。这是能源战略的重要决策。过去30年我国平均能源弹性系数在1以上（即产值增长1%，能源消耗增长1%以上）。1953—1980年能源消耗系数为1.44。今后20年，如果能源只增产1倍，那

中国经济发展战略问题

么，要求产值翻两番，能源弹性系数就必须降低到0.5。一半靠开发，一半靠节约，两者都不是轻而易举的事。尤其是后者，对照各国工业化过程，有一段时间能源弹性系数是不断上升的。拿英国和美国的例子来说，产业革命后相当长的历史时期中，单位社会产品的能源消耗早期明显上升，晚期才下降。英国上升时期为1830—1880年，这一阶段国民生产总值增长1.84倍，能源消耗增长为4.7倍。美国从1880—1920年的40年来看，国民总产值增长2.8倍，能源消耗增长8.2倍。这里原因很多，当时搞铁路建设，钢铁工业、采矿、重化工、机械工业的发展，以及现代机械动力在各领域大量推广使用，代替了人力畜力，提高了能耗。后期来看，能耗下降。英国1880—1975年的95年中，国民生产总值增长4.3倍，能源消耗增长1.5倍，能耗增长速度小于产值增长速度。美国在1920—1955年的35年中，国民总产值增长2.1倍，能源消耗增长1倍。这说明生产发展到一定水平，能耗可以降下来，另外油、气代替了煤，提高了效益，然而在工业化早期来看，还是上升趋势，所以要使我国能源消耗系数下降，要作很大的努力。但我国潜力很大，因为现在浪费很多，1980年一次能源的消耗为6.32亿吨标准燃料，占世界第3位，但我国每吨标准燃料提供的社会产品比发达国家低1~4倍。所以节约能源的可能性不小。但是以一番能源保证两番的产值，还有待各部门、各地区给以极大重视，并付出极大努力，来解决能源的利用效益问题。

再拿技术和管理水平来说，集中表现在劳动生产率上，也需要有一个大幅度的提高。我国劳动资源丰富，当前还没有得到充分有效的利用，不少地方还有过剩和浪费。但是实现工农业总产值翻两番，仅靠添人，那是无法保证的。今后20年，人口增长20%，劳动力的增长虽多一些，根据有关方面的测算，今后20年新增的劳动力为3亿，我国现有劳动力为4亿，将增长75%，如果劳动生产率不提高，只靠新增的劳动力则产值也只能增长75%。

因此，增长工农业总产值，只能是一小部分靠增加劳动力，而大部分靠的是提高劳动生产率。无论工业、农业或其他部门，劳动生产率都必须有成倍的提高。

以上我们以财力、能源、人力为例来看提高经济效益对于实现战略目标的重大意义。经济效益有宏观、微观之分。宏观效益主要决定于国民经济的比例结构和平衡关系的安排是否合理，微观效益主要决定于企业的技术水平和经营管理水平，特别要看人的积极性调动得如何。因此，效益问题贯穿于经济过程的各个方面，需要从各个方面探寻提高效益的途径。

第三，逐步建立合理的经济结构问题。这是与提高经济效益密切相关的一个重要问题。经济结构的方面很多，包括产业结构，技术结构，企业规模结构和地区布局结构等问题。

产业结构，这是经济结构的基本框架。产业结构的范围也很宽，我们这里主要指物质生产领域内农业、轻工业、重工业的结构。这个结构极其重要，因为实现工业化和工农业现代化，实质上是如何处理农轻重关系的问题。毛泽东同志早就从理论上提出了按农、轻、重的次序进行工业化的正确道路，但是实际执行的往往是片面优先发展重工业、挤掉农业和轻工业的不正确的工业化道路，结果形成农轻重结构严重失调。这几年经过调整，有所扭转。在工农业总产值中，农业所占比重由1976年的25％提高到1982年的32％，在工业总产值中，轻工业的比重由42％提高到50.4％。当然，我们对农、轻、重次序的理解不能简单化。当前的薄弱环节，既有农业，又有重工业中的能源和原材料工业；按农轻重为序，更不意味着重视了农业就必须忽视重工业；对轻工业生产采取"六优先"的原则，也不等于优先发展轻工业甚至不要发展重工业。扭转过去的错误倾向，要对农轻重进行具体分析和统筹安排。今后的目标，应当把农、轻、重等部门看成是一个有机整体，从种养、开采到加工、再加工，从初级产品、中间产品到最终产品，环环紧扣，相互协调。首先要进一步加强农业，使它从国民经济的薄弱环节成为雄厚基础；其次要重视发展轻工业，使消费品生产丰富多彩，逐步适应购买力增长和最后实现小康水平的需要；最后在继续发展重工业的同时改变服务方向，提高为农业、轻工业服务的比重，更好地为国民经济的技术改造和重点建设服务。农、轻、重之间的关系过去几年已经有所改善，但仍需继续向合理的方向调整，今后调整的重点要更多注意农、轻、重各自内部的关系。农业内部，要在逐步增加粮食产量的基础上提高经济作物和林牧渔副业的比重，特别是提高畜牧业的比重，并实现农工商综合经营。工业内部要使能源、采掘和原材料工业从薄弱环节成为先行，走在加工工业的前面；机械电子工业的技术进步走在整个工业和国民经济技术改造的前面。轻工业不仅要保证人民所需的生存消费资料，而且要逐步增产发展消费资料和享受消费资料。从轻重工业的发展比例来看，今后20年由于我国要继续改造农业的生产条件和技术面貌，由于我国要重点进行能源与交通运输的建设，还要全面地进行企业技术改造，使企业结构合理化，并要进行住宅建设，这都需要重工业提供必要材料设备，都需要重工业的优先增长。看来在今后20年的总趋势，重工业的发展仍会稍快于轻工业，到20世纪末的比例大体为轻工业45％，重工业55％（目前是轻工业50.4％，重工业49.6％）。近期还是要优先发展轻工业，所谓六个优先嘛。但从长期来看重工业不发展不行。当然这两年由于基建膨胀，重工业回升过猛，超过了原来的打算，重工业发展仍快于轻工业。这在短期看是不正常的。

我国在发展农业、轻工业、重工业并建立合理的工农业结构的同时，还需大力发展交通运输、邮电通信、商业金融、科教文卫等为生产和生活服务的各种行业。在发展传统产业的同时，还要根据世界科学的发展趋势和我国的具体情况，逐步建立和发展新兴的产业，开发新的产品。这就涉及工业技术进步的很多问题。总之，随着产业结构的调整和合理化，我国将从现在的农业工业国走向工业农业国，并为最后走向工业国更高的现代化打下基础。

技术结构问题，现在世界上出现了所谓新的工业革命的热潮，有各种提法："第四次工业革命"（或产业革命、技术革命），"第三次产业革命""第三次浪潮""向科学社会迈进""向信息社会过渡"，五花八门。称之为"第四次工业革命"，是这样区分的，第一次工业革命开始于18世纪70年代，其标志是英国用煤冶炼铁矿石和纺织工业机械化，第二次工业革命开始于19世纪40年代，蒸汽机大量使用，酸性转炉炼钢，第三次工业革命在20世纪初开始，以电力、化学制品、汽车的发展为标志，这一次即第四次工业革命，是电子计算机、微电子技术、遗传工程、光导显微激光器件材料、新的能源、海洋工程、宇宙工程，这些新技术的广泛应用意味着传统的生产方法结构以及社会生活方面发生重大变化。资本主义国家的一些经济学家，未来学家，社会学家从避免危机的愿望出发，希望出现一个新的时代来维持资本主义制度，但它也指出了某些生产力发展的趋势：工业社会转向信息社会。美国一个作家叫作约翰·奈斯比特，写了一本书，谈论改变人类生活的十个新方向。吹嘘美国有十大转变，今后世界各国都要面临这种转变：（1）工业化社会变为信息社会的趋势；（2）强迫性技术变为高技术与高情感相平衡的趋势；（3）从一国经济变为全球性经济；（4）从短期考虑变为长期考虑；（5）从集中到分散；（6）从组织机构帮助人到人的自助；（7）从代议制民主到分享民主制；（8）从等级制度到网络制度；（9）从北向南的发展趋势；（10）从非此即彼的选择到多种选择。其中第一、第三、第五种转变最为重要。另外托夫勒写了一本《第三次浪潮》，讲到人类历史上经历的三次大变动，过去两次是原始社会向农业社会的转变，然后农业社会向工业社会的转变，现在面临第三次大变化，用全新的技术开发新的能源和新的材料，称为第三次浪潮。它冲击了旧的生产方式，旧的社会传统，工业社会成熟后过渡到知识智力社会。大量生产知识，知识的生产力成为决定生产力竞争的关键。各种新技术如微电子技术、遗传工程、宇宙工程、海洋工程，有的正在突破，有的已经突破，正在得到应用。资产阶级从精神到实践都无出路，所以提出这些概念，这些说法，但从技术发展的角度，可以注意。中央领导同志提出应当注意抓住工业革命的机会。我国在历史上失去了很多次机会，如戊戌变法，第二次世界大战以后。现在新的机会又来了。有的工业部门是可以越过某些阶段发展的，如果不早找对策，把新技术与我国现代化的需要结合起来，我们与世界上发达国家的差距会越来越大。假如抓住机会，可能很快赶上去。世界上落后国家赶上先进国家的例子多得很，例如日本、德国。所以这既是一个机会，又是一个挑战。我们必须研究我国的经济对策。在一切部门应当尽可能地应用先进技术，但从现有条件看，到20世纪末我们不可能达到这一要求。我们现在的情况是，经过30年的努力，我们已经建成一个比较完整的工业体系国民经济体系，科学技术与生产技术也有一定基础，我们在电子计算机、光纤通信、激光技术、遗传工程、新型材料、新能源方面，都已经不是空白，有一定的研究利用。但从总体来看，我国科学技术还是比较落后，工业方面以中等机械化水平为主，有相当一部分还是半机械化，这些技术装备的质量性能也是比较差的。据粗略统计，我国工业企业的技术装备中先进和比较先进的只占20%，完好但落后的占20%~25%，已经陈旧老化，勉强应付生产的占20%~25%，十分陈旧，十分老化，迫切需要更新的占30%。我国工业生产的骨干企业大部分只相当于发达国家50年代、40年代的水平，50年代从苏联来的先进设备早已陈旧，差距是30~40年。农业方面的技术装备更低，以手工工具与初期技术为主，保留有相当多的原始技术。但是我国有农业精耕细作的传统，是我们的优点。这样的状况下，不可能一切部门、一切行业在20世纪末都达到世界先进水平，我们可以在某些领域不经过传统国家的发展阶段，直接采用世界先进科学技术，如微电子技术学。但一般来说，到20世纪末，我们只能把经济发达国家在70年代或80年代初已经普遍采用了的，适合我国需要的，比较先进的生产技术，在我国厂矿企业中基本普及，并形成具有我国特色的技术体系。如果在面上普遍采取70—80年代的世界先进技术，我们在某些部门可达先进水平。我们的目标要明确、步子要稳，同时，我们的目标首先是推广适用的先进技术，建立多层次的技术结构，继续采取自动化、机械化、半机械化与手工劳动相结合的战略，逐步提高先进技术的比重。

　　与产业结构有关的一个问题是现在有劳动密集、资金密集、知识密集的三种类型的产业，三种产业我国都有，但三种产业的比例还处于十分落后的状态，我们应从我国的实际情况出发，以国外三种产业的结构为借鉴，有步骤地改造我国现有的三种产业的结构，使之合理。要把科学技术的引进、开发、攻关、推广结合起来，形成一个上下衔接、左右配合的技术发展网络。在从国外引进先进技术的过程中，要在国内部门之间、地区之间实行技术转移，以减少落后部门和落后地区，不断把低层次的技术提高到高一层次，从而提高全社会的平均技术水平，这样，到20世纪末，我国与世界上最发达国家在技术上的平均差距，将从现在的30年左右缩短到20年左右，从而为进一步追赶创造条件，届时我们的进步会更快。可再用30~40年的时间赶上发达国家。我国的农业与发达国家的以机械化、自动化为特点的所谓石油农业、无机农业不同，我国农业应是以精耕细作、集约经营为主的有机农业和生态农业，要首先做到生物技术的现代化，有选择地推进机械化，在努力提高农业技术装备的同时，大力发展生物技术、园林化、耕作制度科学化，在21世纪的50年内，力争使我国的农业技术装备接近先进国家的水平，而在生物技术上赶上甚至超过它们。

企业规模结构，这是与技术结构相联系的生产组织结构，也是企业的微观和宏观经济效益得以实现的一个条件。企业的合理规模受到资源、技术、市场等各种因素的制约。不同的行业，不同的产业，各有自己不同的合理规模界限。例如，钢铁工业中的炼钢轧钢，机械工业中的装备，电子工业中的元器件，化工中的原材料，纺织工业中的棉纺化纤，或由于工艺单纯，或由于产品的单纯，随着设备的大型化，大型企业较多，规模比较大，近一二十年来，容积为5000立方米的高炉，30万吨的乙烯设备投产后，使钢铁、纺织工艺的规模、结构发生很大变化，这是大型化例子。中小型工业，如特种钢厂，机械工业中的成品生产，纺织工业中的针织印染，及日用品小企业，由于工艺比较复杂，产品比较多，市场变化比较大，所以小型企业较多，规模较小，规模恰当，结构合理，经济效益才好。一般来说，大型企业便于应用先进技术，降低消耗和成本，提高劳动生产率，但需要投资多、建设周期长；而小型企业一般投资少、建设快，灵活机动，易于管理，但在单位能力的投资效益和资金效益等方面都不如大型企业。随着生产专业化和社会化的发展，生产的组织结构既有集中的趋向，又有分散的趋向。所以，无区别地、片面地追求大型化或者追求小型化，都是不可取的。在相当长时期内，企业规模结构的对策，还应当是"大中小并举"和"大中小结合"。所谓"大中小并举"，指的是在不同产业、不同产品，各有侧重，达到扬长避短；例如，钢铁和基本原料等工业应有少数大型企业为骨干，而轻纺工业的多数则以中小型企业为宜。所谓"大中小结合"，指的是企业之间的组织体系由松散走向紧密，应按照专业化协作的要求逐步实现"系列化"和"网络化";尤其是小型企业应从现在的"小而全""小而散"逐步走向"小而精""小而联",成为一个有机的整体,它反映了三者之间的内在本质联系。过去我们往往注意了形式上的并举,忽视了实质上的联合,所以小企业虽然很多,但缺乏与大企业的紧密联系,大企业虽然有一定规模,但没有真正形成中心,在带领、支持、帮助小企业方面不够得力。还要指出的是,30年来,我国工业企业的平均规模有所扩大,但大中型企业在整个工业总产值中所占比重提高不多,70年代以后还有下降,从1971年占53.5%下降到1981年的42.5%,反映了小型企业的发展有一定的盲目性。对照先进工业国在工业化过程中现代化大型企业所占比重提高的趋势(一般占60%~70%以上),我国现在的企业规模结构仍然带有欠发达的特征。要通过对小型企业发展的宏观控制和宏观指导,通过对现有大中型企业的改建、扩建和新的重点建设,逐步加强大型企业的核心地位,让它充分发挥企业规模结构中的骨干作用。同时对后工业化社会带来的企业小型化、专业化的趋势,我们也应当注意,西方资本主义的发展开始是小工场、作坊,通过竞争,资本的积聚、集中,形成大托拉斯,第二次世界大战后又出现跨国公司。但最近的趋势是通过新技术的发展,出现大量专业化的小企业,现在美国的小企业也在增加,有个材料说美国50年代每年新增小企业不到10万家,现在每年新增60万家。这种趋势也要注意。电脑的使用,使得资本主义的企业结构从金字塔的"树型"结构转变为水平式的横向结构,今后企业组织结构的发展趋势是纵向的树型结构如大公司、大托拉斯将减少,而横向的网状结构增加。小企业比较灵活,技术先进,因此是有生命力的,很有前途。但要密切注意我国不能搞"小而全""小而散",要结合技术的发展不断调整,逐步走向"小而精""小而联"。

地区布局结构。这是经济结构在空间的表现,在我国这样大的国家，十分重要。从全国着眼，可以分为沿海、内地，或沿海、腹地、边疆，或东部、中部、西部几块。各块在人口、资源和经济、技术的发展水平上很不平衡。新中国成立以来，为了调整布局，内地工业的增长快于沿海地区工业的增长。从1952年到1980年，全国工业增长14倍，沿海增长13倍，内地增长16倍。但到1980年，我国沿海12个省、市、自治区的工业总产值占全国的比重仍在64%左右，而广大内地17个省、市、自治区只占36%。另一方面，对于改造东部沿海工业基地，以更好地支援内地建设，注意不够。由于片面强调地区自成体系和自给自足，造成许多地区弃长求短，互相封锁，严重影响了地区经济的发展和全国经济效益的提高。今后应当按照发展商品经济的要求，坚决打破地区封锁，发挥地区相对的优势组织专业化生产，实行合理的地区分工并组织地区间的专业化协作，促进经济横向联系，做到优势互补，把东部地区的发展同中、西部地区的发展结合起来，相互促进，以东部地区的发展带动中部和西部的发展，逐步实现由东到西的转移，中部和西部吸收东部的资金、技术和管理经验，发挥自己的优势，反过来又支持东部地区的发展，并加速全国经济布局的合理化。与地区布局联系的，还有一个城市发展和城乡关系问题。我国不应走西方国家城市化的道路，使大量人口越来越集中于少数大城市，带来许多社会、经济、环境矛盾。三十多年来，我国城市建设中也有重大轻小的偏向。100万以上人口（不包括所属郊县农业人口）的大城市，新中国成立时只有几个，1978年为13个，1982年发展到20个；而同一时期，十万以下人口的小城市却从几十个减少到十几个（不含小城镇），即县镇与乡镇，不少小城镇也趋于衰败。这种趋向，与我国农村人口占很大比重，人口分布较为分散的国情是不尽适合的，今后，在农业人口向工业人口和其他非农业人口转移的现代化过程中，我们的城市发展战略应当是严格控制大城市，适当发展中城市，大量建设星罗棋布的小城镇，使农业人口"离农不离乡"或"离土不离乡"，并逐步缩小城乡差别和城市之间的差别，防止扩大城乡对立。对于大城市，在严格控制其规模的同时，要更好地发挥其组织经济活动的中心作用。

第四，正确处理人口控制、劳动就业和智力开发问题。在制定经济社会发展战略时，"人"的问题是一个很重要的问题。"人"作为经济社会发展战略的对象，包括互相联系的三个方面，即：作为消费者的"人口"，作为劳动者的"人手"和作为智力体现者的"人脑"。这三方面的任何一个方面如果被忽视，都会给经济社会的发展带来不良后果。

我国是世界上人口最多的国家，人口问题是一个突出问题。过去，我们在人口战略上有失误，往往单纯地把人看成是劳动者，强调人多好办事的一面，而不大注意人作为消费者和作为智力体现者的另一面，因而造成物质资料的生产与人类自身的生产即"两种生产"的失调。今后的人口对策，包括三个方面的内容，即控制人口数量，提高人口质量和调整人口结构。首先是控制人口数量，力争到20世纪末人口数不超过12亿。鉴于我国人口基数大，年龄结构轻，同时又面临进入一个生育高峰时期，完成这个任务是十分艰巨的。目前，在解放后出生的34岁以下的人只有10亿，其中23岁以下的有5亿，15岁以下的有3.5亿，都是现在的和潜在的生育旺盛年龄人口。如果按照目前年增长率15‰计算，到2000年全国人口将达13.27亿；如按10‰的年增长率计算，20世纪末也要突破12亿。如要在2000年控制到12亿，则平均人口自然增长率必须控制在9.5‰以下，今后的计划生育工作如果达不到预期效果，人口总数突破12亿较多，将会对我国就业，劳动生产率，城乡劳动者收入水平、消费水平，以及国民收入的积累率等方面，产生不利影响，这是我们今后在做出战略决策时不能不充分注意的。为了更有效地抓好计划生育，除了"三靠"（宣传教育，行政措施，科学技术），首先还要从经济发展和经济政策上着手，从根本上解决人口增长的问题。特别是占人口比重很大的农村，是计划生育工作的重点，这里有许多新情况、新问题，需要进一步研究。其次是提高人口质量，包括人口的自然属性即身体素质和社会属性即思想文化素质等方面。不但要提倡少生而且要提倡优生，要克服近年出现的某些愚型病儿增多，文化水平相对降低的现象，从各方面培养德、智、体全面发展的合乎社会主义要求的接班人。再次是调整人口结构。时间上的年龄结构，要逐步改变当前年轻人占的比重太大，并预防老龄化带来的问题；空间上的地域结构，要逐步改变当前沿海地区人口过于密集的状态，促进人少地多和资源丰富的内地开发和边疆开发。此外，还要改善人口的性别结构。个别地区目前男女比例不适当，主要通过纠正重男轻女的思想教育和适当的政策来解决。

与人口问题密切相关的是城乡劳动力的就业问题。新中国成立以来，我们解决了旧社会遗留的失业问题，并使大量增长的劳动力有所安排，与很多发达的和不发达的国家相对照，显示了我国社会主义制度的优越性。我国劳动力资源丰富，这对经济发展是一个有利条件，但同时又给就业带来很大压力。根据人口结构资料推算，从80年代到90年代中期，全国每年进入劳动年龄的平均在2000万人以上，其中城镇新增劳动力按15%计，每年约有300万~350万人（如按20%计，则有400万人以上）。也就是说，20年内需要安排就业的，累计将达6000万~7000万人，相当于现有职工总数的60%~70%。我国就业压力之重，还因为：（1）劳动力占人口的比重高，1952年为36.1%，1981年提高到93.4%。青年大多未经培训即过早地成为劳动者。（2）城镇就业率高，解放初期不到1/4，现在已经超过1/2，一般已达到城市人口的60%左右，每个职工的抚养人口从过去的3人以上降低到0.8人。我们曾经强调低工资，多就业，提倡"三个人的饭五个人吃"，这在一定时期是必要的，但是不应成为一个长期的战略方针，否则就变成为了安排就业而采取"三个人的事五个人干"的办法，严重地影响劳动生产率的提高，并引起若干社会和家庭问题。所以，劳动就业战略的关键在于处理好就业压力很大与劳动生产率很低的矛盾，不能顾一面，而应当在有计划地提高劳动生产率的基础上达到合理的充分就业。在建立合理的产业结构、技术结构和企业规模结构的时候要考虑这两方面的需要，在有重点地发展资金和技术密集型行业的同时要进一步发展劳动密集型行业和智力密集型行业，并采取多种经济形式，广开就业门路，大力发展服务性行业。另一方面，要积极改革劳动就业和劳动管理制度，改变过去"统包统配""只进不出""勤懒不分"等做法，实行择优录用，择劣淘汰和一定范围内的自由择业，定向流动，实行劳动合同制和就业预备制。采取改进工资补贴和完善社会保险等措施，把通过普遍就业达到高就业率的方针逐步改变为合理适度就业率的方针，允许有部分劳动者实行间断就业，半天劳动或半工半读。此外，还必须重视农村隐蔽的剩余劳动力问题，就地发展农、副、工、商、运、建、文、服等行业，使之能得到安排和利用。

随着科学技术的发展，发挥人在生产过程中的主导作用，已经不仅决定于他们的体力劳动，更决定于他们的脑力劳动。发达国家的资料表明，经济增长在越来越大的程度上取决于人们智力的增长和科技的发展。美国1929—1957年国民收入的增长有33%来自教育投资。苏联1940—1960年国民收入的增长有30%是由于提高劳动者教育水平的结果。日本国民经济总产值中依靠科学技术进步的因素，50年代只有19.5%，60年代上升到38%，70年代后期达60%。人类当前面临的新技术革命，更加突出智力的重要性，掌握知识的重要性，培养和教育人才的重要性。现在引进的先进设备，就有不少我们掌握不了。如海上石油平台上面某些关键性技术，我们就不懂。下一步要发展现代化的信息事业，要普遍运用电脑，没有相当高的教育和科技水平，是不行的。长期以来，我们对智力投资注意不够，例如，世界各国教育经费占国家预算支出一般为15%～20%，而我国则不到10%，甚至还不如某些不发达国家，严重影响了专门知识和熟练技术人才的成长。这不能不说是我国经济发展不够理想的一个重要原因。今后实现生产翻两番的战略目标，有一半要靠科学技术，智力开发更为迫切。我们赞成一些同志提出的智力开发应放在生产建设的前头，智力投资应放在第一位的意见。同时，要采取以智力开发智力的方针，少花钱，多办事。在引进技术时，注意适当引进智力。当然，根据我国人口多、文化低、人才少的情况，发展教育和科学也应有自己的特色，例如要普遍提高全民族的科学文化水平，有重点地培养各种建设人才，采取多种形式办学，注意与生产劳动相结合，还要多方面动员，合理分配和使用智力投资，谋求投资效果。

社会主义国家对智力开发的投资一般都是由国家和集体支付的。但是受教育、受训练者也不同程度地负担一部分直接费用，如部分学费、书籍费、生活费等。此外，他们也会考虑在接受教育期间所放弃的收入。家庭或个人对提高智力进行的这种"投资"以及他们对受教育后预期收入的比较，影响着他们对智力投资的兴趣，这是不能忽视的一个客观事实。过去由于对知识和知识分子重视不够，以及分配中存在的平均主义倾向，收入报酬与家庭、个人的智力投资没有联系，一个受过大学教育者的收入往往低于同时在中小学毕业而未进入大学却早就业当工人的实际收入。收入分配中的平均主义倾向不仅存在于脑体劳动者之间和内部，也存在于不同部门之间和内部，这些都不利于鼓励家庭和个人进行智力投资，不利于鼓励人们提高劳动技能和劳动效率，成为我国经济发展的一大障碍。要解决这个问题，必须真正贯彻社会主义按劳分配的原则，打破吃"大锅饭"的平均主义积弊，当前要适当扩大收入差距，使一部分人先富起来。当然，为强调效率而扩大收入差距，不是我们的最终目的；我们要从目前的收入分配比较平等开始，经过扩大差距，达到提高效率的目的，带动大家都富起来，最终实现共产主义的社会平等。

第五，寻找适合于发展战略要求的经济体制问题。不同的经济发展战略，要求有不同的经济体制。在战略目标单纯、可供选择的余地不多的情况下，需要有比较集中的体制；而在战略目标多样化、人们选择的范围扩大时，过分集中的体制就不大适应。同样，发展是以外延的方式为主、主要靠增加投入来达到数量增长的目的时，同发展是以内涵方式为主、主要靠提高效率来达到改进质量和品种的目的时，对体制的要求也不一样。内向的发展与对外开放的发展，也对经济体制提出不同的要求。因此，当经济发展战略发生重大转变时，往往要求经济体制也有一个根本性的改革。实现新的多层次的战略目标，从各方面解决经济效益的问题，都需要有一个与新战略相适应的新体制，应当对原来不适应现代化建设要求的经济体制进行有领导、有步骤的全面、系统的改革，建立有中国特色的社会主义经济体制。这本身就是一个具有重大战略意义的问题。

经济体制的改革，千头万绪。集中与分散、计划与市场这两个问题，主要是关系到宏观经济管理与微观经济管理相结合的问题。改革经济体制的基本目的，一是在微观上，必须调动部门、地区尤其是基层单位及其劳动者的积极性，唤醒其内在活力；一是在宏观上，必须使被调动出来的这些积极性得到有计划的、科学的组织和管理，防止产生盲目性。这样，才能实现宏观控制下的把经济搞活，达到宏观经济效益和微观经济效益的统一。正确处理集中与分散的关系、计划与市场的关系，就是为了达到这个目的。经济体制的合理化、企业组织的合理化与经济结构的合理

中国经济发展战略问题

化，都是80年代的重要任务。

正确处理集中与分散问题，是社会化大生产的客观要求，对我们这样一个大国显得格外重要。过去，我们对此问题的处理，局限于调整中央与地方、条条与块块的关系，那是必要的，但总没有摆脱行政管理的圈圈，因而条块分割的问题一直未能得到妥善的解决。我们认为，除了中央与地方的关系、条条与块块的关系外，更重要的是必须正确处理国家与企业的关系；同时，还要解决企业组织的关系即专业化协作与联合的关系。以城市为中心，逐步形成不同层次和不同范围的经济区，也是与此有联系的问题。这些问题的正确解决，将有利于冲破长期以来经济体制中的最大症结即条条块块所有制分割状况，并避免"一管就死、一放就乱"的循环。对国营企业实行利改税，不仅有利于保证国家的财政收入，在责、权、利一致的基础上调动企业的积极性，而且有利于使企业与条块脱钩，真正成为有自主权的相对独立的商品生产者。建立企业之间的各种联合体和以大、中、小城市为中心的各种经济区，都是有益的试验，要在实践中提高，并防止搞成新的条、块。

正确处理计划与市场问题，关系着整个经济的发展能否协调而灵活地运行，以实现预期的战略目标。计划经济是社会主义经济的基本特征之一，没有计划经济，我们就不可能取得过去的成就，但是，社会主义的计划经济是存在着商品经济条件下的计划经济，实行计划经济不能忽视商品经济的客观规律，不能忽视市场机制的运行和运用。过去我们的计划工作所取得的成就，不是那么理想，一个重要原因就在于忽视了商品经济的规律，排斥了市场机制的运用，使计划管得过多，统得过死，另一方面，也有该管的未管住，特别是投资失控，往往成为比例失调的直接原因。今后改革的方向，应当是把大的管住，把小的放开，宏观管好，微观放活，分别采取指令性计划、指导性计划和自由生产三种不同形式，通过经济计划的综合平衡和市场调节的辅助作用，保证国民经济按比例地协调发展。为此，关键在于提高计划工作的科学性，提高宏观控制的决策水平，而不是离开科学性去强调计划的权威性。同时，要运用好市场机制和经济杠杆，引导企业实现国家计划的要求，并使计划的严肃性和灵活性结合起来。随着社会经济的发展和计划工作水平的提高，指令性计划的部分将有所缩小，指导性计划的部分将有所扩大。只要我们一方面完善计划工作，另一方面运用好市场机制，就有可能使宏观经济活动和微观经济活动相互协调，宏观的平衡有利于调动微观的积极性，微观的活跃符合宏观发展的方向，从而使计划与市场的问题得到更好的处理，保证我国经济发展战略的顺利实现。

中国经济发展中的计划与市场问题*

（1984年1月）

　　与经济发展中的集中与分散问题密切相关的，还有一个计划与市场问题。处理好计划与市场，是经济管理体制中带根本性的问题，关系着整个经济的发展能否协调而灵活地运行，以达到预期的目标。

一、处理计划与市场问题的经验教训

　　新中国成立以来，我国的计划经济制度逐步建立和完善起来。在此前提下，怎样对待商品生产、价值规律和市场机制等问题，在认识上和工作上有一个逐步演变和反复曲折的过程。

　　解放初，由于没收官僚资本，加上原有的老区企业，形成了生产资料属于全民所有的国营经济。在国营经济范围内，资本主义生产无政府状态的规律不再起作用，代之以国民经济有计划发展的规律。当时，由于私有经济还占一定比重，市场经济的规律也继续起着影响。我们密切注意市场动态，认真制定各项经济政策和经济措施，经过不长时间，便克服了旧社会遗留的无数困难，实现了国家财政经济状况的根本好转，并为有计划的经济建设做好了准备。

---

* 　本文系与沈立人合写，原载《中国经济发展战略问题研究》第二十一
　　章，上海人民出版社1984年版。

从1953年起，制订和执行第一个五年计划，开展大规模的经济建设。当时，我们在工业、基本建设和物资管理等方面实行类似苏联原来的计划管理体制。它的好处是可以集中大量的财力、物力和人力，保证重点建设，解决国民经济发展中的主要矛盾，尽快建立工业化的初步基础。这在新中国成立之初，是必要的，也是有效的。同时，由于还存在着多种经济成分，我们并没有完全照搬苏联的一套，而采取了不少从实际出发的做法。例如：除对多数国营企业采取直接计划外，对农业、手工业和私营企业大多采取间接计划；注意通过财政、税收、信贷、价格等经济杠杆，采取加工订货、预购合同和公私合营等形式，把各种非社会主义经济成分也分别纳入计划经济的轨道。那时，不少产品是通过市场来调节的。随着社会主义改造的基本完成，采取直接计划的企业大量增加，但没有区别对待，这是一个教训。然而，综观整个"一五"时期，在计划与市场的问题上处理得比较好，经济生活比较活跃。

1958年开始，进入"二五"时期。最先拟订的"二五"计划建议本是实事求是的。后来，在探索我国社会主义建设道路的过程中出现了"左"的错误。反映在计划与市场问题上：一是违反计划经济的基本原则，取消了计划管理的正常程序，不讲综合平衡。上面压高指标，下面层层加码，在生产和建设、财力和物力、生产建设和人民生活等的关系上都不进行任何按比例的衔接。二是否定商品生产和商品交换，排斥了市场机制。不讲价值规律，不讲等价交换，也不讲经济核算，片面追求少数几种产品产量的实物指标，更不考虑市场平衡和成本收益等问题。

1960年冬，党中央决定对国民经济实行"调整、巩固、充实、提高"的方针，在计划管理上，注意了综合平衡。首先调整农业和工业的关系，关停了一批盲目发展的厂矿，使大量的农业劳动力回到了农村。同时，注意了价值规律，开放集市贸易，通过压缩财政开支、销售"高价"食品等，组织货币回笼，稳定市场物价。那时，还提出了用经济办法管理经济的原则。但在思想上，对如何运用市场机制问题并没有解决，以致把"三自一包"①当作"修正主义"加以批判。

1966年之后的十年动乱时期，否定计划经济的规律性，林彪一伙胡说什么"需要就是计划""打仗就是比例"，批判所谓"指标挂帅"。他们否定价值规律，把商品生产与资本主义画等号，竭力鼓吹要限制它、取消它。这10年中，虽然先后着手制定过"三五""四五"规划的纲要或轮廓设想，但是没有正式编制五年计划；虽然也搞过年度计划，但也只是针对当时出现的矛盾，采取一些权宜措施。这些计划的执行更不严肃，受到"批判唯生产力论"和"停产闹革命"的冲击，失去应有的约束力；同时由于不讲价值规律，也很少研究怎样利用经济杠杆，价格长期不动，有的与价值越来越背离，以致把经济搞乱了。

粉碎"四人帮"后的最初两年，由于"左"的影响仍然存在，制定片面追求高速度的"十年规划"，进一步加剧了国民经济的比例失调。直到党的十一届三中全会，才开始拨乱反正，使经济建设重新走上健康发展的轨道。

回顾三十多年来的历史，我们深刻地体会到，对待计划与市场的问题，在处理得好时，经济发展就较顺当；在处理不好时，经济发展就有困难。早在"一五"后期，我们寻求中国式的计划管理体制时，陈云同志就开始提出了具有中国特色的社会主义经济的具体管理形式，包括：①在工商业经营方面，国家经营和集体经营是工商业的主体，但是附有一定数量的个体经营，这种个体经营是国家经营和集体经营的补充；②在生产计划方面，全国工农业产品的主要部分是按照计划生产的，但是同时有一部

① "三自一包"指自留地、自由市场、自负盈亏和包产到户。

分产品是按照市场变化而在国家计划许可范围内自由生产的，计划生产是工农业生产的主体，自由生产是计划生产的补充；③在社会主义的统一市场里，国家市场是它的主体，但是附有一定范围内国家领导的自由市场，这种自由市场是国家市场的补充，也是社会主义统一市场的组成部分。他的这些设想，符合我国的实际情况，是对传统的计划经济概念的一大突破。这些设想，坚持了社会主义计划经济，又不是采取无所不包的、单一的计划管理形式，而是允许一部分产品自由生产，作为国家计划的补充。当时，中央也曾拟订过一系列适当发挥市场调节作用的措施，包括改变工商企业之间的统购包销，对工业、手工业、农副产品和商业的很大部分实行分散生产和分散经营，实行较为灵活的价格政策，把某些指令性指标改为"参考指标"等。遗憾的是，在"左"的指导方针的影响下，这些措施始终没有得到贯彻执行；相反，却采取了不少与此背道而驰的做法，使计划管得越来越多，统得越来越死。

二、计划与市场的几种模式的比较

我国正在积极准备全面进行经济体制的改革，改革的根本任务就是根据我国现代化建设的要求，建立新的具有中国特色的经济体制的具体形式。为了做到这点，必须认真地研究我国的国情，还要对社会主义经济体制的各类模式进行比较和分析，从中吸收对我们有益的东西，并以其教训为诫。

所谓经济模式或称作经济类型，是排除了经济管理体制中的具体细节，而对它的基本骨架和主要运行原则的理论概括。社会主义经济的发展并不存在一套固定的模式。过去，曾经把苏联20世纪30年代形成的那套经济体制看作是社会主义经济的唯一模式。50年代之后，包括苏联在内的各国都先后进行不同程度的改革，出现了多样化，逐步形成了不同模式。对这些模式可以从不同角度进行分类，但是不管哪种分类，都离不开计划与市场的问题。从十月革命到现在，社会主义经济按照计划和市场这两种调节方式在经济运行中所处地位和所起作用的不同，可以大体上概括为下列几种模式：

第一，军事共产主义的经济模式。

其特点是全部经济活动，包括宏观经济活动、企业日常经济活动和家庭（个人）经济活动如职业选择、消费选择等的决策权都集中在国家手里，是一种属于平均主义的、排斥商品货币关系和市场机制的、实物分配型的经济。整个经济的运行要靠行政强制和精神动员来推动。控制经济活动的信息采取命令式垂直地传递。这种模式的典型代表是战时共产主义的苏联经济。这种模式是在特定的历史条件下形成的，现在已经没有现实意义。在长时期中它对一些国家的经济体制产生过不同程度的影响，例如吃"大锅饭"、命令主义等。

第二，传统的集中计划经济模式。

其特点是宏观经济活动的决策权集中在国家手里，企业日常经济活动的决策权也基本上集中在国家手里，家庭经济活动的决策权基本上是分散的。在这种模式中，国家对经济活动实行以行政权力等级结构为基础的、范围很广和内容很细的直接计划管理。商品货币关系虽然存在于两种公有制之间以及国家和个人之间，但是市场的作用是微小的，计划外的市场交易很少或者是不合法的。经济的运行基本上靠上级对下级的行政命令和下级对上级的行政责任来推动。经济信息则主要采取指令和报告的形式，在行政系统的各级层次之间上下传递，横向的信息联系较少并处于从属地位。这种模式便于集中人、财、物力，保证重点建设，使落后国家迅速工业化；但不利于调动企业积极性，及时解决产需矛盾和提高经济效益。30年代到50年代的苏联和第二次世界大战之后的一些社会主义国家，都实行过这种体制。

第三，改良的集中计划经济模式。

这是在上一种模式的基础上经过改良而形成的，其不同点在于企业日常经济活动的决策权有一部分下放给企业，国家计划的实物指标有所减少，价值指标的意义有所扩大，市场机制在一定范围内起着外部的补充作用，开始注意运用经济杠杆，并试图把行政手段和经济手段结合起来。这种模式保留了上一种模式的某些优点，并使企业有了一定的主动性和积极性，但动力结构、信息结构、决策结构上还有矛盾，企业还是行政机关的附属物，并且缺乏民主程序的制约，决策权仍过于集中，经济运行的灵活性依然很差。某些原来实行传统的集中计划经济模式的国家，60年代以来陆续采取了这种模式。

第四，含有市场机制的计划经济模式。

其特点是只有宏观经济活动的决策权集中在国家手里，企业日常经济活动则基本上由企业自行决策。国家主要对关系国民经济全局的战略性经济活动进行决策。这种模式在坚持对整个经济实行计划管理的前提下，改变了实现计划的调节方式和手段。国家计划虽然也包括微观经济活动的内容，但是一般不作为指令下达企业，而是主要通过运用经济杠杆和市场机制来诱导企业完成国家计划，使国家宏观计划决策通过微观经济中的市场机制来实现。管理经济主要靠经济手段，并辅以必要的行政手段。企业之间、生产者和消费者之间的横向经济联系和信息传递得到广泛的发展，并同国家与企业之间的纵向联系和信息传递互相交织。这种模式在较大程度上解决了改良的计划经济模式的不少缺陷，企业动力较强，信息传递较活；但有可能出现企业摆脱国家宏观控制和冲击计划经济的倾向，增加宏观经济决策和微观经济决策相互衔接的难度与运用经济杠杆和计划调节统一起来的难度。目前按照这种模式建立的经济体制只有个别国家。

第五，"市场社会主义"的经济模式。

其特点是宏观、微观和家庭三层经济活动的决策都分散化、市场化。企业成为完全独立的商品生产者，从而市场机制在整个国民经济中起着普遍的和主导的调节作用。这种模式可以克服决策权过于集中所带来的弊端，使企业具有更大的内在动力，便于把微观经济搞活；但是由于国家既不直接管理微观经济，又缺乏必要的宏观经济控制手段，虽然也编制计划，但计划控制的效力是不显著的，因此容易造成比例失调。目前实行这种模式的也只有个别国家。

上述五种类型中，我国过去的经济体制接近哪种类型？国内外不少经济学者认为，我国原来是照搬苏联的经济模式。新中国成立初期，我们确实曾经想把苏联的一套作为"目标模式"。但是在实践中，由于主客观条件不一样，尤其是存在多种经济成分，并没有也不可能完全沿袭苏联的做法。在社会主义改造完成之后，直到1978年，虽然屡有变化，而总的倾向则是在排斥多种经济形式方面，在排斥商品货币关系方面，在排斥按劳分配原则方面等，有的地方甚至比苏联传统的经济模式走得更远。我们追求"一大二公"，急于过渡，所有制结构越来越单一化；企业基本上取消了自主权和机动权，经济活动的决策越来越集中化；忽视价值核算和价值平衡，经济管理的形式越来越实物化；忽视和违反按劳分配原则，分配上越来越平均化。甚至对家庭经济活动如职业选择、消费选择等，也主要由国家决策。因此，如果把中国原有经济体制说成是带有军事共产主义因素的集中计划经济模式，可能更切合实际。这样的经济体制，尽管在过去的社会主义建设中曾经发挥了有益的作用，但不适应新时期进行社会主义现代化建设的要求。

中国经济体制改革的目标模式是什么？在前几年的讨论中，有一种意见，主张基本上恢复到"一五"时期的经济体制，接近于传统的集中计划经济模式。这实际上是基本保留原来的经济体制，只作局部的小改小革，忽视了二十多年来生产力水平和生产关系形式所起的明显变化。另有少数人主张取消生产资料的国有制，把企业改为完全独立的商品生产者，否定计划调节为主，这接近于"市场社会主义"的经济模式。这实际上放松乃至取消对宏观经济的控制和平衡，难免会产生比例失调等类似市场经济发生的一系列问题。也有一些同志主张改良的计划经济模式或含有市场机制的计划经济模式，或者介乎两者中间的另一种混合经济模式。这些经济模式各有其历史背景和民族特色，我们不能离开具体条件去对待它；另外，它们又各有其优劣之处，我们也不能全盘肯定或全盘否定。同时，更应看到从十月革命到今天不过几十年时间，社会主义经济建设中的许多问题尚在探索之中，我们在建设过程中难免存在这样那样的缺点和错误，要在实践中不断完善。过去，我们在相当长时间内，受到外国模式的某些影响，照抄某些经济模式和具体做法，在很多问题上是不成功的。今后，虽然还要借鉴各国的经验，但是决不能生搬硬套，必须从自己的国情出发，创造有中国特色的经济体制。

三、正确处理计划与市场关系的原则和要求

建立具有中国特色的计划管理体制，必须从国情出发。这就是我国已经确立了以国营经济为主导地位的社会主义公有制经济，同时存在着多种经济形式；广大农村还以劳动人民集体所有制的合作经济为主要经济形式；工商业中的小型企业占很大比重；个体经济也有了恢复和发展。我国的生产力水平还不高，生产的社会化程度和商品化程度也不高。科学文化、生产技术、经营管理水平还比较低，经济工作干部的数量和质量都不够。

近几年来，我国在总结自己历史经验和参照国外有关做法

的基础上，对计划管理中计划与市场的关系不断地进行了探索，有过几种不同提法。例如，1981年党的十一届六中全会以前报刊上比较流行的提法是：计划调节与市场调节相结合，以计划调节为主。又如，党的十一届六中全会通过的《中国共产党中央委员会关于建国以来党的若干历史问题的决议》中的提法是："必须在公有制基础上实行计划经济，同时发挥市场调节的辅助作用。"[①]再如，胡耀邦同志在十二大报告的提法是："计划经济为主，市场调节为辅。"[②]1982年11月正式通过的《中华人民共和国宪法》第十五条的提法是："国家在社会主义公有制基础上实行计划经济。国家通过经济计划的综合平衡和市场调节的辅助作用，保证国民经济按比例地协调发展。"[③]这些提法，具体表述略有差异，而基本精神是一致的。为了正确理解和在实际工作中贯彻这一基本精神，我们认为应当着重掌握以下几点：

第一，我国在公有制基础上实行计划经济，同时发挥市场调节的辅助作用。

这个原则，否定了试图在我国以市场经济取代计划经济的主张，也否定了只承认计划经济而不承认要同时发挥市场调节辅助作用的另一种主张。这个原则，包含四点意思：（1）以公有制为基础，实行计划经济，这是前提。以国民经济有计划发展规律为依据，国家通过计划的平衡和市场调节的辅助作用，保证国民经济按比例地协调发展。从总的看，我国社会主义经济的本质特征是计划经济，国家以统一计划指导和组织整个经济活动。（2）在计划管理的具体形式上，直接采取计划形式的，即有计划的生产和流通只是一部分。但是，这一部分在国民经济中占很

---

① 《三中全会以来重要文献选编》，人民出版社1982年版，第841页。
② 胡耀邦：《全面开创社会主义现代化建设的新局面》，《中国共产党第十二次全国代表大会文件汇编》，人民出版社1982年版，第24页。
③ 《中华人民共和国第五届全国人民代表大会第五次会议文件》，人民出版社1983年版，第37页。

大比重，是我国国民经济的主体。这是因为公有制经济占绝对优势，其中国营经济又占主导地位，决定了国民经济的主体部分既有必要又有可能是有计划的生产和流通。主体部分有了计划，导致整个国民经济的计划化。这就是"计划经济为主"的含义。（3）国民经济的另一部分，在计划管理上不采取计划的形式，允许不作计划，由市场来调节。这里讲的"市场调节"是指让价值规律自发地起调节作用。这一部分在国民经济中占的比重很小，其范围多大，根据不同时期的具体情况，由国家统一计划来划定。它是有计划部分必要的、有益的补充。这就是"发挥市场调节的辅助作用"的含义。它处于次要的位置，从属于有计划的部分，并不影响整个计划经济的性质。（4）计划调节是自觉的，市场调节是自发的。前者着重于宏观控制，决策权直接地或间接地属于国家，作用在于保持宏观经济的按比例即平衡；后者着重于微观调节，决策权属于各经济单位，以适应市场的变化，进而求得产销、供需之间的平衡。

中国经济发展中的计划与市场问题

第二，为了更好地实行经济计划的综合平衡和发挥市场调节的辅助作用，计划管理需要根据不同情况采取不同的形式。

因为不同的经济形式特别是不同的所有制，反映了公有化的不同程度，并代表着不同范围的经济利益；不同规模和类型的企业，在整个国民经济中处于不同的位置，有着不同的影响；不同的产品，在整个国民经济中也有着不同的作用。所以，必须分别情况，在保持必要和可能的集中统一的前提下，采取指令性计划、指导性计划和市场调节即自由生产等灵活多样的形式。

1. 指令性计划

适用于国营经济中关系国计民生的生产资料和消费资料的生产和流通，尤其是关系全局的骨干企业；也适用于集体所有制经济中的某些指标，例如对粮食和其他重要农副产品的征购和派购。所谓指令性计划，就是计划具有指示或命令的性质，对各级各部门和各单位具有强制的约束力，下达之后必须遵照执行，尽力完成，不能违反。对于重要产品和重要企业采取指令性计划，在资源和产品短缺的情况下，是保证按比例地分配社会劳动和保证国民经济各部门协调发展的有效手段。对于固定资产投资尤其是基本建设的重大项目采取指令性计划，可以保证恰当的建设规模和正确的投资方向。当然，指令性计划必须从实际出发，也要经常研究市场情况，自觉利用价值规律，运用各种经济杠杆，促使企业实现国家计划的要求。

2. 指导性计划

适用于除了必须实行指令性计划和可以采取市场调节这两部分之外的其他许多产品和企业以及其他一些经济活动，它介于由指令性计划来管理的重要产品、重要企业与不作计划的那一部分产品、企业之间的经济活动。所谓指导性计划，也由国家发布，作为各级各部门和各单位制定计划的依据或参考。各单位要认真考虑国家发布的指导性计划，使自己的计划与国家要求相衔接；同时，可以根据当时当地的实际情况和自己的具体条件进行合理的、必要地调整。有的要上报备案，如果发现问题，有关部门可以适当地干预。这种计划，适应我国还存在着多种经济形式和多种经营方式的情况。它们对计划管理形式有不同的适应性，要求在计划管理上给以较多的经营机动权。另一方面是由于国民经济本身的复杂性，对各种不断变化的社会需求和大量企业的生产能力难以做出精确计算，并在生产、分配、交换、消费各个环节上分清轻重主次，区别对待。指导性计划的特点，主要不是凭行政手段，而是更加依靠国家自觉利用价值规律和市场机制，以保证其实现。指导性计划也是国民经济计划平衡的组成部分，同时具有相当大的灵活性，能够使宏观决策与微观决策衔接起来，更好地体现国家、集体和个人三者利益的统一，发挥各方面的主动积极性，并使计划管理可以更加切合实际，适应客观情况的变化。

3. 市场调节即自由生产

适用于各种各样的小商品。对这类小商品，国家不作计划，而让企业、社队和个体经济在国家计划、政策、法令许可的范围内，根据市场供求的变化，灵活地自行安排生产和销售。这是由于它的产值小、品种多，产、供、销的时间性和地域性很强，不可能也不必要都由计划统一去管理。这样做，能够更加适应市场供求的变化，满足人们多种的需要，并弥补国家计划的不足。但是，它与资本主义的自由生产有区别，国家也应当通过政策法令和工商行政工作加强管理，并协助它们解决某些重要原材料的供应；在可能条件下，还要发布预测，提供信息，支持和指导其合理发展，防止盲目生产。

第三，正确划分指令性计划、指导性计划和市场调节各自的范围和界限。

计划管理采取三种形式，怎样具体划分，是我国经济工作者和经济理论界正在抓紧研究的一个重要课题。划分的正确与否，关系到今后计划管理的质量和成效。当前在讨论中，大体上有几种意见：①主要按所有制形式分，国营经济的指令性计划多一些，集体经济的指导性计划多一些，其他经济形式基本上自由生产，当然都不是绝对的。②主要按产品分，对关系国计民生的生产资料和消费资料的生产和分配采取指令性计划，其他次要产品采取指导性计划。但对"国计民生"的具体标准有待确定，例如能源、钢材、木材、汽车和粮食、棉布等可以列入指令性计划，而自行车、手表甚至肥皂、火柴等列不列入？③主要按企业分，对关系经济全局的骨干企业采取指令性计划，其他次要企业采取指导性计划。但对"全局""骨干"的具体标准也有待确定，例如铁路、大油田、大电站、钢铁联合公司等可以列入指令性计划，而某些中型企业和协作企业列不列入？④主要按项目分，重点建设所需的成套设备和材料以及人民群众的基本生活必需品可以列入指令性计划，但是最后又要落实到具体的企业和产品上。

看来，不能简单地、机械地根据一个标准，而要结合几个标准同时考虑，以符合客观情况的多样性。总的原则应当是把大的方面用计划管住，着眼于宏观控制，做好整个国民经济的综合平衡，特别是对国民收入的生产、分配和使用包括两大部类和积累、消费及其构成等重大比例，并具体化为对固定资产投资的规模、方向和重大建设项目，消费基金及其中工资总额的增长等，要靠计划进行控制。同时，在小的方面可以放开，例如企业的经营管理中只涉及简单再生产范围的产供销、人财物的活动，以及在财政、信贷、物资、市场、劳动力等几个大平衡前提下的商品购销、流通渠道、劳动就业、社会服务、人民生活等，主要靠工商行政管理和运用经济杠杆加以制约。在具体划分中，不搞一刀切，允许有交叉。一种重要产品在不同的企业可以有不同形式，例如煤炭，统配煤矿是指令性计划，地方煤矿是指导性计划，社队小煤窑是自由生产；一个大型企业也可以有不同形式，例如首都钢铁公司，其主要产品是指令性计划，次要产品是指导性计划，其他产品（利用钢渣生产建筑材料等）是自由生产。最后落实到各个生产单位，大体上有四类：一是实行国家计划（包括指令性和指导性）；二是实行自由生产；三是大部分有计划，小部分无计划；四是大部分无计划，小部分有计划。特别是在不同的部门，要有不同的划分标准，例如农业不同于工业，轻工业不同于重工业；在社会再生产的不同环节，例如生产和流通、积累和消费，也要有不同的划分标准。当前，不妨先划两头，把必须实行指令性计划和可以实行市场调节的定下来。至于实行指导性计划的中间一块，由于情况比较复杂，目前各种经济杠杆还没有发挥应有的作用，需要结合价格、税收、信贷等方面的改革，通过更多的试点，摸索经验，逐步解决。

这样划分，绝不是一成不变的。在相对稳定的原则下，应当随着经济的发展和工作的改进，逐步进行合理的调整和增减。对计划管理形式的演变前景，有各种议论。有人认为，实行指令性计划是由于经济结构、价格体系等还不合理，经济生活中还存在着重要商品的匮乏和卖方市场，今后随着这些情况的改变，应当逐步缩小指令性计划的范围，扩大指导性计划的范围。还有人认为，实行指导性计划是由于计划工作水平不高，今后随着经济科学管理水平的提高和电子计算技术的发展，应当逐步缩小指导性计划的范围，扩大指令性计划的范围。看来，随着经济社会的发展和计划工作水平的提高，不同的计划管理形式在范围上可能有消长，但是在可以预见的时间内，还要多种形式并存。三种形式的比例，与原来相比，在近期内，可能是指令性部分有所缩小；指导性部分逐渐增大；自由生产部分也有所扩大。随着计划工作水平的提高，自由生产这一部分与指导性计划那一部分的相互关系将日趋密切。最近，减少了农副产品统购、派购的种类，反映了这种倾向。今后在农业、工商业和其他行业中将更广泛地推行各种形式的生产、经营责任制，也将对计划管理的具体形式产生越来越大的影响。

随着我国经济改革的不断深入，处理计划与市场关系的具体形式和办法，有待于在实践中逐渐完善。我国的计划管理体制，既不同于传统集中计划经济的一套，也不同于匈牙利、南斯拉夫等国家，而是在某些方面类似改良的计划经济与含有市场机制的计划经济的混合，但更多的则是具有中国自己的特色。

四、完善计划工作，运用市场机制

解决计划与市场问题，除了要正确处理两者之间的关系以外，还要分别解决好计划与市场本身的问题，而这两个方面又是紧密相连的。如果我们的计划工作搞得不好，就要影响通过指令性计划和指导性计划正确地调节国民经济活动，同时也会影响正确确定自由生产这一部分的范围和活动方向；如果对市场机制运用得不好，就不能充分发挥市场调节的辅助作用，不仅要影响到微观经济搞活，而且要影响到宏观经济的正确控制。其结果都会妨碍正确处理计划与市场的关系。

第一，关于完善计划工作问题。

我们的计划工作是有成绩的，也存在不少问题。国内外有些人把我们计划工作的失误归之于计划经济制度是不对的，计划工作与计划经济不是一回事。计划经济是指一种社会主义的经济制度或经济管理制度，属于客观存在；计划工作则是指为实行计划经济和进行计划管理的各项具体工作，属于主观行为。然而，两者又有密切联系，计划经济要通过计划工作才能实行或体现出来。过去的问题来自计划工作的失误，不是计划经济本身的缺陷，不能因而产生对计划经济制度的怀疑或否定。当然，计划工作的失误，使计划经济受到损害或破坏，影响了计划经济优越性的充分发挥。今后，我们一定要做好计划工作，把计划经济的优越性进一步显示出来，为实现整个经济发展战略规划发挥应有的作用。

做好计划工作，更确切地说，就是提高计划工作的科学性，实现计划工作的科学化。有的同志认为，我们的计划工作与当前大多数农民种田一样，基本上还处于直觉的、经验的水平，没有达到科学化和现代化。这与当前和今后现代化建设的要求有很大差距。因此，我们要强调计划工作的科学性。有些同志强调计划工作的权威性而忘记它的科学性。计划工作的权威性必须以计划工作的科学性为条件。否则，计划工作的科学性不够，越是强调权威性，矛盾越大，越容易发生重大的失误。所以计划工作的权威性要建立在科学性的基础之上。提高计划工作的科学性，应当成为开创计划工作新局面、完善计划工作的一个主要内容。为了完善计划工作，需要提高宏观控制的决策水平。

　　过去有一种看法，认为加强计划性就是对计划指标管得越多越细越好，那是不对的。国民经济千头万绪，计划绝不可能包揽一切。但是，计划必须把大的方面管住，才有整个国民经济的综合平衡。这叫宏观控制，是计划工作的基本任务。提高计划工作的科学性，也就要提高宏观控制的决策水平。做好了这一工作，才能保证社会化大生产的按比例发展，取得最佳的宏观经济效益，发挥计划经济的优越性。宏观控制的对象，包括国民经济发展的方向、目标、速度、规模等，而其关键则反映在社会总产品以及国民收入的生产、分配和使用等方面，集中表现为两大部类以及积累、消费之间的比例。简单地说，计划就是控制。例如，在积累、消费的问题上，首先是控制积累和消费的总量。具体地落实在计划上，控制了积累基金和消费基金的规模，特别是控制了固定资产投资总额和工资总额，并进而控制重大的基本建设项目。这样，整个计划就不会出大问题了。过去，我国经济建设上出现几次大折腾，都由于宏观决策失误，积累基金失控。今后，要把大的方面管住，把小的方面放开，就可以既能避免重大比例关系失调，又能把经济搞活，不断提高微观经济效益。宏观控制不好，谈不上计划工作的科学性。

　　为了完善计划工作，在计划机构和计划制度、方法等方面也要实现较大的转变。

　　在计划机构方面，过去各级计划机构往往陷于处理具体的经济问题，对综合性的、长远性的战略问题则缺乏深入的分析研究。我们认为，计划机构，特别是国家计划领导机构，应当成为宏观经济决策的参谋部，摆脱日常事务缠绕，加强调查研究，把主要精力集中在如何绘制好社会主义现代化建设蓝图上面，并且要考虑和采取相应对策，付诸实施。计划机构要切实履行宏观经济决策参谋部的职能，需要对中国国情有深透了解，而不是若明

中国经济发展中的计划与市场问题

若暗；需要对经济形势的变化有敏锐的观察和判断，而不是固守常态，迟钝不觉；需要对经济发展中出现的重大问题及时进行研究解决，而不是任其发展，使矛盾越来越多；需要对国外经济动态和有关经验进行了解并作中外对比分析，而不是仅囿于一国范围考虑经济发展的战略决策问题。

在计划制度、方法方面，要改进计划指标体系和计划编制程序。在计划体系上，过去我们主要只抓年度计划，而对中长期计划不够重视，缺乏高瞻远瞩，只能就事论事。现在已经开始转向以5年计划为中心，搞好10年、20年长远规划，并改进年度计划，使长短计划很好结合。过去，计划偏重于物质生产和经济发展，局限于抓生产建设和部分流通，忽视了社会发展和科学发展。现在已经开始编制了国民经济和社会发展计划，这也是一个很大的转变。过去，经济发展计划中偏重于数量指标和实物指标，局限于抓速度，忽视了经济效益。今后，应当充实有关质量、消耗和成本、资金占用、劳动生产率等指标和价值指标，把重点真正转向提高经济效益上来。总之，要推行一套科学的计划指标体系，能够全面反映社会主义扩大再生产的主要过程，反映再生产过程中人力、物力、财力的状况，以及生产、分配、交换、消费和积累的安排，反映国民经济各方面的内在联系和主要比例关系。与此有关，怎样搞好综合平衡，也是一个"老大难"问题。过去，我们满足于产供销、人财物等的单项平衡，实际上常是各搞各的平衡，下达之后矛盾百出，相互牵制。今后，应当真正搞好以社会总产品和国民收入的生产、分配和使用为中心的综合平衡，并把总体的平衡和结构的平衡结合起来，把条条的平衡和块块的平衡结合起来，把全面的平衡落实为各行各业和各重要产品、重要企业、重要项目的平衡。这里，有不少工作要充实，例如人、财、物的平衡，过去只抓了国家管的全民所有制职工、财政和信贷收支、国家调拨的生产资料；今后，应当搞好全社会的平衡，把全部社会劳动力、全部资金活动、各项主要物资的产需等都纳入平衡。为了做到这些，应当实行统一计划，分级管理，编制计划要上下结合，条块结合，逐级平衡。

为了完善计划工作，还必须认真搞好统计工作，充分利用各种经济信息，加强计划编制的科学论证和经济论证，建立和健全计划工作的责任制，等等。

第二，关于运用好市场机制问题。

所谓运用好市场机制，简单地说，就是利用好价值规律和经济杠杆。在我国的计划经济中，不仅自行安排生产的那一块价值规律在起作用，需要利用经济杠杆加以引导，而且有计划的那一大块，无论是指令性计划还是指导性计划，也需要考虑利用价值规律和经济杠杆。因为，在社会主义的现阶段，还不是社会直接占有一切生产资料和直接分配一切产品；计划生产和计划流通的产品，不管是国营经济还是集体经济，都是作为商品来交换，通过市场来实现的。利用好价值规律和经济杠杆是处理好计划与市场之间、衔接好宏观经济与微观经济之间的关系的一个关键。

为了运用好市场机制，首先，要给企业以不同程度的机动权。不仅是指导性计划，就是指令性计划，在强调计划严肃性的同时，还要注意适当的灵活性，分别不同情况，给企业以一定的计划自主权。一定的计划自主权，是扩大企业自主权的重要部分，也是促使企业成为一个相对独立的经济实体的必要条件。指令性计划，大部分在要求完成既定指标之后，允许按照市场需要和企业条件，争取增产、超产。小部分属于限产的（例如当前的化纤、收音机等），以不突破指标为原则，允许进一步减产。不少产品，计划主要是只规定产量，而对品种、规格、型号等，允许由企业按照市场情况，使之具体化。其次，要经常研究市场供需状况的变化。无论是指令性计划还是指导性计划，在制定生产、建设和流通等指标时，都要充分考虑市场供需，对生产资料和消费品的社会供给和社会需求进行认真的研究。市场情况千变万化，掌握其动态是不容易的。我们要搞好信息传递，开展经济预测和市场预测，为宏观经济活动决策、定计划提供依据，也为微观经济活动尤其是指导性计划提供依据。再有一点，也是最重要的一点，就是要学会和善于运用价格、税收、信贷、利息、汇率等经济杠杆。长期以来，价格冻结，与价值的背离日益扩大，例如造成某些产品大利大干、长线越来越长；某些产品无利可图、短线越来越短，以及财政补贴的负担加重等，成为经济结构比例失调的一个原因。目前的价格体系不合理，不少地方起着"逆调节"作用，与计划要求相违背，也妨碍着各项改革的顺利进行。例如前几年的化纤织物，由于价格偏高，造成盲目增产，大量积压，光靠计划是难以控制的。在保持物价基本稳定的前提下有步骤地改革价格体系和价格管理办法，是保证国民经济健康发展的重要条件。1983年年初，大幅度地降低化纤织品价格，适当提高棉纺织品价格，起了很好的作用。还有一些经济活动，价格不起决定作用，要靠税收和其他经济杠杆。改革一税制为多样化的税种、税率，在国营企业中逐步推行以税代利，对长线产品的税率高，短线产品的税率低，就能起到该促的促、该控的控等指导生产建设和加强经济核算的作用。还要充分发挥银行的作用，实行差别利率和浮动利率，作为调节生产和指导投资的一个有力手段。

为了运用好市场机制，对自由生产的部分，当前需要注意的一个主要问题，就是要为某些企业和产品实行市场调节创造必要条件。为此，必须采取各种措施，解除对企业的不必要的束缚，激发企业内部的潜在活力，通过各种形式和渠道及时收集和通报市场供需情况的变化，使经济杠杆发挥更大作用，引导企业以销定产，让消费者有更大的选择余地，保护必要的、适度的竞争，等等。同时，还要有相应的经济立法、市场管理和社会监督。在这方面，国家也正在采取切实的措施，例如，1982年9月，国务院批准了国家物价局等部门《关于逐步开放小商品价格实行市场调节的报告》，规定对针棉织品、百货、文化用品、五金、交电等160种小商品的价格，在国家政策指导下，实行市场调节、企业定价。这不仅是改革物价的一项新措施，而且为开展市场调节开创了新局面。它调动了企业生产小商品的积极性，并适应供求变化，调节生产和流通，满足人民生活需要。今后，根据国家的经济状况，在不影响市场物价基本稳定的前提下，逐步扩大品种范围，把应当开放的小商品，分批陆续开放。

只要一方面完善计划工作，另一方面运用好市场机制，就有可能使宏观经济活动和微观经济活动相互协调，使宏观的平衡有利于调动微观的积极性，微观的活跃符合于宏观发展的方向，从而保证我国经济发展战略的顺利实现。

对 "七五" 计划指导思想的几点意见*

——在物价改革座谈会上的发言

（1984年2月11日）

"七五" 计划有两条主要任务，要抓四件大事。现就如何摆好这几件大事的关系问题谈几点意见。

一、关于达到财政经济状况根本好转问题

到1987年要达到财政经济状况的根本好转，是 "七五" 计划的第一条主要任务。在此，首先要弄清楚，当前财政经济尚未根本好转的症结何在？我认为，是由两个根本问题引起的：一个是平衡问题，一个是效益问题。

所谓平衡问题，说到底是安排的积累和消费超过了生产和可供使用的国民收入。这几年由于农产品超购加价过多、滥发奖金津贴等原因，消费基金的增长确实有一部分是不合理的，应当把消费基金的增长幅度拉到生产增长幅度和劳动生产率增长幅度以下。但消费的增长有相当一部分是投资的直接间接转化。经济失衡的主要原因仍在于投资规模过大。"六五" 计划期间投资总额3000亿元，从绝对量和需要量上看，并不算多；但从经济承受能力看，规模还是大了。这不但表现在财政赤字上面，更明显地表现在生产资料供应紧张和价格失控上面。

148　　* 本文原载中国社会科学院《要报》1984年3月7日第26期。

所谓效益问题，说到底是各种经济关系没有理顺的反映。这几年贯彻八字方针，许多方面有很大好转。但在经济比例、企业结构、管理体制，特别是价格体系上，关系还远远没有理顺，因此，经济效益起色不大。总的趋势是：商品销售额的增长幅度低于生产总值的增长幅度，实现税利的增长幅度低于销售额的增长幅度，上交财政的增长幅度又低于实现税利的增长幅度。再加上不合理的价格体系造成的大量补贴，财政怎能不困难！

针对当前存在的这两个方面（即平衡和效益）的根本问题，我觉得，要在1987年达到财政经济状况的根本好转，要集中力量做好两件事：第一，从改革价格体系入手，进一步理顺各方面的关系，以提高经济效益；第二，从刹住"投资饥饿症"入手，消灭国民收入分配上的缺口（即在国民经济的总需求和总供给上不留缺口不留余地），真正做到财政、信贷、物资、外汇的综合平衡。

经济效益的根本好转，应以如下两条作为标志：（1）生产、建设、流通等领域的主要经济效益指标和主要技术经济指标，达到历史较好水平或提高到目前的行业平均先进水平。（2）消灭非政策性亏损，即经营性亏损；通过改革价格体系，消灭政策性亏损，以大大减少财政补贴。

至于经济平衡方面根本好转的标志，我以为既不能是"财政收支基本平衡"，因为现在几十亿赤字加上几十亿内外债也叫财政收支基本平衡；也不能是"财政收支平衡、略有节余"，因为经过几年的改革和从今后改革方向看，我国资金运动的渠道与规律已经发生并且正在发生不可逆转的变化。过去是大集中，统收统支，资金集中在财政，社会资金很少，财政与信贷的关系是财政支持信贷，所以财政非要收支平衡、略有结余不可。现在财政集中的资金占国民收入的比重大大减少，而集中在银行里面的社会资金则相对大增。在财政资金相对不足，而集中在银行的社会资金相对充裕的新形势下，以一部分信贷资金来支援财政，这是不可避免也是可行的。因此，不能孤立地用"财政收支平衡、略有结余"来作为观察和判断是否达到经济平衡的标志，而必须将财政资金与信贷资金一起进行综合平衡，标志应当是货币发行量是否超过生产流通正常增长的需要，是否保持物价的真正的稳定而不是隐蔽的通货膨胀式的稳定。这才是根本好转的最终标志。

二、关于理顺国民经济各方面的关系问题

"七五"计划的第二条主要任务是理顺关系、打好基础、积蓄力量，这是为后十年做准备的。为了实现"七五"计划的两条主要任务，要抓四件大事：重点建设、技术改造、企业改组、全面改革。后两件事（企业改组、全面改革）可以合并为"理顺关系"。这样，"七五"计划就有三件大事：重点建设、技术改造、"理顺关系"。这三件大事对后十年的经济振兴，都非常重要，都需要办；但都要花钱，而我们的财政困难，怎么办？只能通过权衡比较，把这三件大事，再分个轻重缓急。这可从两个方面来进行，一是从效益上比较，一是从花钱上比较。

从效益上比较，就是从对后十年经济振兴所起的作用来比较。有人说只有重点建设才叫作有后劲，别的都不叫作有后劲。这一提法值得研究。我认为，所谓后劲，就是能源源不绝地产生长期效益的力量。这种力量的源泉，既潜藏在物质技术基础里面，也潜藏在人的社会关系特别是生产关系里面。重点建设能够增厚物质技术基础，无疑具有很大后劲；技术改造能够加强现有的物质技术基础，也有非常可观的后劲。但这两者的重要性，在当前的条件下无论如何也不能同"理顺关系"相比。现在，由于关系不顺，经济结构、经济体制、价格体系等不合理而给国民经济带来的损失是难以估量的。以价格因素为例，世界银行《1983

年世界经济发展报告》有一个材料说，20世纪70年代，价格严重歪曲的发展中国家的平均发展速度，比所有发展中国家的平均发展速度低2％，比没有价格歪曲的发展中国家的平均发展速度低4％。如果我们价格歪曲的因素通过改革去掉了，姑且按上述2％~4％估算，每年就可减少84亿元到168亿元国民收入的损失。

至于重点建设和技术改造，哪个效益更大？这是道理自明的事情。当然，属于调整比例关系，克服薄弱环节如能源交通等必不可少的重点建设，对经济的顺畅发展，有着不可代替的效益，不能忽视。但除此以外，从现在情况看，在理顺关系、解决投资效果问题以前，搞新的大的项目，不但不可能有多大后劲，而且在相当长时期中会成为我们的包袱。所以，从效益上看，也就是从为20世纪90年代提供后劲看，把三件大事排个次序，我看是："理顺关系"应排第一，技术改造应排第二，重点建设应排第三。

再从花钱多少上比较。看来，重点建设是最花钱的，一个项目就要几十亿几百亿元，有的前后左右配套，简直是无底洞。与重点建设相比，技术改造比较省。花钱最少的要算"理顺关系"了。有的如企业的改组，流通环节的合理化，简直可以不花什么大钱就能收效。有的如价格改革及相应的工资改革等，不改也要无止境地花补贴，改革当然要花点钱，但不是无底洞。如果以物价水平上升20％为线来进行价格改革，大约要花230亿元。但改价后可减少财政补贴。现在单是价格补贴就320亿元。匈牙利进行价格改革时，原准备按工业品涨价10％~15％花钱，实际上只涨了3％~4％，没有花那么多。原因是在改革过程中，经济效益上去了，连锁反应没有预想的那么强烈，被经济生活中新生长出来的潜力和活力所吸收掉了。总之，改革花的钱不会太大，不会像有些同志所想象的那样吓人，但是带来的好处却非常大。所以，从花钱多少的角度来看，把这三件大事再排个次序，我看是重点建设第一，技术改造次之，最少花钱的是"理顺关系"。这同前面讲的从效益比较所排的次序正好相反。

综合上述分析，"七五"计划要兼顾几件大事，在力量不够时，只能请重点建设多让点，技术改造少让点，"理顺关系"千万不能让。如果不这样安排，把次序颠倒过来，势必造成整个经济生活的极度紧张，在紧张的条件下理关系，只能越理越乱，其结果是经济效益越来越差，财政收支越来越困难，到头来重点建设也上不去，为后十年打基础、蓄力量的任务，就会落空。

三、关于"财经状况根本好转"和"理顺关系"两者的关系问题

要达到财经状况根本好转就要"理顺关系"。但达到财经状况根本好转有1987年的规定时限，而"理顺关系"的任务不可能在1987年以前完全达到。完全理顺需要对经济体制进行全面的改革，而全面改革需要有一个经济关系特别是价格关系初步理顺的条件；这两个条件，在1987年达到财经状况根本好转以前，是不具备的。所以，从现在起到1987年的三四年时间，应继续以调整为中心并加强整顿的方针，在改革方面，只能进行有利于调整的、为达到财经状况根本好转所必需的、为进行全面改革准备条件的一些改革，如价格改革、工资改革、其他相应的以及试验性的改革。在达到了财政经济状况根本好转以后，才有条件进行以改革计划体制为中心的全面改革。随着我国经济机体的逐步健全和潜力的逐步发挥，"七五"后期就有可能在经过充分准备的基础上，逐步再上一些力所能及的大项目，为以后的经济振兴进一步加强物质基础。

最近，中央领导同志指出，太稳也不行，没有闯劲也不行。这个意见值得我们高度重视。无论干革命、搞建设，都免不了要

冒一点风险。但是，有一类风险，如超过国家承受能力扩大投资规模搞大项目的风险，一定不能再冒；另有一类风险，过去我们没有冒过，至今我们也还不敢去闯，但是现在如果不冒不闯，经济就没有出路；闯一下，就很可能柳暗花明。这样的风险应当试试。经济改革，特别是价格改革，就是这样一类风险。对于闯价格这个关，当然要慎重，要准备，要估计各种情况，要研究各种对策。比如说，首先要从刹住"投资饥饿症"入手，为改革创造一个比较宽松的经济环境；要测算价格改革引起的"大震"的"震度"和余波的范围；要找出一套办法来稳定人心以避免几百亿存款冲击市场的危险等，力求不出大乱子。现在的问题首先是下决心。

对「七五」计划指导思想的几点意见

要处理好几件大事的关系*

——在一次座谈会上的发言
（1984年2月16日）

　　由于经济调整和经济改革的收效，第六个五年计划（1981—1985年）执行得很好，肯定可以提前完成。现在展望一下第七个五年计划（1986—1990年）面临的任务，要办那几件大事，是很有必要的。我讲几点不成熟的意见。

（一）第七个五年计划时期的一条主要任务应当是1987年要达到财政经济状况的根本好转

　　首先要弄清楚，当前财政经济状况尚未根本好转的症结在哪里？当前经济总的状况，无论从生产建设的发展上看，从人民生活的改善上看，确实形势大好。

　　但仍存在潜在危险，危险表现在哪里？从现象上看，问题集中反映在财政困难、通货过多和物价上涨上。但是，当前财政困难和正在发展着的隐蔽的通货膨胀，都是由两个根本问题引起的，一个是平衡问题，另一个是效益问题。

　　先说平衡问题。平衡问题说到底是安排的积累和消费超过了生产和可供使用的国民收入。这几年由于农产品超购加价过多、滥发奖金津贴等原因，消费基金的增长确实有一部分是不合理的，应当把消费的增长幅度拉到生产增长幅度和劳动生产率增长

---

　　* 原载《刘国光选集》，山西人民出版社1986年版。

幅度以下。但消费的增长有相当一部分是投资的直接间接转化。经济失衡的主要原因之一仍在于投资规模过大。"六五"计划期间投资总额3000亿元，从绝对量上看，从需要量上看，并不算多，甚至还可以说很少，但是从经济承受能力看，也就是说从财力物力的可能上看，投资规模还是大了。这不但表现在财政赤字上面，更明显地表现在生产资料供应紧张和价格上涨上面。有同志说，现在工程造价涨了不少，投资规模实际上没有那么大。但是，工程造价提高的一个重要原因是设备、材料等生产资料的价格上涨了。为什么物资紧张、价格上涨？还不是因为投资规模过大造成的。工程造价提高的另一个重要原因是工程效益下降，为什么下降？还不是因为要求急、项目多、顾不上整顿、耽误了整顿造成的。

再说效益问题。效益问题说到底是各种经济关系没有理顺的反映。这几年贯彻八字方针，许多方面确实有很大的好转。但是无论在经济比例上、企业结构上、管理体制上，特别是价格体系上，各方面的关系还没有理顺，因此经济效益起色不大。总的趋势是：商品销售额的增长幅度低于生产总值的增长幅度，实现税利的增长幅度低于销售额的增长幅度，上交财政的增长幅度又低于实现税利的增长幅度。再加上不合理的价格体系造成的大量补贴，财政怎么能够不困难。

针对当前大好形势下面存在的这两个方面（即平衡方面和效益方面）的根本问题，我觉得，要在1987年达到财政经济状况的根本好转，就要集中力量在这几年做好两件事：第一是从改革价格体系入手，进一步理顺各方面的关系，以提高经济效益；第二是从刹住"投资饥饿症"和控制消费基金的增长入手，消灭国民收入分配上的缺口（也就是要在国民经济的总需求和总供给上不留缺口但留余地），真正做到财政、信贷、物资、外汇的综合平衡。

1987年达到财政经济状况根本好转的标志，也要从经济效益和经济平衡这两个方面来设想，来规定。

在经济效益方面，能否用以下两条作为根本好转的标志：

1. 生产、建设、流通等领域的主要经济效益指标和主要技术经济指标，目前尚未恢复到历史较好水平的，在1987年以前分期达到历史较好水平；已经恢复历史较好水平的，最低限度要提高到目前的行业平均先进水平。

2. 消灭非政策性亏损，即经营性亏损；至于政策性亏损，主要原因在于不合理的价格，应通过改革价格体系来消灭，以大大减少财政补贴。

在经济平衡方面。首先，能不能以"财政收支基本平衡"作为根本好转的标志？现在几十亿赤字已经叫作财政收支基本平衡，加上内外债等，实际上1983年已达120亿元赤字。如果这也叫"基本平衡"，那么这种"基本平衡"当然不能作为根本好转的标志。

其次，有些同志主张用"财政收支平衡、略有节余"作为根本好转的标志，行不行？我看也不行。原因是：经过几年的改革和从今后改革方向看，我国资金运动的渠道与规律已经发生并且正在发生不可逆转的变化。过去是大集中，统收统支，资金集中在财政，社会资金很少，连企业流动资金也要财政负担一大部分。那时财政与信贷的关系，是财政支持信贷。所以财政非要收支平衡、略有结余不可。现在情况变了，财政集中的资金占国民收入的比重大大减少，而集中在银行里面的社会资金则相对大增。即使近期为了解决财政困难要多集中一部分收入，也难以改变这一总的趋势。而在财政支出方面，除了行政、文教、国防、基础设施等甩不掉以外，还有一些不是地方或企业所能兴办的建设事业，一时也甩不出去。在财政资金相对不足，而集中在银行的社会资金相对充裕的新形势下，以一部分信贷资金来支援财政，有时是不可避免的也是可行的。（当然，信贷支持财政的方式和限度要研究，像现在这样无限制的透支办法是不行的。）这种情况同过去财政支持信贷正好相反。所以，我认为，不能孤立地用"财政收支平衡、略有结余"来作为观察和判断是否达到经济平衡的标志，而必须将财政资金与信贷资金一起进行综合平衡，标志应当是货币发行量是否超过生产流通正常增长的需要，是否保持物价的真正的稳定而不是隐蔽的通货膨胀式的稳定。这才是根本好转的最终标志。当然，在今后争取根本好转的过程中，为了调整结构，为了减少财政补贴，为了疏通流通过程，以及为了给其他改革准备条件而必须进行的价格改革，势必要带来物价的上涨。这是一种结构性的物价上涨，是因调整价格结构而引起的上涨。应当把这种结构性的物价上涨同通货膨胀性的物价上涨区别开来。如果我们把通货膨胀性的物价上涨彻底制止住，我们就能够把价格改革中的结构性上涨控制在一定限度内，从而有利于同步实行工资改革和其他相应的改革。

（二）第七个五年计划时期的另一条主要任务应当是理顺关系，打好基础、积蓄力量，这是为后十年做准备的

这一条任务同上一条任务分不开，因为理顺关系也是达到财政经济状况根本好转的必要条件。但是，达到根本好转有1987年的时限，这是党的十二大规定的、到时候要检查的。而理顺关系则是通贯整个"七五"时期都要做的。这一点我在后面还要讲到。

为了实现这两条主要任务，看来"七五"时期要抓四件大事：重点建设、技术改造、企业改组、全面改革。后两件事（企业改组、全面改革）可以合并为"理顺关系"。当然，理顺关系不只这两个内容，调整、改革、整顿、提高都与理顺关系有关。有的同志把重点建设也包括在"理顺关系"里头，确实，有一部分属于填平补齐克服当前薄弱环节的重点建设，也含有理顺关系的意义。但是，重点建设往往有不属于这种性质的。所以我以为对"理顺关系"的概念还是不要作那样宽泛的理解为好，重点建设还是单列一项为宜。这也是为了研究问题的方便。

这样，"七五"计划就有三件大事：重点建设、技术改造、"理顺关系"。这三件大事，对于为后十年经济振兴做准备来说，都是非常重要的，都是需要办的。但是它们都要花钱，而我们的财政困难，钱不够，怎么办？只能通过权衡比较的方法，把这三件都要非办不可的大事，再分个轻重缓急，排个次序。

这三件大事可以从两个方面来进行比较，一是从效益上比较，一是从花钱上比较。

从效益上比较，就是从对后十年经济振兴所起的作用来比较。现在有一种提法，就是说只有重点建设才叫作有后劲，别的都不叫作有后劲。上次座谈有的同志提出究竟什么是后劲的问题，我觉得弄清这个问题很有意义。我认为，所谓后劲，就是能够源源不断地产生长期效益的力量。这种力量的源泉，既潜藏在物质技术基础里面，也潜藏在人的社会关系特别是生产关系里面。物质技术基础就是有多少工厂、设备和什么样技术水平的工厂、设备。人的社会关系、生产关系，则体现为国民经济的管理素质，企业的素质，人的素质和人的积极性。只要我们不再像前些年那样变成主观唯心主义的俘虏，那么马克思主义的"人的因素第一"的观点始终是一个真理。尤其当社会关系、生产关系的许多重要环节毛病很多的时候，社会关系、生产关系的改造对于经济的发展是具有决定意义的。从完整的历史唯物主义观点出发来看待"七五"计划的几件大事，可以这样说：重点建设能够增厚我们的物质技术基础，它对经济的发展无疑是会提供很大的后劲的；技术改造能够加强我们现有的物质技术基础，原有的东西比新建的东西总是量大面广，因此它经过改造以后可能提供的后劲也是非常可观的，但是，这两者的重要性，在当前的条件下无论如何也不能同"理顺关系"的重要性相比。现在，由于关系不顺，由于经济结构、经济体制、价格体系等的不合理而造成的无限扯皮和"大锅饭"每年给国民经济究竟带来多少损失？把这些关系理顺了，每年给国民经济又可以带来多少不断增长的积累，这是难以估量的。我还没有看到过这方面估计的材料，我想，有关部门算算这笔大账是很有意义的。单拿价格因素来说，世界银行《1983年世界经济发展报告》有一个材料说，20世纪70年代，价格歪曲的发展中国家的平均发展速度，比所有发展中国家的平均发展速度低两个百分点，比没有价格歪曲的发展中国家的平均发展速度低四个百分点。这里暂且不去深究这笔账的计算方法和数据，从道理上看它是不错的。如果我们价格歪曲的因素通过改革去掉了，这会给国民经济减少多大损失？1982年的国民收入是4247亿元，姑且按上述的2%~4%估算，每年就可以减少84亿多元到168亿多元国民收入的损失，或者每年可以增加84亿多元到168亿多元的国民收入。这里还没有考虑其他因素的改善。

至于同是与增强物质技术基础有关的重点建设和技术改造，哪个效益更大？哪个能为国民经济提供更多更可靠的积累？对于在座的同志们来说，这是用不着多讲的、道理自明的事情。当然，属于调整比例关系，克服薄弱环节如能源交通等最低限度必不可少的重点建设，对于国民经济的顺畅发展，有着不可代替的效益，这是不能忽视的。但是除此以外，从现在情况看，在理顺关系以前，在解决投资效果问题以前，搞新的大的项目，往往不但要成为眼前的包袱，而且在相当长时期中我们都要背着这个包袱。最近统计局调查了1981—1982年投产的一百多个大中型项目，有近三分之一的项目投产后生产能力不能正常发挥，有近五分之一的项目投产后亏损；填报盈亏、税金指标的120个项目投产后的投资回收期（8年），比"文化大革命"前投产项目的投资回收期（3年7个月）延长一倍多。这类投产后不能正常发挥生产能力的、亏损的或者投资回收期大大延长了的重点建设，究竟有多大的后劲？有的特大项目，如果"七五"开工，等它前前后后左左右右配起套来，真正发挥后劲，恐怕要到21世纪去了，20世纪90年代的经济振兴不一定用得上多少。所以，从效益上看，也就是从为90年代提供后劲上看，把这三件大事排个次序，我看是："理顺关系"应排第一，技术改造应排第二，重点建设应排第三。当然，再说一句，属于调整比例、克服薄弱环节如能源交通等最低限度的重点建设，应当尽可能往前面排，但是总的次序，还是理顺关系第一、技术改造第二、重点建设第三。

以上是从效益上比较出来的次序。现在再从花钱多少上比较。看来，重点建设是最花钱的，一个就要几十亿几百亿元，有的前前后后左左右右再跟上一大串，简直是无底洞。现在初步定的几个，就自身粗估就要以千亿元计，我看绝对打不住，远远打不住。我们都知道，现有企业的技术改造比较省，现在如果把每年的更改资金约300亿元真正用在这上面而不是去搞新建扩建，也不是随便撒胡椒面，那就很不错了。如果机械工业的技术改造先行一步取得成效，能够提供更多的先进设备，再加上引进一些，那么现有企业技术改造的规模是否可以不限于更改资金的范围。否则，改造的规模也可以小一点。总之，技术改造不像重点建设那样花大钱。花钱最少的恐怕要算"理顺关系"了。有的如企业的改组，流通环节的合理化，简直可以不花什么大钱就能收效。有的如价格改革及相应的工资改革等，不改也要无止境地花补贴，变花样地发奖金，改革当然要花点钱，但不是无底洞。匈牙利在为1968年实现全面改革以前进行价格改革的时候，原来打算花的钱是按估计工业品涨价10%~15%计算的，实际上只涨了3%~4%，没有花那么多。原因是在改革过程中，经济效益上去了，连锁反应没有预想的那么强烈，被经济生活中新生长出来的潜力和活力所吸收掉了。总之，改革要花钱，但花的钱不会太大，不会像有些同志所想象的那样吓人，但是带来的好处却非常大。所以，从花钱多少的角度来看，这三件大事再排个次序，我看是重点建设第一，花的钱最多，技术改造次之，最少花钱的要算"理顺关系"了。这同前面讲的从效益比较上看的次序正好相反。

讲到这里，我认为，"七五"时期要兼顾几件大事，安排的次序和让路的次序，应该是比较清楚的了。几个拳头同时打出去是不行的，在力量不够时，就只能请重点建设多让点，技术改造少让点，理顺关系千万不能让。这样安排，就可以在整个经济生活比较宽松的条件下，把不合理的经济关系理顺，改造一批技术落后的现有企业，同时搞一点最必要的能源交通等重点建设，把这三者的关系处理好，真正为后十年打好基础。否则的话，如果把次序颠倒过来，那就必然会造成整个经济生活的极度紧张，在这样紧张的条件下来理关系，只能越理越乱，其结果是经济效益越来越差，财政收支越来越困难，到头来重点建设也越来越上不去，为后十年打基础、蓄力量的任务，就会落空。

（三）这里就"财经状况根本好转"和"理顺关系"这两项任务之间的关系，再简单讲点看法

前面讲过，这两者是联系的，要达到财经状况根本好转就要理顺关系，但两者又不是一码事，因为达到财经状况根本好转有1987年的规定时限，而理顺关系还要为后十年装备后劲服务，它是贯穿在整个"七五"计划时期的任务。

事实上，理顺关系的任务也不可能在1987年以前完全达到，只能初步理顺。完全理顺需要对经济体制进行全面的改革，而全面改革在1987年达到财经状况根本好转以前，是不宜过速进行的。因为进行全面改革，需要有一个经济生活比较宽松的条件，

需要有一个经济关系特别是价格关系初步理顺的条件，而这两个条件，在1987年达到财经状况根本好转以前，还是不大具备的。所以，从现在起到1987年达到财经状况根本好转的三四年时间，我以为应当继续完成调整和整顿的任务，以保证经济发展的协调和稳定，而在改革方面，只能进行有利于调整、为达到财经状况根本好转所必需的、为进行全面改革准备条件的一些改革，如价格改革、工资改革、其他相应的以及试验性的改革，同时继续进行对改革理论的探讨、改革经验的总结，和总体方案的设计。在所有这些事情做好了，达到了财政经济状况根本好转以后，才有条件进行全面的经济体制改革。当然，在"七五"时期的后一阶段，在进行全面改革的同时，还要把前一阶段调整、整顿中没有理清的事情，继续理完，前一阶段价格改革所引起的"余波"，继续把它稳住，使整个国民经济进一步走上健康发展的轨道。随着我国经济肌体的逐步健全和经济潜力的逐步发挥，我们在"七五"后期就有可能在经过充分准备、充分论证（包括前后左右配套的论证）的基础上，逐步再上一些力所能及的大项目，为以后的经济振兴进一步加强物质技术基础。

最后还想讲一点，在研究"七五"计划的指导思想的时候，许多同志都希望不要太急，宁可稳一点。鉴于历史的经验教训，这种心情是可以理解的。最近，有的同志指出，太稳也不行，没有闯劲也不行，这个意见值得我们重视。的确无论干革命、干建设，都免不了大大小小这样那样的风险，完全四平八稳，一点风险也不冒，是干不成什么事的。但是，有一类风险，历史已经反复证明了不能去冒去闯的，还是以不冒不闯为好，例如超过国家承受能力扩大投资规模搞大项目，就是这样一类风险。另有一类风险，过去我们没有冒过，至今我们也还不敢去闯，但是现在如果不冒不闯，经济就没有出路；闯一下，就很可能柳暗花明。这样的风险应当试试。经济改革，特别是价格改革，就是这样一类风险。对于闯价格这个关，冒改革价格这样的风险，当然要慎重，要准备，要估计各种情况，要研究各种对策。比如说，首先要从刹住"投资饥饿症"，和控制消费基金的过速增长入手，为改革创造一个比较宽松的经济环境；要测算价格改革引起的"震度"和余波的范围；要找出一套办法来稳定人心以避免几百亿存款冲击市场的危险；等等，我们从现在起就要着手研究、着手进行，力求在闯关时不出大的乱子。现在的问题首先是下决心。

要处理好几件大事的关系

中国的经济管理体制改革问题[*]

——在美国华盛顿世界银行经济研究所的讲演稿（1984年3月）

　　这次世界银行召开会议，讨论发展中国家的经济管理问题，是很重要的。经济发展，一靠正确的经济决策和经济政策，二靠适当的经济管理体制。我今天主要谈谈中国经济管理体制改革的一些情况和问题。[①]

原有经济管理体制的形成和评价

　　中国是一个发展中的社会主义国家。作为一个发展中的国家，我们国家的主要任务是克服落后、发展经济，并在此基础上不断改善人民的物质和文化生活。作为一个社会主义国家，我国建立了以生产资料公有制和按劳分配的经济制度，并在公有制基础上建立了计划经济制度和相应的经济管理体制。

　　以公有制为基础，社会主义国家既直接经营生产，又组织全国经济生活，在管理经济调节生产、分配、流通、消费等方面承担着繁重任务，有必要也有可能实行计划管理为中心的各项经济管理体制。起初，我国的经济管理体制，一方面继承了革命根据地和解放区"统一领导，分散经营"的传统；另一方面在新中国成立后，学习苏联一套做法，强调集中。当时的经济管理体制，

164　*　原载《财经问题研究》1984年第4期。

在农业、商业、财政、金融、物价等方面，我们自己的传统较多，全国解放后有所发展，也有一些学习苏联；在现代工业、基本建设、物资流通、劳动工资等方面，基本上学习苏联，也注意我国存在多种经济成分等特点。第一个五年计划期间，逐步形成和建立了社会主义集中统一的经济管理体制。这种体制后来经历了几次变化，如第二个五年计划的前三年，曾实行权限下放，主要是扩大了地方的财权，物权和计划权；国民经济调整时期，再次强调集中，把下放给地方的权力陆续收回；十年动乱时期，很多经济管理体制都搞乱了。到这次改革前，基本情况是：在中央和部门、地方之间，实行"统一领导，分级管理"，主要按行政系统和行政区划，用行政办法管理经济；在国家和企业之间，供产销，人财物等权大多集中在国家，企业主要根据国家下达计划指标进行产品生产和调拨；在计划和市场的关系上，主要靠年度计划进行调节，计划指标大多是指令性，物价由国家规定，长期不变；在分配体制上，采取统一工资标准，统一升级，往往多年不动。

这样的经济管理体制，在当时条件下，有它的积极作用。有可能从国家和人民的整体利益和长远利益出发，把国民经济的主要活动纳入事先安排的统一计划，调节各方面的比例关系，争取实现自觉的平衡，求得国民经济的稳定增长，并尽量防止由于不加限制的自由竞争而可能带来的混乱和浪费现象；在宏观上节约社会劳动和社会资源，它有利于国家集中必要的财力、物力，用于经济发展的先行部门和薄弱环节，保证重要决策和重点建设的实现；有利于统筹安排生产建设和人民生活，满足数以亿计的众多人口的基本生活需要，并扩大就业、稳定物价；有利于根据经济决策的需要改变生产力布局，开发落后地区；有利于在由于各种主客观原因而发生经济困难的时候，及时进行调整，采取有力措施，尽快回到正常的轨道上来。

正是在这种以计划经济制度为核心的经济管理体制下，三十多年来，我国经济发展取得了相当大的成效。1952—1982年，基本建设投资总额累计完成8297亿元，使国营工业固定资产原值从107亿元增达4075亿元（约合2000亿美元），初步建立了比较完整的工业体系。工业总产值从343亿元增达5577.5亿元（近3000亿美元），即增长20倍，每年平均递增10.7％。特别是重工业增长更快，1982年产煤6.66亿吨，钢3.716万吨，水泥9520万吨，化肥1278万吨，在世界各国中都居于前五名之内。我们以占世界7％的耕地养活了占世界近1/4的人口，使全体人民由解放前的饥寒交迫达到基本上解决了温饱问题。1982年产粮35 343万吨，棉花360万吨，猪牛羊肉10 977万吨，在世界各国中都居于前三名之内。然而，我国总的生产水平还不高。1980年国民生产总值约为2832.5亿美元，按人口平均只有290美元，在世界174个国家和地区中占第151位。由于对基本消费资料采取廉价政策，实行较广泛的社会福利措施，加上没有贫富悬殊，所以多数人民的实际生活水平比人均收入类似的国家要好一些。据有关单位计算由婴儿死亡率、平均期望寿命、成人识字率三个指标综合而成的"生活质量指数"，我国在世界161个国家和地区中占第73位。

大家知道，我国经济发展并不是一帆风顺的，在某些时期曾经发生过程度不等的波折。其原因，有决策上的失误，例如急于求成、片面追求高速度、过大的投资规模等；也有经济管理体制上的问题。采取计划经济制度，如果国家决策正确、管理体制适当，对经济发展的积极作用是很大的；相反，如果决策失误、管理体制有缺陷，所起的消极作用也会很大。我们原来的经济管理体制，基本上适应于集中财力、物力优先发展重工业和争取较高经济发展速度的需要，但有不少缺陷，主要是：

1. 由于急于向更高级的公有制过渡，造成所有制形式过于单一，重视国营经济而忽视了集体经济和个体经济。在工业总产值中，刚完成对私改造的1957年，集体经济占19％；但到1965年，曾降到9.9％。在商品零售总额中，1952年个体经济曾占60％，但到1965年，基本上没有了。城镇个体劳动者，1960年还有150万人，1977年只有15万人。

2. 中央和地方的关系，有时权力过于集中，如财政上曾经实行中央一级财政制，地方很少有机动财力；有时该集中的没有集中，如把像鞍钢、大庆油田那样的大型骨干企业下放给省、市去管，实际上管不了。不论以中央部门管理为主或地方管理为主，都是由行政机关来管理，因而助长地方和部门追求"自成系统"，造成部门分割和地区分割，不能按经济内在联系和社会化大生产的要求组织合理的分工协作。例如我国每年生产汽车只有几十万辆，但是前些年曾有26个省、市建了一百多个厂，有的每年生产几百辆，很不经济。

3. 国家和企业的关系，权力一直过于集中在国家，企业的权太小，财务是统收统支，产品是统购统销，劳动力是统配统包。较早时期，折旧基金也全部上缴，设备更新和技术改造都要由国家拨款、上级批准，带来设备陈旧、技术落后。企业之间由于行政隶属关系不一，组织分散，许多生产服务和生活服务都要由企业自己来办，形成所谓"小而全""大而全"。例如一个城市有几十个机械厂，各厂多有铸锻、电镀、热处理等车间，设备利用率很低。

4. 计划管理的形式侧重于指令性指标，特别是不注意运用价值规律和经济杠杆。企业的产供销、人财物大多由国家以计划规定，自己不能根据市场变化调整生产，往往货不对路，有的积压，有的脱销。价格长期不动，也与价值和供求脱节，紧缺物资特别是农产品、许多矿产品和重要工业原料价格偏低，不能刺激增产，而某些制成品价格偏高，又刺激了盲目生产。

5. 劳动报酬上的平均主义。例如农村过去实行工分制，一般是男的一天10工分，女的一天8工分，干好干坏一个样。工厂也相类似，基本上按工龄定等级，定期一齐调整，往往不问技术高低和贡献大小。脑力劳动和体力劳动的工资差别太小甚至倒挂。这叫吃"大锅饭"，严重影响了劳动者的积极性。

总之，我国计划经济管理体制，演变到这次改革以前，面临的最大问题：一是大的方面（宏观方面）该管的没有管住，例如投资规模的控制和主要经济比例（工业和农业、重工业和轻工业、积累和消费）的安排；二是小的方面（微观方面）该放的没有放开，例如对中小企业的经营管理和次要产品的供销；等等。其结果，既不利于保证国民经济的综合平衡，又不利于提高宏观和微观的经济效益，从而不能充分发挥社会主义计划经济制度应有的功能。其原因，除了在经济建设的指导思想上有过偏差外，更是由于社会主义经济还处于年轻阶段。正如世界银行的《1983年世界发展报告》第115页所说，工业化国家经过一个多世纪才有今天这样比较有效的管理制度。社会主义经济制度比资本主义经济制度年轻得多。我国经济管理体制中出现若干问题是难免的。这不是社会主义制度本身固有的缺陷，而只是它在发展过程中的欠成熟性。只要我们认真总结经验，逐步进行改革，就能发扬长处、克服弱点，使之逐步完善。

近几年来初步改革的情况

1978年年底，党的十一届三中全会，决定把全党工作重心转到现代化建设上来，随后制定了"调整、改革、整顿、提高"的方针。接着，我们调整积累和消费，农业，轻工业和重工业以及工农业内部等主要比例，使国民经济得到逐步的恢复和发展。我们控制基本建设投资规模，使积累基金占国民收入的比重从1978年的36.5%降到1982年的29%；提高农副产品收购价，增加职工工资，使这几年新增加的国民收入绝大部分用于增加城乡居民的消费。加快发展农业、轻工业，控制重工业，使三者在工农业总产值中的比重，从1978年27.8％，31.1％和41.1％到1982年调整为33.6％，33.4％和33％。农业内部，在稳步发展种植业的同时，加快发展林、牧、渔、副业，使种植业总产值的比重由过去长期占75％左右下降为63％左右，副业的比重由7％左右上升到15％左右。农作物内部，在稳步发展粮食作物的同时，加快发展油料、棉花、糖料、烟叶等经济作物，使后者占总播种面积的比重从1978年的9％提高到1982年的13％。在工业内部，还注意了加强能源的开发和节约，并使采掘工业、原材料工业和加工工业的比例有所改善。但是，调整工作十分复杂，看来还要经过几年才能全部完成。

近几年来，对国民经济进行调整的同时，我们有重点地进行了一些改革，其进展情况是：

1. 我国的经济改革是从占人口80％的农村开始的。我国农村从1958年实行人民公社化后，基层的行政机构和经济组织合在一起，一般以几十户组成的生产队为核算单位，实行集体经营、集中劳动，按劳动日记工分并据以统一分配。这对于保证农村普遍就业、防止部分农民破产和贫富两极分化虽有好处，但是政企不分、过于集中，长期以来没有解决按劳动成果分配收入的问题，影响了农民的劳动积极性，不利于农业生产的发展。近几年来，把政企分开，恢复乡政权，并保留或重建农业生产合作社和其他集体经济组织，在坚持土地、森林和水利设施等主要农业生产资料公有的基础上，以户为单位划分责任田，普遍推行不同形式的生产责任制。其中，目前已占农户90％以上的有两种形式：一种叫"包产到户"，即由农户按常年产量向集体上缴固定数量的产品，除国家收购外，再由集体统一分配，增产部分全归农户；另一种叫"包干到户"，即由农户上缴少量由国家收购的产品和集体开支的费用，和前一形式的区别是没有统一分配部分，其余部分全归农户自己处理。1981年，国家征收农业税占农业总收入的2.93％，集体提留占农业总收入的6.55％。1982年，国家收购粮食占总产量的15.6％（扣去了返销农村部分）。这种责任制，把农民的劳动成果和收益直接联系起来，体现了多劳多得的原则，并有利于合理使用劳动力和生产资料。后来，这种形式又推行到农作物以外的林、牧、渔、副各业，促进了山林、草原、水面、海涂等的开发。在此基础上，部分副业开始从农业中分离出来，出现了以经营养殖、造林、运输、编织等为主的各种重点户、专业户，1983年已占全部农户的13％，有的村乡成为专业村、专业乡。一批为农业生产服务的农机、育种、植保、饲料、加工和科技咨询的专业户也相继出现。同时，根据自愿互利原则，一些农户又组织了新的劳动协作和经济联合体。有些农民还集资办工业和手工业。此外，国营农场也有一部分试行类似的责任制，在大农场里办家庭式的小农场。这样，既保留了集体农业和国营农业公有制的优越性，办了不少一家一户办不成的事业，又发挥了各家各户的劳动积极性。它促进了我国农业由单一经营走向综合经营，走向专业化、社会化和商品化。

2. 在城市，开始恢复和发展了多种所有制形式。近几年来，明确了在坚持国营经济主导地位的前提下，要发展多种经济形式，鼓励集体经济和一定范围内的个体经济，并且允许中外合资等其他经济形式的存在。现在，城镇的手工业、工业、建筑业、运输业、商业和服务业中都恢复和发展了一批合作经济。从1978年到1982年，城镇集体所有制工业企业的单位数增加近四万个，总产值增长49％；零售商业、饮食、服务、修理的网点增加一倍多，社会商品零售总额增长2.7倍。作为公有制补充的个体经济也有发展，到1983年年底，全国个体工商业已有586.3万户、754.8万人，其中城镇170.4万户、207.4万人，比1978年的15万人增长

13倍。这些，对于发展生产、活跃市场、扩大就业和便利群众生活，都起了有益的作用。近年来还开始举办中外合资企业，到1983年年底已有188家，总投资近8亿美元，其中大部分是1983年建立的，这种势头还在发展。

3. 国营工商企业管理体制的改革，主要是扩大了经营自主权。针对过去企业基本无权的问题，1978年起在部分工业企业中实行扩大自主权的试点，到1980年已有6600个，占全国预算内企业数的16％和产值的60％、利润的70％。这些企业在生产计划、产品销售、干部任免等方面开始拥有部分权力，尤其在完成计划任务后，可以分得12％~20％左右的利润，按一定比例自行使用于发展生产和对职工的奖励、福利。后来，在个别大型工商企业和一部分中小型工商企业中试行利润包干责任制，企业在完成固定的上缴利润任务后，其余多归自己支配。这些办法，初步改变了国家和企业的关系，明确了企业的责任、权力、利益，并使三者统一起来，有利于调动企业和职工的积极性。但是，由于价格等外部因素和企业技术、资金等条件不一样，经营管理的好坏和企业所得利益往往不相称。1983年，在经过试点后，有步骤地推行上缴利润改为上交税收的办法，目标是企业利润在上缴国家规定的税后，其余留归自己支配，实行盈亏自负。当时，由于价格、税制等还不健全，第一步对上缴55％所得税后的利润仍参照过去留利水平在国家、企业之间进行分配。这种办法，可以保证国家财政收入，并为行政和企业的分开以及促进企业成为一个相对独立的经营实体逐步创造条件。

4. 企业管理体制的另一项改革是按照专业化协作的原则进行了改组和联合。针对过去企业组织不合理的问题，这几年结合国民经济调整，打破部门、地区的隶属关系和所有制的界限，陆续建立了几千个联合公司、专业公司和一批工艺协作中心、总厂等。其中有全国性的如造船工业总公司、石油化学工业总公司，也有地区性的如自行车、无线电、橡胶等工业公司，还有工业和商业、工业和外贸、生产和科技的联合体如丝绸等公司。不少地区之间搞了市县、城乡、企业的联营和合营。这些组织中有紧密的联合，实行统一核算、统一管理；也有松散的联合，只在产品规划、部件加工、原材料供应、成品销售和运输、维修等方面进行协作。据最近对120个全国性公司的分析，正在向企业化过渡的占28%，仍以行政管理为主的占38%，兼有企业和行政两种职能的占34%。这项改革，对于促进企业的专业化和组织机构的合理化是有益的实验，但是还有来自地方和部门的阻力。

5. 流通管理体制的改革，主要是增辟流通渠道和增加经营方式，减少流通环节。在商品流通领域，过去基本上由国营商业一家包办，流通的渠道和方式少、环节多，不能做到货畅其流。在工农业生产和群众购买力增长较快之后，特别是农村，先后出现了卖猪难、卖果品难甚至卖粮难和买化肥难、买名牌工业品难等现象。这除了由于储运、加工等设施不足外，主要原因就如上所述。解决的办法，不仅靠扶助集体商业和个体商业（包括私人从事长途运销），而且增加经营方式，例如允许工厂在完成计划后，自行销售和委托国营商业代销等。生产资料本来都由国家计划统一分配，现在有一部分由地区之间直接组织供销（重要品种仍要补列入计划进行平衡），并有不少生产资料允许在市场进行自由交易。对外贸易也扩大了地方、部门的经营权。所有这些，对搞活商品流通有好处，但是仍不能适应生产发展的要求。

6. 计划管理体制和其他管理体制上也进行了一些改革。20世纪60年代后，实际上没有认真编制过长期计划，最近几年编制了第六个五年计划，并正在着手编制第七个五年计划。在坚持计划经济的前提下，开始注意运用价值规律和经济杠杆。1982年和1983年，先后两次对五百多种小商品实行自由生产，由购销双方议定价格。与此相应，财政、税收、银行、物价等方面也采取了

刘国光

经济论著全集

第
5
卷

一些新措施。例如在银行信贷方面，建立了以中国人民银行为中央银行的、包括四个专业银行（工商、农业、建设、外汇）的银行体系；把基本建设财政拨款的一部分改为银行贷款，收取利息，限期归还，以促进提高投资效益；实行国营企业流动资金的统一管理。在价格方面，在基本稳定物价总水平的要求下，适当调整部分商品价格，如提高了棉布价格、降低了化纤价格，这对促进生产和扩大流通都有好处。

以上这些改革中，农村的改革是有突破性的，效果明显；城市工商业的改革还是探索性的，也有一定成效。经过调整和改革，我国经济稳步发展，不少方面超过预期。尤其在农业上，虽然这几年自然灾害不少，但连年获得全面丰收，1983年粮食达到3.8亿吨，棉花达到540万吨左右，都提前完成了原定"六五"计划最后一年（1985年）的指标，油料、糖料、畜产品、水产品等也先后创造了历史新纪录。农业总产值的平均增长速度，过去几个五年计划时期在3.9％和5.1％之间，最近五年超过了7％。工业总产值计划原定每年增长4％，争取5％，执行结果也超过7％。在100种主要工业产品中，1983年有煤炭、钢铁、水泥和一批轻工业品共33种的产量提前两年达到了"六五"计划指标。在生产发展基础上，人民的生活逐步改善。从1978年到1982年，每个农民的平均收入翻了一番，每个职工的平均工资增长30％。这四年里，城镇就业安排3288万人。1983年的社会商品零售总额比1982年又增长10.5％。总之，我国目前的经济形势是新中国成立以来较好的时期之一。当然，也还存在不少问题，有待进一步解决。

当前面临的主要问题和进一步改革的设想

当前我国经济发展中存在的主要问题，仍旧是平衡问题和效益问题。平衡有了改进，但在固定资产投资和消费基金上仍有失控。投资规模在1979—1980年继续扩大，1981年有所压缩，1982年又猛增上去，超过以往各年，特别是预算外投资增加更多，几乎占到一半左右。消费基金的扩大，除了农副产品超购增多、加价过大外，职工工资的增加也超过了劳动生产率的增长、特别是各种奖金、津贴的发放很滥。因此，能源、原材料、设备等生产资料和部分消费品的供应在一度缓和后又趋紧张。经济效益提高不多，如工业生产成本一直降不下来，1980—1982年继续上升，1983年才下降0.2％，没有完成原定计划。国家财力分散，财政收入占国民收入的比重从1978年的37.2％降到1982年的25.5％，1983年仍不到27％。我国财政收支的内容，与别国不尽相同，例如国营企业的投资大部分列入预算，而社会保险和福利的开支大部分由企业支出，但占国民收入1/4左右总是偏低的。

经济调整和改革中存在上述问题，集中到一点，是不能适应中国共产党第十二次全国代表大会所制定到2000年的社会主义现代化建设规划的要求。这个规划的战略目标是在不断提高经济效益的前提下，力争工农业的年总产值翻两番，即由1980年的7100亿元增加到28000亿元左右。但是，如果经济效益不能提高，将会影响上述目标的实现。比如根据各种条件计算，能源的增长预期只能翻一番；因此，必须大力节约能源，使其利用效率提高一倍，工农业总产值翻两番才有可能实现。又如，劳动力的增加预期只能达到20％~30％；因此，除了充分就业，还必须使劳动生产率提高一倍以上。

提高经济效益，必须从各方面做好工作，例如进行智力投资、实现技术进步和提高企业素质等。在经济工作上，首先仍然要靠搞好调整和改革。当前经济效益不高，从经济管理上找原因：一是还没有搞好国民经济的综合平衡，影响到宏观的经济效益；二是还没有处理好各方面的关系，尤其是国家与企业的关系，还不能很好地调动企业和职工的内在活力，影响到微观的经济效益。同时，各项改革不同步、不配套。今后，需要加快经济改革的步伐。在继续调整中把工作重点逐步转向改革。经济管理体制改革的核心是改革计划管理体制，因为计划管理体制涉及各个方面，并且也是当前改革的薄弱环节。在改革计划管理体制的同时，还要改革与其相应的财政、税收、信贷特别是价格等经济杠杆，使它们同步配套，相辅相成。

经济管理体制的改革，头绪纷纭。有关部门先后进行了专题的和综合的试点和调查研究。经济学界也参加了。这里，谈谈我国经济界和经济学界对于改革计划管理体制的若干设想。

（一）要改变当前国家计划管得太多、主次不分的状况

国家计划要管好国民经济的主要方面，建立一套有效的国民经济计划管理制度。

我国原来的计划管理体制，主要缺陷是国家计划管得太多，特别是把某些属于微观的经济活动例如企业的产供销和设备的更新改造等都管了起来，结果是既管不了，又管不好，并且影响到把大的宏观的方面管好。今后改革的方向，应当是把小的微观的方面放开，管得少一些，集中力量于管大的宏观的方面，即战略性的大问题，包括经济发展的方向、目标、重点、速度和主要比例，如积累和消费的比例，农业、轻工业、重工业的比例等。这些比例恰当了，整个经济平衡了，经济发展的方向、速度等就落实了。

为了把国民经济的主要方面管好，首先，要完善经济计划的决策程序，凡是经济建设的重大问题要经各有关部门和有关方面的经济、技术专家进行可行性研究和充分论证，然后由计划部门在综合平衡的基础上提出计划方案，报请全国人民代表大会讨论和审批。其次，要完善计划平衡工作，为正确的计划决策提供科学的依据，不仅要搞好重要实物产品的平衡，而且更要注意搞

好价值形态的平衡，把国家计划的重点放在正确安排社会总产品和国民收入的分配上，搞好财政、信贷、外汇的综合平衡和劳动力分配的平衡，特别要搞好对固定资产投资和消费基金增长的有效计划控制，在此前提下保证必要的重点建设。再次，还要完善计划体系，确立长中短期计划相结合、以五年计划为主的计划制度，推行全面规划和专项规划相结合的计划制度。

（二）在国家和企业的关系上，要改革国家对企业管得过多过死、企业缺乏必要的自主权的状况

使国营企业不再是国家所属各级行政机关的附属物，而是有不同程度的计划权和经营管理权的相对独立的经营实体。要分别企业在国民经济中的地位及其规模，采取不同的办法，使它们在国家计划和政策的指导下，在生产、购销、资金使用、技术改造、劳动工资、产品价格等方面都有一定的自主权。要改变企业经营好坏一个样，共同吃国家的"大锅饭"的状况，加强企业的经济核算，并且把企业和职工的利益同他们的经营成果和劳动贡献更紧密地联系起来。为了稳定国家与企业的分配关系，并进一步向政、企分工过渡，今后要随着价格体系的调整和有关条件的具备，分别不同情况，逐步从现在的上缴税收与上缴利润并存的制度改为只上缴税收，税后利润由企业按国家政策自行支配，并承担不同程度的盈亏责任直至完全自负盈亏的制度。

（三）在国家和部门、地区的关系上，要改变过去部门分割、地区分割的状况，合理划分部门、地区和城市的管理权限

由于中国是一个大国，每个省和自治区的面积和人口都相当于一个不小的国家，而且各地的情况差别很大，什么事情都由中央统一管起来，是做不到的，应当实行"统一计划，分级管理"的制度。各个部门之间、地区之间以及部门与地区之间，在计划

管理上既要有明确的分工，又要互相配合，特别要注意发挥大、中城市在组织经济生活中的作用。

大中城市本来是工业生产、商品流转、科学教育、经济信息和人才培训的中心，围绕着它们，历史上形成了不同范围、不同层次的经济区。后来受到行政部门和行政区域的分割，把它们的作用削弱了。为了恢复和发挥它们在组织经济生活中的重要作用，初步设想，可以若干大中城市为中心，不受行政区域的限制，逐步形成包括邻近中小城市、集镇和农村在内的经济区。在国家计划部门的统一领导下，同主管部门和省、区地方一起编制跨行业、跨地区的经济区规划，并组织跨省、区和跨部门的各种经济联合体。

正确处理城市与部门、地区在经济管理上的关系，是一个非常复杂的问题，现在还缺少经验，正在重庆、上海、山西等市、省进行试验和研究。

（四）在计划的管理形式和调节手段方面，要改变过去单一的行政形式和行政手段，实行多种管理形式和调节手段，特别要着重运用经济的调节手段

过去，计划管理形式和调节手段单一化，大多具有强制性。今后改革，在管理形式上，决定采取指令性计划、指导性计划和自由生产三种形式。划分三种形式的标准，现在有多种意见，例如按所有制的不同形式来划分，按企业的不同规模来划分，按产品的不同重要性来划分，以及按各项任务的不同重要性来划分，等等。具体地说，对农业，基本上实行指导性计划，但对粮、棉、油等主要农副产品的收购和调拨实行指令性计划；对工业，少数大型企业和最重要的产品实行指令性计划，中型企业和比较重要的产品实行指导性计划，小型企业和一般产品不作计划。无论是指令性计划还是指导性计划，都要考虑价值规律的作用。不

作计划的产品的生产流通，则由价值规律自发调节。不少经济学者认为，在改革过程中，指令性计划的范围将要适当缩小，指导性计划将要适当扩大。并且，这两种计划管理形式还要结合运用，例如钢材、布匹等产品，产量是指令性的，品种、规格可以是指导性的。在这方面，还有不少问题有待研究。

与计划管理形式的改革相适应，在计划调节手段上，今后要综合运用经济的、行政的、法律的、社会的等各种调节手段，特别要注意发挥经济手段的调节作用，以促使各方面的经济活动特别是企业的生产经营活动，符合国家宏观经济平衡的要求，更好地保证国家计划目标的实现。不少学者提出，各种经济调节手段的运用，应由国家计划部门统一掌握、协调和平衡；在编制和安排计划的同时，要提出运用各种经济杠杆的具体方案，作为计划的重要组成部分。具体的执行和管理，由各职能部门分别负责。

经济调节手段包括财政、税收、信贷、利率、工资等，而最重要的是价格。我们要正确处理计划和市场的关系，自觉地利用市场机制为计划管理服务，首先要改革不合理的价格体制。我国原来的价格体制有两个问题：一是价格本身长期不动，与价值、成本和供需状况脱节；二是价格管理办法过死，不能适应各方面的不断变化。这带来很多矛盾。例如，过去农产品定价偏低，能源、原材料定价偏低，机械和部分轻工业品定价偏高，影响了农业、矿业的发展，助长了能源、原材料的浪费和某些制造业的盲目发展。不少商品的购销、季节、地区差价不合理，影响生产和流通。尤其是某些重要生产资料、消费品购销价格倒挂，面广量大，造成亏损，补贴过多，严重影响财政收入。这都不利于经济平衡，也不利于正确评价部门、企业的生产经营和投资效益。因此，一定要全面改革价格体制。根据经济界和经济学界人士的意见，改革的内容包括两个方面：一是改革价格体系，即分步骤调整各种产品的比价，改变一些产品价格畸高或畸低、严重背离实际价值的状况。二是改革价格管理办法，即采取多种价格形式，适当缩小国家直接定价的商品的范围，对一些较次要的产品实行浮动价格或自由价格。改革价格体制也是一件极其复杂的工作，但是我国经济界和经济学界人士都一致认为，如果不改革价格，经济调整和其他改革都难以深入地进行下去。现在我国有关方面正在对这个问题的解决进行认真的研究和积极的准备。

中国的经济管理体制改革问题

关于经济体制的模式问题*

——在国家体改委举办的经济体制改革研究班的讲课（1984年5月3日）

原来指定我讲的题目，课程表上印的，叫作"不同理论指导下的不同体制模式"，今天就讲讲关于经济体制的模式问题。①

一、研究目标模式的意义

关于我国经济体制改革要选择什么样的目标模式的问题，十一届三中全会以后不久，经济学界就已经提出来了。几年以来，我们在经济体制上进行了一系列的改革，这些改革开始调动了各方面的积极性，活跃了城乡的经济生活，收效是明显的。同时，在改革过程中，也遇到了一些问题。关于改革的进程、成效和遇到的问题，将有专门的课程来介绍，我这里就不细讲了。需要指出的是，改革过程中产生一些问题，一个重要原因是由于改革的措施不配套、不系统，这又同改革的目标模式研究得还不够，缺乏一个改革的总体规划有关。我刚才讲了，目标模式的选择问题，1979年就提出来了，应当说这是我国经济理论上的重大突破之一，因为过去长时期一直认为，社会主义经济只能按传统的那一套，即苏联20世纪30年代到50年代形成的那一套方式和原则来组织，来运行。过去批判南斯拉夫、批判修正主义、批判孙

　＊　原载《刘国光选集》，山西人民出版社1986年版。

冶方，就是根据那一套传统的东西，好像那是社会主义经济的唯一可行的方式。最早提出社会主义经济可以有另外一种模式，不一定是苏联传统模式的，这个人就是波兰经济学家兰格，他在30年代就提出社会主义的计划经济也可以模拟完全竞争的市场来搞，兰格的模式只是一种理论上的设想，实际上并不存在，也不可能实现，因为完全竞争即使在资本主义社会也是不可能存在的。实际生活中首先突破苏联传统模式的是南斯拉夫，40年代末期，50年代初期，因为政治上的原因，首先突破，这个大家都知道了。60年代开始，一些国家陆续进行改革，都是针对苏联传统模式的弊病而进行的，这样，社会主义经济的不同模式的研究就逐渐提到马克思主义经济学的议事日程上来。其实，列宁早就指出，建立社会主义可以有不同的方式、道路。因此，社会主义经济不同模式的比较研究，是完全符合列宁主义的精神的。

我国经济体制改革中选择什么样的目标模式问题，虽然在提出改革任务以后不久就提出来了，但是应该说对于这个问题研究注意得还很不够，跟不上改革的需要。鉴于这几年由于改革措施不配套、不系统而产生的问题，越来越多的中外经济学者在谈到我国经济体制改革时，都强调要有一个目标模式。大家认识到，必须制定出一个目标模式，才能综合地协调改革的步骤，向这一目标前进。否则，今天这样改，明天那样改，没有明确的目标，没有实现这个目标模式的总体规划，就不容易改好。因此，强调改革的目标模式和总体规划的重要意义，无疑是十分必要的。

我国经济体制改革要采取的模式，当然应当是中国式的模式，即是有中国特色的社会主义经济模式，在细节上，尤其要切合中国的经济情况。但是，不论是我国原有的体制，还是将要改成的新体制，都逃脱不了理论概括的几种模式。十月革命以来历史上存在过的，现在还存在着的，或者可能出现的社会主义经济的各种模式，如果按照逻辑的次序整理一下，就好像三棱镜折光反射出来的太阳光谱里面的赤、橙、黄、绿、青、蓝、紫那样客观地排列在那里，我们原来的体制在那个光谱上，处在什么色位上；我们将要改成的新体制又将处在什么色位上，那是可以科学地鉴别出来的。但是，我们有些同志不赞成研究这个问题，不赞成"模式"的概念。他们认为，过去我们建设社会主义，也没有讲什么经济模式，一些国家在进行改革时，也没有提这个概念，这个概念是理论家们事后总结分析得出来的分类，我们从事实际的改革工作并不需要这个东西。有的同志压根不赞成"模式"这个概念，好像"模式"是指一种像模子那样固定不变的东西，是一个带有贬义的语词。其实，"模式"这个语词，就像"类型""形态""形式"等语词一样，它本身是中性的，既无贬义，也无褒义。它不过是一种研究和分析的工具。我们所说的社会主义经济体制的模式，并不直接等于某一个社会主义国家实际存在的经济体制本身，而是从具体的经济体制中，排除了细节的东西而得到的理论的抽象。这种理论的抽象包含对某一种经济体制的基本规定性的概括，它的基本框架，以及它的主要运行原则的总和。这种意义的模式反映了一种经济体制里面最重要最根本的东西。所以，在设计经济体制改革的总体规划和具体方案以前，对于改革的目标模式先行一步研究是很有用处的。当然，要建设有中国特色的社会主义，不能匆忙地决定最终要达到的目标，在改革的过程中，我们要摸着石头过河，脚踏实地前进。但是，及早探明改革的目标模式，有助于在设计改革方案和实施改革的过程中把握正确的方向，避免陷入盲目性。这种研究能够帮助我们防止在一开始就陷入细节而受到各种次要因素的干扰或看不到主要的东西，又能帮助我们从整体上把握经济体制，便于使改革的各项措施成龙配套、前后有序，而不致互相矛盾。在探索有中国特色的改革模式时，不可避免地要同世界上各种模式进行比较研究，这不但可以帮助我们弄清楚我们要建立的新经济体

刘国光

经济论著全集

第

5

卷

制，它的中国特色究竟表现在哪里，使我们能够更加自觉地选择改革的方向和设计改革的方案，把我们的改革工作放在更加科学的基础上。而且也有利于我们从别人的经验教训中取长补短，避免重复走人家走过的弯路，还自以为是新的发明创造。

提出经济模式的概念，把它同经济体制里面的具体细节区别开来，还有一个重要意义。所谓经济体制的改革，我的理解，不仅仅是指对原有体制（如在我国是指三中全会以前的体制）里面的不完善、不合理的细节进行修改补充，更重要的是要改造原有的经济模式本身，就是说，要对原有体制的不合理的基本框架和主要运行原则加以改造，当然，这种改造一定要在坚持社会主义的基本经济制度的前提下进行。这里面要简单地说一下，社会主义基本经济制度与社会主义经济模式的关系。社会主义基本经济制度是指它区别于资本主义经济制度（还有未来共产主义经济制度）的基本特征而言的。大家知道，列宁对社会主义概括了两条：一条是生产资料的公有制，一条是按劳分配。大家一般都不反对加上在公有制基础上实行计划经济这一条。也有的同志再加上一条，即在公有制基础上的商品生产或商品经济，但这一条是有争论的。不管怎样，社会主义基本经济制度是指区别于其他经济制度而在社会主义经济内部则是共性的东西。至于社会主义经济模式则是指社会主义经济制度内部的各种变种、各种类型。在共同的社会主义生产关系的基础上，可以有不同类型的经济机制，无论在生产资料公有制的结构上，在经济决策权力分布的结构上，在经济调节体系上，在经济鼓励的形式上，在经济管理的组织和方法上，在劳动群众参加管理的形式和程度上，在很多方面都可以各不相同。社会主义各国的历史经验证明，在社会主义生产关系的范围内，不仅可能而且必须采用不同的模式。再回到前面讲的思路上去，经济体制的改革，就是要在坚持社会主义基本经济制度的前提下，改造原有的不再适合于社会主义经济进一步发展的模式，建立更适合于社会主义经济发展的新的经济体制。如果对原有的模式不加任何触动，对原有体制的不合理的基本框架和主要运行原则不加触动，只是对里面的具体细节进行修改补充，这恐怕不能叫作"改革"。在我们这里是叫作"改进"经济体制或者"完善"计划工作；有的国家（如苏联）叫作"完善经营机制"。对于不适应生产力发展的生产关系的具体环节、对于不适应经济基础的上层建筑的具体环节，总是要不断地完善，不断地改进，这种完善和改进工作是永远会有的。而对于经济体制的全面改革，即模式的改造，则一般是要在一个比较集中的，不太长的时期里进行和完成的。可能十几年，但不是无限期的。

对于"改革"和"完善"这两个概念的差别，人们实际上是很注意的。据我们所知，有的国家，起先也讲"改革"，20世纪60年代中期讲改革时似乎也有点想冲破老模式老框框的气概，但进入70年代以后，由于种种原因，就把改革的口号收回去了，代之以"不断完善"。有些国家，至今回避讲改革，只提"改进"。这样，在对原有模式没有多大触动的情况下，尽管对经济体的一些破绽不断修补，但是他们经济生活的活力问题，质量问题，效率问题，产需衔接问题等，原有模式的老毛病，老是解决不了。这样，他们的改革断断续续，时间拖得很长，至今没有解决根本问题。这个教训是值得我们注意的。最近，有些国家不得不重提"改革"的问题，改革的所谓第二次浪潮，有的人称为改革的第三次浪潮。我讲的不是新的技术革命的第三次浪潮。我们中国前些时候也有的同志曾经回避讲改革，而只提改进或完善经济计划体制，当然现在没有人这样讲了，因为中央坚决主张改革。这些同志的思想实质就是要在不触动原有模式的前提下，对经济体制的一些不合理不完善的具体环节进行修改补充。曾经有一个很典型的说法，就是对我国原有的经济体制要三七开，七成好的要保留，三成不好的才要完善改良，所以不存在对原有体制进行根本改革，"推倒重来"的问题，也就是不存在模式改造的问题。这些同志担心一讲改革或改造原有的经济模式，就是否定社会主义制度，就是否定我们过去工作中好的经验和成绩。其实，这种担心是不必要的。十一届三中全会决议说："社会主义生产关系不存在一套固定的模式。"十月革命以来，社会主义各国经济体制已经出现过并且存在着种种不同的模式，这些经济模式都各有自己产生的历史背景，各有其长短优劣，并起了各自的历史作用。而一些国家经济体制模式的改变并没有影响到他们的社会主义根本制度的性质。因为每种模式都有产生它的历史背景，对于每种模式我们不能绝对地肯定或者绝对地否定，不能因为后来情况变化需要改革而全盘否定它过去的历史价值。例如，我国过去实行的高度集中的以行政管理为主的排斥市场机制的经济模式，在我国社会主义建设的一定时期曾经起过积极的作用。但这种模式的毛病越来越不适应于现代化建设的要求，必须在坚持社会主义基本制度的前提下进行全面的改造，用新的有中国特色的经济模式来代替它。当然，这并不是要把原有体制中的一切东西都抛弃掉换成新的。原有经济体制中被实践证明是好的、有益的因素，我们还应当在新体制中保留下来。陈云同志最近在给中国计划学会成立会的贺信中说，我们搞计划经济已经三十多年，不能说没有经验。经验应该好好总结，肯定和发扬成功，否定和改正失败的方面。所以，我们不能因为当前要进行的体制改革和模式改造就否定原有模式在我国过去社会主义建设中曾经起过的积极作用，更不用说这丝毫也不是对过去体制中好的有益的东西和我们过去工作所取得的成就的否定了。

这样看来，经济模式的理论研究和有中国特色的目标模式的探索，对于我们的经济体制改革工作来说，是一件很重要的事情。如果对这个问题没有充分的研究和探索，就直接规划改革的方案或者着手进行重大的改革，那就可能会使改革的质量和进程受到影响。当然，这不是说我们要等到目标模式研究完备了，总体规划和详细方案都搞得很完备了，才能进行改革。一些局部性的，目前有条件改的，可以看清楚不会对将来全面改革带来重大障碍的而是符合全面改革方向的，现在就应当尽快地改，或者先在一定范围内进行试验，取得经验，为大规模的全面改革创造条件。对于改革目标模式的探索和形成来说，局部改革试点的经济和实践的检验，也是非常必要的。

二、社会主义经济体制有哪几种模式

为了把我国原有不适应社会生产力进一步发展要求的旧经济体制模式改造成为新的经济体制模式，就要对我国原有经济体制的模式是怎样的加以剖析。而这又涉及一个更广泛的问题，就是社会主义经济体制究竟有哪些模式？从这样一个更广的角度来接触我国经济体制改革问题，我认为是有启迪意义的。社会主义经济体制究竟是有哪几种模式或类型？关于这个问题，人们往往议论的是苏联模式、匈牙利模式、南斯拉夫模式等。我以为，以国家命名来做出模式的分类，不一定妥切。因为，每一个国家的经济体制都是具体的，又是变化的，而且这种以国家命名的叫法，不能给不同的模式定性，单从名字是看不出它们的规定性，它们的特征来的。还需要更科学、更确切的概括。为了对社会主义经济体制进行比较研究，从而正确地划分类型，我把模式概念所包含的主要内容分为以下几个方面，这样便于从不同的侧面和角度来考察这个问题（第一，所有制结构；第二，经济决策结构；第三，经济调节结构；第四，经济利益和动力结构；第五，管理组织结构）。

第一，所有制结构。社会主义公有制体现的组织形式是各种各样的，显示出不同的所有制结构。从理论上说，一个极端是单一的全民所有制或国家所有制，像马、恩当初所设想的那样。另一个极端是以公有制（或社会所有制）为基础的，实际上是集体经营的独立的自治实体的结合。中间还有公有制不同形式的各种结合。一般是两种公有制形式并存，但其经营方式又各有许多变异。如果加上作为公有制补充形式的个体经济和特许的非社会主义私营经济（如特区的外国人独资经营等），实际改革中更显示出所有制结构的多样化和复杂性。

第二，经济决策权力结构。经济活动的决策大致分为三层：一层是国民经济范围的即宏观经济决策，一层是企业日常经营的微观经济决策，一层是个人的或家庭的在劳动力就业和消费而选择方向的决策。决策权力的分布，一个可能的极端是三层决策都是集中化的，都由国家集中决策。另一个极端是三层决策都是分散化的。基本上决定于企业和个人的市场决策。中间还有不同层次集中决策与分散决策的各种结合。由于决策权力分布不同，社会产生不同的决策权力结构。

第三，经济调节结构。这里讲的调节主要是指人力、物力、财力资源在不同的经济领域、不同部门之间的分配，或者在既定的资源条件下解决生产什么和生产多少的问题。这里一个可能的极端是一切通过行政指令来实行直接的计划调节，另一个极端是一切通过市场机制来实现间接的计划调节和市场调节。一般是计划调节与市场调节在不同范围和以不同方式的结合，这就显示出不同的调节结构。

第四，经济利益和动力结构。在社会主义条件下，存在着国家、集体、个人三者之间利益的矛盾，在三者利益关系的处理上，在调动各方面积极性的问题上，一个极端是片面强调国家利益和集体利益，不大考虑个人利益和局部利益，单纯强调政治动员的作用；另一个极端是片面强调个人利益和局部利益，单纯强调物质利益的作用。在个人利益的处理上，一个极端是搞平均主义，另一个极端是完全按收益或盈利来分配。一般是在两端之间实行不同方式和不同程度的按劳分配。加上有些地方还存在着非按劳分配的因素（如资金收益，级差地租收益等），这就更显示出利益和动力结构的多样性。在以上各种场合，都可能出现不同的行为方式，或者说有不同的经济推动力。所以，在社会主义经济中，可以有不同的利益和动力结构。

第五，管理组织结构。这里讲的管理组织结构，主要是指用行政组织还是用经济组织进行管理。从理论上看，这里也存在两个极端：一个是所有经济单位都是政企不分的，一切经济活动都是按照国家行政系统（条条）或行政区划（块块）的隶属关系来组织的。另一个是所有单位都是独立的或者相对独立的经济实体，一切经济活动都按照经济的内在联系来组织。中间的是既有行政的组织管理和经济的组织管理各种层次的结合。这样显示不同的管理组织结构。

除了以上五条，还有一条信息传递的结构，也是值得注意的，经济信息的传递和反馈是，以纵向为主还是以横向为主，在各种经济模式中是很不相同的。以上几条，都是每一种经济体制里面都有的最基本的东西，它们之间不是互不相干的，而是互相交错，互相联系，互相制约，构成一个总的模式框架，各种经济体制的细节就是在这个总的框架下面展开和进行的。

对于社会主义经济模式的类别，不少经济学家都作过研究，有的提两种，有的提三种，有的提四种，各有不同的想法，根据上面讲的几条，总结十月革命以来各国的经验，综合各家的学说，我把社会主义经济体制划分为以下五种类型或五种模式。

第一种，是军事共产主义供给制的模式。它的特点是全部经济活动，包括宏观经济活动，即整个国民经济的决策；还有企业的日常经济活动，企业的生产、供销的决策；还有家庭和个人的经济活动，主要是职业的选择、消费品购买的选择，这些决策的权力，不管是宏观经济的决策还是企业微观经济的决策，日常家庭经济的决策都集中在国家手里。这是一种属于平均主义的、完全排斥商品货币关系和市场机制的实物分配型的模式。整个经济运行主要是靠行政强制和精神的动员，靠这两个办法来推动。控制经济活动信息的传递是采取命令式的、垂直的方式，从上而下地传递下来，从下而上地报告上去。这种模式的典型代表是苏联战时军事共产主义的形式。那时，除农业外，几乎全部经济活动，包括雇员超过两人的小企业全部实行国有化，统收统支，农业中征收全部的剩余产品，禁止私人的转换贸易，对城市居民实行严格的定额供应，提供免费的公共服务占了相当大的比重。实际上这是一种在物资极端短缺甚至饥荒的条件下，不得不实行的应急模式，但这种模式的意义，超过了临时的权宜之计的范围，它在长时期中对一些国家的经济体制产生过不同程度的影响。它的痕迹至今还在许多地方可以看到。

关于经济体制的模式问题

第二种，是传统的集中的计划经济模式。在这里，生产资料所有制名义上是两种公有制——全民所有制与集体所有制，但不论是全民所有、集体所有，决策权力都集中在国家手中。这一种经济模式的特点是不但宏观经济决策、整个国民经济的大问题的决策集中在国家手里，而且企业日常经济活动的决策权，也是基本上集中在国家手里，企业生产什么，生产多少，销售到哪里去，也基本上由国家决定。至于个人和家庭经济活动的决策权，则基本上是"分散"，当然也有不同的情况。在一般的情况下，就业不是完全集中的，可以个人选择，消费品也没有什么配给制等的限制，但也有例外。在这种模式当中，国家对经济活动一般实行直接的计划管理，这种直接的计划管理是以行政权力的等级结构为基础的，范围很广的，内容很细的，而且以实物指标为主的，指令性的计划管理。在这里，商品货币关系，市场交换也存在，但主要存在在两种公有制之间，就是存在在全民所有制和集体所有制之间，以及国家与个人之间（消费品流通）。在整个经济中市场的作用是微小的，因为在整个全民所有制经济内部不存在这个市场，不认为生产资料是商品。除了时而放松、时而收缩的集市贸易、农贸市场外，计划外的市场交易很少，而且是非法的。经济的运行主要靠上级对下级的行政指令和下级对上级的行政责任来推动。但也运用不同程度的物质鼓励或刺激。经济信息也是主要采取指令和报告的形式，在行政系统各层次之间传递。横向的信息联系也有，但属于从属的地位。这种模式是社会主义计划经济的第一个完整的存在形式，存在的范围很广，时间很长。从20世纪30年代到50年代的苏联和第二次世界大战以后的社会主义国家，都实行过这种模式，统称传统的集中计划经济模式。

第三种，是改良的集中计划经济模式。这种模式是在上一种模式即传统的集中计划经济模式的基础上，经过改良而形成的。它的特点是，宏观经济活动的决策权在国家手里，而企业的日常经济活动的决策权，大部分仍旧集中在国家手里，只有一小部分放给企业。这种改良式的计划模式和传统的不同，就是企业在日常经济活动中有一小部分权力。如计划外的产品有一部分可以自销，有一部分利润留在企业里，用于发展生产和福利、奖励，企业还有一部分用人的权力。国家计划的指令性实物指标有所缩小，价值指标有所扩大，主要考核指标不断变化，如总产值变为产品销售额，又变为定额净产值等。对于主要产品的生产和分配，继续保留指令性计划的形式，整个社会经济活动的主体，仍然是国家直接计划来规定。由于程度不同地放宽了对集体所有制经济的控制，允许小量生产资料作为商品来交换，因此市场机制只是在一定范围内起着外部补充作用，在直接计划控制的那一部分国民经济主体之外，还有一部分自由市场，包括农贸市场和很小部分国营范围内的商品交换，对计划起外部的补充作用。这种体制开始注意运用经济杠杆，运用价格，但由于基本上保持指令性计划和固定价格制度，故对经济杠杆不可能灵活运用。所以说是开始注意把经济手段和行政手段结合起来，但实际上仍以行政手段为主。某些原来实行传统集中计划模式的国家，到了20世纪60年代以后，陆陆续续进行了一些改革，采取了不同的改良的模式。

第四种，是计划调节市场机制有机结合的计划经济模式。它也是计划经济，在社会主义公有制基础上实行计划经济，但是这种计划经济是强调运用市场机制的这样一种计划经济。为了在计划指导下扩大市场机制的作用，这种模式在所有制形式和企业经营自主权上有更大的松动，鼓励集体经济和个体经济的发展，不同程度地允许私人经济的存在，国营企业、集体企业实行政企分工。在决策结构上它的特点是，只有宏观经济活动的决策权集中在国家手里，国民经济的重大比例关系、发展方向、投资规模、消费基金的增长幅度等宏观经济的决策权，关系到国民经济全局的决策权，集中在国家手里。而企业的日常经济活动，它的产、供、销，同日常经济活动有关的人权、财权、物权，基本由企业自己决策。国家主要对关系国民经济全局的战略性的经济活动，包括具有全国意义的重要投资活动和重要项目进行决策。这种模式在坚持对整个国民经济实行计划管理的前提下，改变了实现计划的调节手段和方式。国家计划也包括微观经济的内容，也包括对企业经济活动的指导，企业的产、供、销国家也不是不管，但一般不做指令性计划下达，而主要通过运用经济杠杆、运用价格、税收、信贷体系，运用市场机制来诱导企业完成国家计划，使国家宏观经济的决策，国家对于大问题的决策，能够通过微观经济当中的市场机制来实现。所以这种经济体制中的经济管理主要靠经济手段，但行政手段还是继续存在的。例如，对于重要的投资项目，还是由国家来决策，还不能脱离行政的指导，但在实行行政决策时，要注意运用经济杠杆来使它的决策贯彻完成。在这里，企业之间、生产者和消费者之间横向的经济联系和经济信息的传递得到了广泛的发展。这样一些横向的联系同国家和企业之间的纵向的联系，信息传递互相交织成为国民经济的信息网络。完全按照这样一种模式建立经济体制到现在还没有一个完整的范例，就是匈牙利从1968年开始的改革，也只是朝这样一种模式的方向前进的，但是到现在还没有完全完成，还在继续改革。这是第四种模式。

第五种，是"市场社会主义"模式。这种模式的公有制基本上是一个个集体经营的独立自治实体的集合，同时比较广泛的允许个体经济和私人经济活动的发展。它的特点就是宏观、微观和家庭这三层经济活动的决策权，都是分散化、市场化的，基本上按照市场情况调节。在这里，企业是独立的商品生产者，扩大再生产的责任从国家中央计划的手中转移到企业的手里，企业的产、供、销和纯收入的分配除上交税收外完全由企业自己做主。市场机制在国民经济中起着普遍的主导的调节作用，但是所有制主要还是公有制。在这种条件下，国家既不直接管理微观经济，又缺乏必要的宏观经济的控制手段。当然，国家也编制宏观社会经济计划，但是由于缺乏必要的宏观经济控制手段，所以定出的计划的效率是不显著的，它不能约束下面的行动。目前实行这种模式的只有个别国家。

对于上面讲的五种经济模式，应当怎样评价？我先把第一、第五两种，一个是军事共产主义、一个是市场社会主义先讲一下，然后再讲中间几种模式。第一种军事共产主义供给制的模式，是在特定的历史条件下形成的，当时是必要的，非这么做不可，是关系到革命成败的问题。我们在解放区的时候，也有一部分人员中实行供给制，也是必要的，当时也是很成功的。但是一旦战争过去，这种经济模式就会与农民、工人的利益相抵触，不能调动他们的积极性，从而使经济效率大大降低。现在处于平时状况，供给制的模型没有很大的现实意义。但是它的影响并没有彻底清除，例如，吃"大锅饭""铁饭碗"、强调用实物的指标进行计划管理等，在现实经济生活中还是起很大的作用。对这样的影响，我们不能忽视。第五种"市场社会主义"模式，它在经济运行上带有某种市场经济的性质，具有市场经济的通病。这种经济模式虽然微观经济比较活跃，企业自主权很大，但是一个由完全商业化的公有企业所组成的经济，究竟怎样才能使它服从全社会的发展和福利目标，符合所要求的收入分配的格局，这是一个很棘手的问题。在缺乏对宏观经济的有效的控制手段的情况下，国家虽然制订宏观计划，但没有什么约束力，没有什么有效的手段来实现国家计划的一些意图，容易造成经济结构的比例失调。在这样的经济体制下面，作为经济细胞的企业的活动力比较强，它的经济效益比较高，但是微观经济效益在很大程度上被宏观经济当中出现的盲目性所带来的浪费所抵消，如国民经济范围上出现的比例失调，以及其他的毛病。采取这种模式的国家，也产生一些类似资本主义市场经济所固有的财政赤字，外汇短缺，通货膨胀，物价上涨，企业倒闭，还有职工失业，盲目投资，盲目建设等这样一些在市场经济里所出现的一些弊端。实行这种体制的国家，他们自己也意识到存在的问题，也在研究怎样改进和加强计划管理的问题。现在好像还没有很好地解决。

　　至于其他三种经济模式应当怎样评价？关于传统计划经济模式，它的优点是实行高度集中的计划管理，便于把大量的人力、物力、财力集中到国家决定要突出发展的重点经济部门中去，而且便于以较高的积累率来求得比较高的增长速度，这样来保证落后国家迅速工业化。这样一种模式有利于数量上外延的扩展，对于增加产量，增加投资，增加外延发展的规模，用这种办法比较好。而且是发展目标比较集中，为此增加国家的经济实力、国防力量，把落后的农业国变为以重工业为主的具有高度经济实力作为发展目标的国家，这种传统的集中计划模式在这方面确实是有效果的。我们不能否认苏联在过去几十年中，在卫国战争前后的一段时期经济发展迅速，而且取得很大的成就。我们国家在第一个五年计划时期，学习苏联集中的办法，也取得了很好的成绩，156项重点项目到现在还是我们经济中的骨干，不进行必要的集中就搞不起来。但它的缺点是过分集中。这种过分集中的计划经济模式的内在矛盾和弊病，主要表现在两个方面：一是信息结构，决策结构存在重大的缺陷。对于企业日常经济活动有权做出决策的国家机关，由于远离现场，难于及时掌握决策所必需的情报。同时，决策也缺少随着情况变化而必要的灵活性。这些都不能不影响微观经济活动的效果。而且，由于生产者和消费者之间缺乏横向的信息联系，很容易造成产、供、销脱节，使经济结构失去平衡。此外，国家决策活动由于缺乏必要的民主程序的控制，而只依赖庞大臃肿的行政机构，也容易产生官僚主义的唯意志论，有可能导致宏观决策的重大失误。二是利益关系的调节存在重大缺陷。企业作为国家行政机构的附属物，内无利益的动力，外无竞争的压力，因而缺乏改进生产，革新技术，降低成本，提高质量，适应需求的积极性。由于完成计划规定的数量指标是衡量企业工作成果的主要依据，企业一般总是多报投入的需要少报产出的可能，这种模式势必导致微观经济和宏观经济效益的下降。特别是随着经济的发展，由外延为主转向以内涵为主，也就是由数量的扩大为主转向强调质量、强调效益，用较少的投入取得更大的成果，取得更大的产出，而且经济发展的目标比过去更复杂更多一些，不单纯是解决国家的经济实力问题，而是把人民生活、智力开发、环境保护、资源保护等问题提到日程上来，经济发展的目标复杂化、多样化，那么这种传统的集中计划经济模式就逐渐不适应了。

对于第三种改良的计划经济模式怎样评价？它保留了集中计划经济模式的优点，能够集国家的资金力量来进行重点部门的发展，同时企业有一部分决策权。改良的集中计划经济模式和传统的集中计划经济模式不同的是企业在计划权方面、产品的销售权方面、财权方面有一定的活动余地，有一定的主动性，再加上有点运用经济杠杆，所以整个经济的运行变得稍微灵活一点，但一些老毛病还没有完全克服，如在决策的结构上，基本上还是国家单一决策。所以企业是行政机关的附属物的问题还没有完全解决。由于决策权过于集中，灵活性不够，决策方向往往按少数领导人的偏好来决定，仍然可能产生或大或小的失误。所以，虽然这种体制有优点，比传统的集中计划体制松动了一些，但是，由于局部的改良同原来的基本框架不协调，又产生了一些难以解决的矛盾。例如，在新的体制中作为决定企业物质利益的主要依据，不再是总产值、产品产量等宣扬指标的完成情况，而是商品产值或利润等价值指标的完成情况，然而价格体系在保持原来的固定价格制度的情况下，经常大幅度地偏离价值，不可能及时正确地反映需求和供给的信息，因而企业对利润的追求往往与满足社会需要发生冲突，结果供求之间严重脱节的问题难以得到解决。这正是采取这种模式的国家之所以不断地徘徊于增加和减少指令性指标，反复地改变中心指标的根本原因。由于在采取某些改革措施上的徘徊与反复，导致了经济发展不稳定的局面。就总的趋势来看，采取这种改良模式的国家，虽然在某些方面经济管理有所强化，但始终未能根本改变经济增长率下降，产品质量不佳，经济效率不高的状况。

这个问题在苏联看得最明显。前年我们到苏联去考察了经济体制，苏联确实从20世纪60年代以来改了不少，在计划管理上更加强化、更加系统化了，在各部门、各企业经济权力上的改革确实有些变化，但总的框框没有变。经济发展一方面集中力量搞了一些大的东西，如秋明油田、宇航等，它的经济实力大大加强，与美国的差距缩小，如1950年国民收入苏联相当于美国的31％，1975年已相当于美国的67％，工业生产从1950年不到美国的30％，1975年已相当于美国的80％。这是苏联自己的统计，但趋势是明显的。另一方面，虽然经过1965年以来将近二十年的改革，它的效益问题、质量问题、产销衔接问题，还是没有很好解决。它的国防尖端突出，而民用方面仍比较落后。所以，苏联经济给人的印象是优势很显著，毛病也很显著。特别是农业问题长期没有很好解决，食品供应前年从商店里看到的情况比50年代后期还要差些。当然，一般消费品供应（除食品方面因农业问题影响差一些外）还是比以前有所改善，如妇女的服装，住宅问题的解决，市政建设的解决确实比过去要好些，但是总的看来质量问题，效益问题还是很差。

第四种是计划调节与市场机制有机结合的计划经济模式。这种模式在比较大的程度上解决了传统模式和改良模式的不少缺陷，企业的动力比较强，经济信息的传递比较活，分层决策，使企业有比较大的经营自主权，企业能据市场需要来改变生产方向；多层决策也有利于切合实际和防止重大的失误，计划调节与市场机制的有机结合，宏观调节与微观调节的有机衔接，能够使经济的稳定增长和经济结构的协调得到比较可靠的保证。但这种模式也有它的矛盾和问题，主要困难是计划调节与市场机制如何结合。一般认为有两个难点：一是如何造成有限度的买方市场。这种模式要在市场比较松动即存在一定限度的买方市场情况下才有可能。在商品短缺情况下，容易造成价格上涨，经济发生波动，这样势必重新加强指令性计划，于是回到老模式的矛盾中来，结果就会发生像钟摆一样的摇摆，即一会儿强调计划，一会儿强调市场。第二个难点是如何运用各种经济信息和经济杠杆来管理经济，如何科学地根据各种经济信息，熟练地运用各种经济杠杆，制定正确的价格、税收、利息、工资、投资、信贷等方面的政策，使整个经济肌体和各个经济细胞有效地协调地运行，这是很复杂很艰巨的工作，迄今还有不少问题尚未在理论上和实践上获得解决。

上面，我把五种经济模式作了比较和分析，我们看到这些经济模式各有各的历史背景，它们都是在一定历史条件下的产物，我们不能离开具体的历史条件来看待它们。从十月革命到今天不过几十年，社会主义经济的发展不过几十年，而资本主义经济有好几百年了，所以社会主义的时期还不是很长的。从历史的长河来看，社会主义经济建设还带有相当程度的试验性。虽然我们的经典作家马、恩、列有些天才的预言，但具体应该怎么做，比如说农业的组织是不是就是苏联的集体农庄式的办法，也就是我们过去在实行联产责任制以前的共同劳动、按工分分配就是从苏联来的，是否就是典型的方式，经典作家并没有这么讲。但我们几十年来却认为当然应该如此，一直到最近几年才有所突破。所以这几十年来的经济建设是带有试验性的，难免存在这样那样的问题和错误，还要在实践中不断地完善，所以我们不能把它们看成为已经定型了的。还要注意的一点是，上面提到的几种模式都是抽象的概括，实际生活中不是那么纯粹的单一的，实际生活当中存在的可能是中间的，过渡性的或者混合的模式，有各种过渡性的情况。这是我们在运用模式理论于实际经济问题的分析时要注意的。

三、探索我国经济体制模式改造的途径

前面，我讲过，经济体制的改革应该理解为模式的改造，就是要把不适合于经济进一步发展的原有模式改造成为适合于进

一步发展的新的模式。为了探索适合于我国现代化建设要求的改革模式，首先，需要弄清楚我国原来的经济体制（在改革前）属于什么类型或模式。这对于目标模式的选择，对于实现目标模式的步骤的选择，都是至关重要的。我国原有体制属于什么模式，对这个问题，也有种种不同的看法。国内外不少经济学家认为中国原来的经济模式是苏联式的模式，也就是属于传统的集中计划经济模式。但我个人认为，尽管传统"苏式"的或集中计划经济模式对我国原来的体制有很大的影响，但我国从来没有完全绝对地实行过地道的传统的苏联式的体制。这种传统苏联式体制只是在新中国成立初期曾经想要实行的目标模式，这是在我国政治上"一边倒"的时候，我们在经济上也曾经想要学习它的办法来做。第一个五年计划中，我们确实模仿过苏联的模式。但即使在那个时候，我们也没有完全沿袭苏联的办法。那时我国经济还处在社会主义改造过程中，还存在着市场经济的因素，被我们利用来进行社会改造和发展经济。在农业、商业、财政、物价等领域的管理体制，新中国成立后我们继承了全国解放前我国自己的一套办法，在以后的发展中也部分地受到苏联做法的影响。但是在现代工业、基本建设、物资供应、劳动工资等方面，苏联的影响更大一些。随着社会主义改造基本完成，逐步形成了集中的社会主义管理体制。通过社会主义建设的实践，我们对苏联影响下所形成的管理体制的弊病开始有所察觉。毛泽东同志在《论十大关系》的重要讲话中，有关正确处理国家与企业，中央与地方的关系的一些思想；刘少奇同志在八大政治报告中关于"保证企业在国家统一领导和统一计划下要有适当的自治权力"的提法，特别是陈云同志在八大讲话中关于社会主义改造基本完成后我国经济管理体制要以计划为主、市场为辅的设想，都是针对苏联过分集中体制的弊病，提出了适应我国情况的改革方向。可惜的是，这些方向和原则，在以后的实践中没有贯彻下去，相反地，有不少做法还与此背道而驰。直到1978年十一届三中全会以前，在很长的一段时期内，我国的经济体制在集中和分散即收和放的上面有过几次反复，但主要是限于中央与地方关系的问题上的反复。在一个较长的时期中，由于"左"的影响，我们在所有制问题上排斥多种经济成分多种经营方式的存在，鼓吹越大越好，越公越好；在商品货币关系方面，把发展商品经济同发展资本主义等同起来，排斥利用市场机制和价值规律；在分配问题上，大批资产阶级法权，否定利润，奖金，进一步强化"大锅饭""铁饭碗"的制度；在劳动制度上，进一步限制劳动力和人口流动；在组织问题上，部门、地区和企业都竞相追求"大而全""小而全"的封闭体系等。总之，在排斥多种经济形式上，在排斥商品货币关系上，在排斥按劳分配原则上，我们做的都比苏联、东欧各国走得更远。我们经济生活中的集中化程度、实物化程度、封闭化的程度、平均主义化的程度比他们更大。而且家庭个人经济活动的决策，也同传统的苏联式的体制不一样，在就业的选择、消费品的选择方面，苏联和东欧各国的职业选择是比较自由的、允许流动的；消费品的选择，苏联在军事共产主义时期完全是配给制，到后来新经济政策时期取消了，第一个五年计划时期经济又紧张了，又实行了一段，第二个五年计划时期又取消了；第二次世界大战卫国战争时期又实行了，到战后1948年以后又取消了。当然它的商品供应常常不足，虽然没有凭证供应，但常常买不到东西。我们的就业问题是统包统配，消费品的配给问题一时还不能完全取消。当然，最近几年减少了不少票证。这说明，过去说票证分配或限额分配是社会主义计划经济的特征，是站不住脚的，这是物资短缺被迫造成的。总之，我国现存的经济体制与传统苏式或传统的集中计划经济体制还有不少的不同之处。如果说我们原来的经济体制是处在第一种类型和第二种类型之间，基本上是第二种类型，即传统的集中计划经济类型，但同时带有第一种类型即军事共产主义供给制的因素，这样概括可能比较切合实际。

关于我国的经济体制改革应该采取什么目标模式的问题，这和我国改革的起点有关系。我们弄清楚原来的体制属于什么类型，是为了弄清楚我们的改革起点是什么，出发点是什么。从以上分析可以看出来，由于我们的生产力水平比较低，由于"左"的错误长期干扰，因此改革的起点同东欧大多数国家相比，还是不一样的。他们在改革以前的体制是典型的传统的集中计划经济体制，而且在他们那里家庭和个人的经济活动决策权是分散的，这在基本上不是一个什么问题。我们原来的体制不是典型的集中计划经济体制，而是带有更多的供给制因素的，个人工作的选择和人员流动在中国现在还是很难解决的问题。虽然现在我们已经提出了这个问题，明白了我国改革的起点和东欧一些国家不完全相同，再加上现在财政经济状况还没有根本好转，经济调整的任务还很多，所以我们应该清醒地认识到，改革只能逐步进行，不能指望在很短的时间内，把改革工作很快做完。从生产力发展水平和改革前的体制所属的类型来看，东欧一些国家起点比我们要高一些，他们20世纪50年代、60年代着手改革，经过十几年、二十几年也只改到现在的样子，现在还有很多问题，包括匈牙利在内。现在有许多地方，特别是西方经济学者，许多人认为在东欧和苏联的改革中，匈牙利是比较成功的。但即使是比较成功的匈牙利，还有许多的问题要继续解决。所以改革的问题不是很容易的事情。

经济学界有的同志曾议论，如果我们能在20世纪末改好就不错，这当然说得悲观一点，我比他乐观，我看90年代前可能能改得好一些，农村改革已经取得重大的成功，城市改革几年内争取走出一条路子，不一定要拖到20世纪末，但是有很多问题要解决，需要花较多的时间。当然，改革步子的快慢同我们选择改革目标模式的高低有关。如果像有些同志所期望的那样，恢复

"一五"时期的体制，也许不需要很长的时间。但是第一个五年计划以后，又经过了二十几年的发展，尽管经过几次折腾，但是现在的生产力水平和生产关系的形式已经大大不同于"一五"时期。所以我们应该探索适合更高发展阶段、运行更为有效的经济模式，而不应该满足于第一个五年计划时期的水平。

经济体制改革模式的选择是一个战略性的问题，必须把战略目标和战术性的过渡措施加以区别。例如，国家给企业下达指令性的计划指标，和对供不应求的重要物资实行计划分配，统一调拨，在相当长的时期内是难以完全取消的。但是在选择模式中，原则上继续保留这种做法，或者是原则上取消这种做法，中外经济学家有些不同的看法。有的经济学家认为不取消这种做法就不是一种新的模式。他们不承认第三种改良的计划经济模式是一种新的模式，就因为那里面还保留着指令性计划的传统做法。但是也有经济学家认为，减少指令性生产指标、减少按实物来分配物资、产品的品种和数量是必要的，但是重要指标保留它的指令性，特别是稀缺物资保留指令性的计划分配也是必要的，这还是可以称为独立的模式，改良性的集中计划经济就包含指令性计划指标这样一个办法。又如，在价格体制的改革上，大家都在谈要把过去的计划价格改成三种价格，一种叫国家固定计划价格，一种叫浮动价格，一种叫自由价格，我国也在考虑这个问题。有些经济学家把这看成为近期的过渡性的措施，改革的最后目标是自由价格，这三种价格只是过渡性的措施。另一些经济学家认为，这三种价格的结构，不仅仅是手段，而且也是目标。改革后的价格管理体系也是这个样子。所以三种价格制度究竟是过渡性的措施还是目标，这个问题就有不同的看法。又如，现在关于企业责任制的讨论中，有些同志实际上认为，递增包干是企业改革要达到一种目标形式，但也有不少同志认为这只是特殊条件下的过渡形式，只有通过利改税实现企业的自负盈亏才是改革的目标。这些问题都需要很好地研究。这是在探索和选择经济模式时所必须研究的问题。

关于我国采取什么经济体制模式，从前几年讨论的情况来看，除上面讲的五种经济模式中第一种，就是军事共产主义的供给制的模式，在当前和平建设时期没有现实意义以外，其他几种模式都有所触及。对于第五种市场社会主义经济模式来说，讨论中曾经有人主张取消生产资料的国有制，说国有制是造成官僚主义的根源，有的同志主张将全民所有制企业变成完全独立的商品生产者；有的同志在讨论计划与市场的关系上，主张不要提计划调节为主，甚至还有个别同志否认现阶段实行计划经济。这些主张过去是出现过的，这一些主张是接近于市场社会主义模式的。当然，现在没有人这样提了，因为多数同志认识到这种模式确实有很多如前所述的毛病。关于第二种传统的集中计划经济模式，明确提出这种主张的也是很少的。但是有的同志曾经倾向于恢复第一个五年计划时期的体制，这种主张同第二种模式有某些相似之处，但又不同于第二种模式。恢复第一个五年计划时期的模式，实际上是行不通的。看来在目标模式的选择当中，多数同志或者是自觉的，或者是不自觉地瞩目于第三种或接近于第四种模式。第三种改良的集中计划经济模式，是允许企业和个人经济活动的自主权有所扩大，较多地采用经济手段来进行管理，但是仍然保留国家对产品的生产、流通和分配等主要经济活动的指令性计划的行政控制，同时也允许存在市场调节作为补充。第四种是计划调节与市场机制有机结合的计划经济模式，国家只对宏观经济集中计划管理，而对微观经济活动在计划指导下运用市场机制来调节和控制。这两种模式都是针对传统的集中计划经济模式的弊病进行改革而形成的，它们的改革彻底性是不一样的，但又各有千秋，在某些方面可以互相衔接，或者是互相取长补短的。有的同志认为我国虽然改革起点比较低，但又不应该降低改革的目标的设想，主张以第三种改良的计划经济模式作为近期改革的目标，而以第四种含有市场机制的计划经济模式，作为远期改革的目标。也有不少同志实际上主张把这两种的混合作为我国改革的目标模式，这样来确定具有中国特色的运用市场机制的计划经济体制。这些不同的看法，我觉得在研究我国总体规划和改革的方向时，是可以参考的，可以讨论的。

四、彻底破除自然经济论的影响，创立具有中国特色的经济体制模式

把我国的经济体制从原来的带有供给制因素的传统集中计划经济模式，改造成为具有中国特色的运用市场机制的计划经济模式，在理论上、在思想上的一个关键问题就是要扫除自然经济思想的影响，树立社会主义的商品经济的观念。

我国原有经济体制模式的形成，有许多历史原因，其中重要的一条是，旧中国经济落后，自给性生产占了很大比重，自然经济思想有深厚的基础。这种朴素的自然经济思想，由于受到外来经济理论中心"自然经济论"的影响而进一步强化。大家知道，经典作家马克思、恩格斯曾经预言，社会主义经济的有计划发展将是在不存在商品货币关系的情况下进行的。但是实践的发展超出了他们的预想。各国建设社会主义的历史经验证明，商品经济是不可避免的，否则社会主义经济就不能很好地有计划地发展。十月革命后联共（布）和列宁曾按马、恩的预言来建设社会主义，企图取消商品和货币。但是，由于旧的传统的思想影响很深，结果名义上是想按马、恩的设想办事，实际上成为按传统的自然经济的办法来改造社会经济。"战时共产主义"时期，苏联经济逐渐转变为直接分配劳动和分配产品的实物化的经济。那时苏联许多著名经济学家也都认为，社会主义社会的基础不是商品

交换，生产和消费之间只有有意识的系统的、有组织的分配。

　　但是，这种理论和做法使苏联经济陷入困境。内战结束后，联共（布）和列宁接着转而采取新经济政策。新经济政策实际上就是在生产资料公有制基础上发展商品生产和商品交换。并且"把商品交换提到首位，把它作为新政策的主要杠杆"，随着新经济政策的实施，社会主义在国民经济各个领域占领一个又一个阵地。但是，20世纪30年代初期农业全盘集体化实现后，社会主义经济应该怎样组织和管理，又成了问题，于是，30年代又开始实行过度集中的、以行政管理为主和排斥市场机制的经济体制。当时，占统治地位的思想认为计划经济与价值规律是互相对立的，制定计划并不需要根据客观经济规律。当时很有影响的经济学家斯特鲁米宁在30年代出版的《苏联计划工作问题》一书中说："计划经济按其思想来说，除了技术经济定额、物理化学定额以及诸如此类的决定因素外，不知道还有别的客观的不以社会意志为转移的客观规律。"斯特鲁米宁后来是苏联院士，他就是这样说的。有的经济学家说："我们的价格政策不是从劳动消耗相等这一原则出发，而是从无产阶级专政的总任务出发。我国价格的基础不是价值规律。"总之，排斥价值和价值规律的自然经济论和唯意志论又一次泛滥起来。

　　1952年，斯大林在《苏联社会主义经济问题》中，开始承认社会主义条件下商品生产和交换存在的必然性和价值规律作用的重要性。但是，斯大林仅仅是在两种不同公有制还存在的意义上承认发展商品生产和交换的必要性，承认价值规律的一定作用；而在许多方面，特别对全民所有制经济内部关系则仍然坚持自然经济论的观点。例如，他否认价值规律对社会主义生产的调节作用，认为价值规律的作用同国民经济的有计划发展、同建设社会主义和共产主义是矛盾的；否认生产资料产品是商品，主张发展直接的物资分配即调拨和配给；否认交换和流通是独立的经济过

刘国光

经济论著全集

第

5

卷

204

程，如此等等。

由此可以看出，自然经济论在社会主义经济工作理论中总是顽强地表现着自己。它不仅对军事共产主义供给制的模式，而且对苏联第一个五年计划时期形成的传统的集中计划经济模式都发生着深刻的影响。我国著名经济学家孙冶方同志在1964年10月7日写的《关于经济学界同志对我的批判（实际上是陈伯达、康生对他的批判）给中宣部、中央理论小组和国家计委领导小组的报告》中，对自然经济论作过定义性的说明。他说，自然经济论"认为商品经济消亡以后，商品拜物教的物质基础，也就不存在了，人与人之间的生产关系就一目了然，社会财富就直接以一大堆使用价值的面貌出现，产品不在具有使用价值和价值的两重性，……利润、生产价格等，从价值派生出来的经济范畴更是不会再存在"。孙冶方同志接着指出，这些都说明"经济学界确实存在着这种根深蒂固的否定社会主义社会的价值范畴的'自然经济论'思想"。他还比较深入地揭露了苏联和我国社会主义计划经济体制受自然经济论影响的种种表现。如：不讲效益、不计盈亏、没有用最小的劳动耗费取得最大经济效果的核算观点；没有产品二重性，片面注意实物指标的观点；把全民所有制经济看作一个大工厂，没有流通的观点；把价格看作是使用价值的计量单位，没有等价交换的观点；实行资金供给制，没有资金核算观念；盛行古董复制，没有固定资产精神磨损的观点，等等。实际上，自然经济观念的影响看来要比孙冶方所讲的广泛得多。在我国原有的经济模式中，在所有制结构方面排斥多种经济形式多种经营方式；在经济决策结构方面权力过分集中，企业缺乏作为商品生产者必要的经营自主权；调节体系方面排斥市场机制、管理方法主要用行政指令办法和用实物量指标进行管理；组织结构方面"大而全""小而全"、条块分割、城乡分割；以及利益动力结构方面的平均主义吃"大锅饭"；等等，无一不是受自然经济观念的影响，无一不是自然经济论在经济体制上的直接间接反映。所以，不彻底扫清自然经济论的影响，要从根本上革除旧体制的种种弊病，把旧模式改造为新模式，是很困难的。

这里要顺便谈一点。在谈到我国传统经济体制的理论根源时，有些同志，如广东省体改委的王琢同志，认为我国原有经济体制是在"产品生产的计划经济"的理论指导下形成的，当前改革目标就是要把"产品生产的计划经济模式改革为商品生产的计划经济模式"。的确，马克思、恩格斯曾经预言未来社会主义的社会的生产是直接的社会生产，产品的分配是直接的分配，既不转换为商品，也不转换为价值。列宁在苏联被迫采取军事共产主义措施的时候，就是用这种观点来作理论的论证，即使在新经济政策时期列宁肯定了在特定条件下商品生产和商品交换存在的必要性，他仍然坚持社会主义国营企业的产品不是政治经济学定义的商品。后来在苏联传统的集中计划经济体制形成和巩固时期，斯大林关于社会主义经济的思想也强烈地打着产品经济论的烙印，他在肯定商品生产的必要性的同时，坚持产品与商品同时存在的论点，把生产资料这一大块排除在商品生产之外，并且提出要尽快把商品生产过渡为产品交换。这些事实，确实使人们容易得出一个错觉，即"产品生产论"对传统的体制模式有很大的影响。从排斥商品生产，商品交换，忽视价值规律的作用，把社会主义经济看作是一种实物经济，从这些方面来看，"产品经济论"与上面说的自然经济确实有相通之处，不过一个是把未来才有可能实现的东西强加于现在，一个是用过去时代遗留的东西拖住现在，尽管有这样相通之处，我还是认为用"自然经济论"来解释传统经济体制模式的特点和弊病，比用产品经济论来解释，较为妥帖。因为，政治经济学意义的产品经济主要是指在物资极大丰富的前提下才能出现的范畴，现在苏联、中国等一些国家主要的则还是物资短缺，而远非极大丰富，因此产品生产毕竟不能

劉國光

经济论著全集

第
5
卷

206

认为是现实的东西，与经典作家预言的"产品生产"正好相反，现实生活中人们所讲的"产品生产"，都是物资短缺的反映。近几年有一个有趣的现象很能说明问题。在实行经济调整，压缩基建规模以后，生产资料曾出现供大于求的现象，采购员满天飞一变而为推销员满天飞，这时，生产资料是商品的议论不胫而走，很容易被人们接受，但是后来，投资规模又上去了、生产资料又紧张了，不少东西恢复了统一调拨分配，于是，理论界关于生产资料的所谓"产品性"的议论，又一度抬头。这样看来，现实生活中人们讲的"产品生产"，同经典作家讲的完全不是一回事，把流行的"产品生产"的议论冠以"产品经济论"，未免南辕北辙了。各国的实践特别是我国的实践表明，现实生活到处要求发展商品生产、商品交换，而阻碍商品生产、商品交换的都是由于在物资短缺的背景下种种限制商品生产、商品交换的东西，如实物限额的管理，条条块块的封锁，画地为牢，政企不分，吃"大锅饭"等，这些东西与其说是"产品经济论"的产物，毋宁说是自然经济论的产物。在苏联、中国这样的国家，革命前小农经济和封建庄园的自然经济在广大地区长期占统治地位，自然经济思想有其深厚的历史社会背景，这种情况，不可能不使马、恩关于未来社会主义社会的某些理想和论点，被人们用包围着他们的那个世界的传统精神、传统观念去理解，去接受，这就很自然地把计划经济和自然经济相混同，同时又把价值规律、市场机制同资本主义自发势力相混同。因此，无论从历史背景看，还是从现实状况看，对实际经济生活发生影响的，并不是什么"产品经济论"而是自然经济观，即把社会主义经济看作是如孙冶方同志讲的"像原始共产主义社会一样的实物经济，即没有抽象劳动、价值、价格和货币等概念的自然经济"，不过在理论上却挂上"产品经济论"的招牌。甚至的确有不少人真诚地认为他们是在按马克思主义经典作家的"产品经济理论"办事。受自然经济论影响较深的人，往往自觉地或不自觉地就会像孙冶方同志批评的那样，把社会主义社会看成是和原始社会的部落经济一样的而只是"一个统一集中的计划机关代替了原始部落中的首脑"。如果认为弊端仅仅是由于过早地实行"产品经济"造成的，那就很容易使人把封建自然经济思想对社会化大生产的反动，粉饰为少数人物的好心和善意了。看来，这种认识无助于我们排除思想障碍，积极稳妥地实现经济体制改革的任务的。

关于我们要建立的新体制模式在理论上的提法，刚才已讲过，王琢同志提出要在商品生产的计划经济的理论指导下，确立商品生产的计划经济体制模式。对于新的体制模式，还有别的一些类似的提法，如说，社会主义商品生产制约下的计划经济模式，社会主义商品生产基础上的计划经济模式，等等。这些提法有一个共同点，就是认为社会主义经济不但有计划经济的本质，而且同时也有商品经济的属性。强调社会主义经济同时是具有商品经济属性这一点，对于当前的经济体制改革是非常重要的。过去的模式，第一种供给制模式也好，第二种传统的集中计划经济模式也好，由于受到自然经济论的影响，都是否认社会主义经济具有商品经济的属性的。而改革的目标模式，包括第三种改良的计划经济模式也好，第四种带有市场机制的计划经济模式也好，或者两者的结合也好，都程度不同地承认和强调社会主义经济的商品经济属性。当然，关于社会主义经济的性质问题，是有许多争论的，比如说社会主义经济是否具有商品经济的属性，可不可以用商品经济的概念，等等，都有争论。我个人认为，可以用商品经济的概念，小平同志在文选中也用过这个词，大家可以查到，这里就不去细说了。撇开这些争论不说，我想如果说我们改革的目标模式应当是在坚持社会主义公有制基础上，摆脱自然经济传统观念的束缚，建立适合于发展商品生产、商品流通的要求和充分利用市场机制的计划经济模式，这样的精神也许是可以考

刘国光

经济论著全集

第
5
卷

虑的。如果是这样的话，那就可以本此精神，就经济体制改革的各个基本方面考虑适合于我国情况的改革方向。概括起来就是：

第一，在所有制结构方面，它从过去的盲目追求"一大二公"、单一的公有制形式和经营方式，改变为在坚持社会主义公有制占绝对优势的前提下，发展以国营经济为主体的多种经济形式和多样灵活的经营方式。

第二，在经济决策结构方面，要从过去的过分集中的单一国家决策，改变为国家决策为主的，包含经济单位决策和劳动者个人的决策在内的多层次的决策体系。

第三，在经济调节体系方面，要从过去的单一的计划调节，改变为计划调节为主，计划与市场相结合的调节体系，在国家计划指导下，充分发挥市场机制的作用。国家通过经济计划的综合平衡和市场调节的辅助作用，保证国民经济按比例地协调发展。

第四，在经济利益和动力结构方面，要从过去片面强调国家和整体利益忽视以至于损害个人和局部利益的倾向（近年来出现的片面强调个人和局部利益忽视乃至损害国家利益的倾向的当然也要反对）以及"铁饭碗""大锅饭"的平均主义分配制度，改变为以国家利益为主、兼顾三者利益，把企业集体和劳动者个人的收入和福利同经营成果和劳动贡献紧密地结合起来，允许一部分人先富起来，以带动大家共同富裕。

第五，在管理组织和管理方法结构方面，要从过去主要依靠行政组织，用行政办法来管理经济，改变为主要依靠经济组织，用经济办法、经济法规来管理经济。按照政企分工的原则，把企业从部门和地方行政机构的附属物改变为相对独立的自负盈亏的经济实体；把过去条块分割、城乡分割的改变为以大中城市为中心，按照经济的内在联系来组织经济活动。企业内部要建立厂长全权负责、职工民主管理和党委监督保证相结合的管理体系。

以上我从目标模式的考虑出发，从体制模式所包含的几个基本侧面，简略地讲了对今后改革方向的几点考虑。通过这些根本性的改革，要正确处理好几个方面的关系，一是多种经济形式经营方式之间的关系；二是计划与市场的关系；三是国家与企业、劳动者三者关系，以及劳动者相互之间的关系；四是中央与地方、条条与块块、中心城市与经济区的关系，等等。经济改革中如何处理好这许多方面的关系，这涉及许多更细致的问题，在这个讨论目标模式的讲课中就不能细讲了。

时间到了，我就讲到这里。

建设具有中国特色的经济体制的总体设想*

（1984年8月20日）

改革经济体制，是实现四个现代化的重要保证。只有从中国的实际情况出发，全面系统地改革那些同生产力发展要求已经不相适应的生产关系和上层建筑，建设具有中国特色的社会主义经济体制，才能促进四个现代化的建设，大幅度地提高社会主义生产力。

随着经济体制改革的逐步推进，党中央和国务院多次提出，要求尽快制定出一个总体规划。1984年4月，国务院体改委委托我们"组织力量，在前一段研究的基础上，提出一个中国经济体制改革的设想"。我们着重从总体的角度，并着眼于经济体制的内在联系，对改革的目标和方向进行了探索，现在拟出一个改革总体设想的研究报告，以便为制定总体规划在理论依据方面提供参考。至于具体体制，如计划、财政、物价、工资等项体制的改革方案和实施步骤，可以根据总体规划，逐一研究拟定。

本报告分为八章：

第一章　国原有经济体制的特点与近几年改革的估计；

---

*　这篇研究报告的研究和撰写由作者主持。参加讨论和起草的中国社会科学院经济研究所经济体制改革问题研究课题组成员有：于祖尧、戴园晨、沈立人、赵人伟、林青松、徐节文、冒天启，完稿时间为1984年8月20日。

第二章 我国经济体制改革的目标和方向；

第三章 以公有制为基础，多种经济形式并存的所有制结构；

第四章 以国家的宏观经济决策为主，多层次的经济决策体系；

第五章 以计划调节为主，充分运用经济手段的经济调节体系；

第六章 国家、集体及个人三者兼顾的经济利益体系；

第七章 政企分开、纵横交织的经济组织体系；

第八章 实现改革目标的步骤。

一、我国原有经济体制的特点与近几年改革的估计

（一）我国原有经济体制的由来和特点

1. 新中国成立以后，由于缺乏管理社会主义经济的经验，向建立第一个社会主义经济的苏联学习，基本上按苏联模式实行了高度集中的经济体制。

2. 我国革命经过长期的武装斗争，革命根据地的财政经济工作对于保证革命战争胜利起到过重要作用，但也给新中国成立后的经济体制带来颇多的供给制因素。

3. 在对私改造过程中，利用限制改造资本主义工商业，取得了很大成功，但改造中的统购包销等限制做法也保留在以后的经济体制之中。

4. 旧中国经济落后，自给性生产占相当大比重，自然经济思想有深厚基础。自然经济思想对原有经济体制也有很大影响。

我国基于以上几方面形成起来的经济体制，基本上属于传统的集中计划型经济体制模式，并带有供给制因素。其特点是：经

刘国光 经济论著全集 第 5 卷

济活动决策权集中在国家手中，政企不分，企业没有多少生产经营自主权；计划主要通过行政指令和实物调拨来实现，市场的作用微小；统收统支，统负盈亏，企业吃国家的"大锅饭"，职工吃企业的"大锅饭"。

这种体制能够集中财力、物力、人力，用于国家需要重点发展的方面。它对我国奠定工业化的初步基础曾起过积极的作用。但是这种体制把企业管得很死，挫伤了企业和职工的积极性，阻碍了商品经济的发展，往往造成产需脱节，不利于技术进步；所以，它在提高生产效率和经济效益方面，是不怎么成功的。

对于传统的集中计划型经济体制内在的弊病，中央领导同志早在1956年已有所察觉，并曾提出了某些改革的思想。但1958年以后的某些改革，都把问题的重点放在中央和地方的关系上，两次大规模下放企业都是着眼于扩大地方权力，企业作为行政机关附属物的地位并未改变。而且在"左"倾错误思想指导下，我国经济生活中还发生了以下变化：

1. 搞"穷过渡"、合并升级、割"资本主义尾巴"，使所有制形势日趋单一化。

2. 农村推行政社合一，城市小集体变大集体，国营企业政企不分也更加发展，经济运行中行政动员的因素增多，经济决策权更趋于集中化。

3. 产品统一调拨分配的范围趋向扩大，定量限额供应的品种不断增多，进一步排斥商品货币关系和市场机制，导致经济关系更加实物化。

4. 长期冻结工资，一再批"奖金挂帅"，甚至以批资产阶级法权名义否定按劳分配，导致分配上更加平均主义化。

5. 用下放和上收企业的办法来处理集权和分权的矛盾，在集权型总系统下，又形成地方的几十个集权型子系统和部门的几十个集权型子系统，条块都要求自成体系，增加了经济组织上的封闭化和分割化。

总起来说，1958年后，直到十一届三中全会以前的上述变化，并没有改变传统的集中计划型经济体制的基本模式，却强化了体制中的军事共产主义供给制因素。其结果是：对微观经济越管越死，对宏观经济又往往不能有效控制。

（二）近几年经济体制改革的进展和需要进一步解决的问题

十一届三中全会以来，在贯彻"调整、改革、整顿、提高"的总的方针指引下，我国城乡各方面的经济改革逐步展开。几年来改革已经取得的进展是：

1. 农村经济改革取得了重大突破。各种联产承包责任制的推行和各种专业户、联合体的发展，极大地解放了农村生产力，促使我国农村由自给半自给经济向商品经济转化，由传统农业向现代化农业转化。建设具有中国特色的社会主义农业的方向逐渐明确，道路已经开通。

2. 在城市工商业改革方面，开始放宽政策，逐步发展了一批集体、个体和合营企业；在全民所有制经济内部扩大企业自主权，推行各种经济责任制，实行利改税，初步改善了国家和企业的分配关系；改革城乡商品流通体制，对企业实行改组和联合，发挥中心城市作用，等等；对城市工商业改革作了有益的探索。

随着我国经济开始摆脱重大比例严重失调的状况，现在已有可能加快改革步伐，逐步实现党的十二大提出的全面改革的任务。从改革的长远目标来看，现在已经进行的改革还是很初步的，需要进一步解放思想，认识我们前进中存在的问题。

1. 城市改革还没有取得战略性的突破，还没有从根本上解决旧体制内在的弊端。企业还没有真正成为相对独立的商品生产者，搞活企业的问题尚未解决；两个"大锅饭"的问题也有待解决。

2. 由于经济关系尚未理顺，经济杠杆的利用受到很大的限制，特别是被扭曲的价格体系还影响着其他各项改革的成效和改革的进一步开展，不合理的工资制度也影响着劳动者之间经济利益关系的正确处理。

3. 在采取搞活微观经济的措施的同时，对宏观经济的控制继续采取：一靠指令性指标的层层分解，二靠实物分配，三靠行政保证的旧的老一套办法是不行了，而新的宏观控制办法在理论上和实践上又未很快跟上，不可避免地会出现某些失控的现象。

4. 对经济体制改革还没有总体规划，各项改革措施之间不易配套和同步，甚至会发生矛盾；已经着手改革的和尚未改革的新旧两种体制之间，也难免互相抵牾。

二、我国经济体制改革的目标和方向

（一）确定改革目标和方向的理论和认识前提：澄清对社会主义的误解，认清我国的基本国情

我国原有经济体制就其坚持生产资料公有制、坚持计划经济、坚持不劳动者不得食的原则来看，基本上是社会主义性质的。但是这是一种粗陋的、不成熟的社会主义经济体制，既包含着对于社会主义原则的种种误解，又不完全适合于我国的基本国情。所以，确定改革的目标和方向，首先要从理论上澄清对于社会主义经济的各种误解，在认识上弄清我国的基本国情。

从对于社会主义经济性质的误解来说，过去人们往往把社会主义的公有制看成是纯而又纯的单一经济形式；把社会主义的社会化大生产看成是一个大工厂或一架大机器；把社会主义的计划经济看成是同商品经济不相容的；把社会主义国家管理经济的职能看成是可以包办一切的；把社会主义社会的平等当成是平均主义。

所有这些误解，都不符合社会主义的本性。社会主义公有制应当适应于多层次生产力发展水平允许有多种经济形式并存；社会主义的社会化大生产是由社会分工体系中众多的独立核算的经济实体组成的；社会主义经济中客观上存在着并且要求大力发展商品生产和商品交换；社会主义国家的经济管理职能不是包办一切，不应直接经营企业；社会主义的平等是指生产资料所有制和不劳动者不得食的平等，在此前提下承认劳动的差别和收入的差别。

端正对于社会主义本性的认识，是进行体制改革、建立有中国特色的社会主义新经济体制的一个根本出发点。另一个根本出发点是认清我国的基本国情。这里主要应考虑以下几方面：

1. 我国已经建立了社会主义经济制度，已经有了三十多年建设社会主义和组织社会经济活动的实践，我们要在认真总结自己的经验和教训的基础上，把过去不成熟的，包含着对社会主义原则误解的经济体制，改造成为比较成熟的，更符合于社会主义本性的经济体制。

2. 我国经济基础落后，原来商品经济很不发达，自然经济思想影响深厚。不论是农村改革、城市改革还是对外开放，都在于打破自然经济思想樊笼的束缚，大力发展商品经济。我国人口多，特别是占人口80%以上的农村人口，不能长期束缚在土地上，只有大力发展商品经济才是我国经济的出路。

3. 我国幅员广大，从中央到基层的层次较多，生产上存在着明显的二元结构，现代化生产和手工劳动为基础的生产并存，地区间经济发展也不平衡。这不同于别的国土较小而经济又比较发达的国家，更加要采用多种经济形式和多层次决策，更加要注意体制的灵活性和适应性。

（二）新的经济体制的基本点

1. 我国的社会主义经济是以生产资料公有制为基础，存在着商品生产和商品交换的计划经济。与此相适应，通过改革要建立的新的经济体制，应当是以计划调节为主、与市场机制有机结合的计划经济体制。它的主要特点：一是坚持计划经济，同时发挥市场机制的作用；二是把大的方面管住管好，把小的方面放松放活；三是经济、行政、法律手段相互配合，主要通过经济政策，运用经济手段来指导经济活动。

2. 根据上述总的目标，经济体制改革的基本方向，包括以下五点：一是把越来越单一化的所有制结构改革为以国营经济为主导，以公有制占优势的、多种经济形式并存的所有制结构；二是把高度集中于国家一级的经济决策体系改革为国家（包括地方）、企业、个人多层次的经济决策体系；三是把主要靠实物调拨和指令性计划的调节体系改革为以计划调节为主，充分运用经济手段的调节体系；四是把片面强调国家利益的经济利益体系改革为国家、集体（企业）、个人（劳动者）三者兼顾的经济利益体系；五是把政企不分，以纵向隶属关系为主的经济组织系统改革为政企分开，纵横交织的网络化的经济组织系统。这五个方面的改革内容，将在下面第三章到第七章分别叙述。

（三）上述改革目标方向的中国特色

20世纪60年代以来，各个社会主义国家都针对传统的集中计划经济模式的弊病，采取了各种完善的措施，或者进行了不同程度的改革，迄今为止已经延续二三十年。我们提出的改革目标方向具有自己的特色，不同于苏联东欧各国的做法。

1. 不同于苏联的做法。苏联和东欧一些国家从20世纪60年代中期以来，对传统体制采取的是基本上不动，使之完善的做法，其主要内容是把部分微观经济的决策权下放给企业，但基本上仍通过指令性计划指标来管理微观经济活动，市场机制只起补充作用，实现计划仍以行政手段为主。我们不宜采取这种做法，因为这样做不能克服集中计划经济体制的根本弊病。

2. 不同于南斯拉夫的做法。南斯拉夫否定国家的经济管理职能，使企业成为完全独立的商品生产者，完全由市场机制来调节整个经济活动，扩大再生产的责任从国家转移到企业手中，国家既不管微观经济活动，又缺乏必要的宏观控制手段，这样虽然把微观搞活了，但宏观失控，比例失调，通货膨胀，失业率高。我们认为微观搞活一定要以宏观控制为前提，提出的设想与南斯拉夫根本不同。

3. 同匈牙利的做法也有差别。匈牙利的改革是在计划经济中注意运用市场机制，有些做法可资借鉴。但是我国地广人众，经济发展不平衡的基本国情，与匈牙利有很大的不同，因此，我们提出的设想一方面更加重视基层经济单位的多样性灵活性，另一方面更加重视国家的计划指导和宏观控制，比较重视发挥地方和部门作为中间层次的作用，特别提出发挥中心城市组织经济活动的作用等，都反映了我国作为发展中的大国的特色，而与匈牙利的体制显示出不少的差别。

三、以公有制为基础，多种经济形式并存的所有制结构

（一）确定所有制结构的出发点

1. 生产资料所有制是劳动者与生产资料相结合的社会形式。建立什么样的所有制结构，是建设有我国特色的社会主义经济体制必须首先着力解决的基本问题。

2. 原有体制的弊病，在于误认为所有制形式越"大"越

"公"越好，导致经济形式的单一化；误认为经营方式越"统"越"集中"越好，导致经营方式的单一化。

3. 改革的方向，在于从我国的实际情况出发，坚持公有制经济的绝对优势，坚持国营经济的主导作用，在这个前提下，建立多种经济形式并存的所有制结构。所有权和经营权、所有制和经营方式，是既有联系又有区别的问题；同样的所有制，根据行业、产品等具体情况，可以采取不同的经营方式。

（二）多种经济形式

1. 全民所有制经济是社会主义公有制经济的核心部分。要办好全民所有、国家"经营"的企业，以发挥其在国民经济中的主导作用。

2. 集体所有制经济是社会主义公有制经济的另一种形式。在农村要巩固以联产承包责任制为特征的集体经济，并随着农村生产力的发展，把农村的合作经济形式逐步推进到新的高级阶段。城镇中一般的工业、商业、建筑业和交通运输业都要大力发展集体经济；过去由集体所有制不适当地"升级"为全民所有制的企业和变相的全民所有制企业（供销社），恢复其集体所有制性质；不宜实行全民所有制的企业要改为集体所有制。有的个体经济和家庭承包单位雇工超过法定限度逐渐演化为私营经济的，要引导向合作经济发展，其经营者相应于负担的责任和风险，可以有较高的报酬。

3. 个体经济是公有制经济的必要补充，特别是以劳务为主的零售商业、手工业、饮食业、修理服务业以及短途运输等，要积极发展个体经济。只要个体经济有利于方便人民生活，满足人民需要，应允许长期存在。

4. 中外合资企业，中外合作经营企业和特许的外资独营企业，是由社会主义国家规定经营范围，受国家政策法令的管理，应视为国家资本主义性质的经济。在相当长时期内要有计划地引

建设具有中国特色的经济体制的总体设想

导其发展，以利于引进国外资金和先进技术。

（三）多种经营方式

1. 全民所有制企业原则上都应该成为相对独立的商品生产者，独立核算，以税代利，自负盈亏，并根据不同情况实行多种经营方式。

关系国民经济命脉、生产高度社会化，需要在全国范围内统一经营的产业，如铁路、民航、邮电等，实行全民所有，国家"经营"，统一核算盈亏。但这类企业也要政企分开，其内部要分级管理和核算，实行责任制。

大型骨干企业和公司，也要在政企分开的原则下实行全民所有，国家"经营"。全民所有制的中小型企业，包括工业、商业、变通运输业，特别是零售商业和服务性行业，实行全民所有，集体经营或个人经营。具体做法可以由企业职工集体承包，或者是公开招标，由经营者个人承包，也可以实行租赁经营。

2. 农业集体经济中，应根据不同情况，采取不同的承包经营方式，鼓励各种专业户和联合体的发展；在城镇集体经济中，除了集体所有，集体经营外，也可以实行公开招标，转为集体所有，个人承包经营或租赁经营。

3. 全民、集体、个体、外资企业之间可以实行各种形式的经济联合。

（四）需要说明的两个问题

1. 实行多种经济形式是不是回到新民主主义去？

我们现在提出多种经济形式和多种经营方式，是以进行了三大改造，社会主义公有制经济占主导地位为前提的，这同三大改造以前，社会主义公有制还处在资产阶级和小资产阶级所有制的包围之中、谁战胜谁的问题还没有得到解决情况下的多种经济成分并存的状况，是大不相同的。因此，不能认为这是退回到新民主主义去。

2. 全民所有制实行多种经营方式会不会改变它的经济性质？

不论实行全民所有，自负盈亏或承包经营、租赁经营，都只是所有权和经营权的分离，代表全民利益的国家并没有放弃对生产资料的所有权；国家虽然原则上不干预企业的日常经营管理事务，但仍然保留对生产资料的支配权以及国家认为有必要的经营管理权。而且，这种分离是以国家有计划地组织宏观经济活动和有效的宏观控制为前提的，这也是维护全民所有制企业的社会主义性质的重要保证。

四、以国家的宏观经济决策为主，多层次的经济决策体系

（一）实行分层决策的必要性

1. 生产社会化的社会主义经济是一个大系统，其经济活动是多层次的，主要分为全社会范围的宏观经济活动、企业日常产供销经济活动以及家庭个人经济活动三个层次。经济决策权力的分布，应当符合各个层次经济活动的性质和要求，形成一个合理的决策体系。

2. 旧体制的弊病在于把经济决策权高度集中于国家一级，企业的主要经济活动由国家决策，个人的就业和某些消费品的选择也由国家决策。其原因，是由于把国家管理经济的职能夸大为包办一切，忽视企业的相对独立地位和个人的经济民主权利。其结果是挫伤企业和劳动者的积极性，并可能造成决策的失误。

3. 经济体制改革应当建立国家、企业、个人三个层次的经济决策体系，使经济活动既有统一性，又有灵活性。

社会主义国家代表全体人民利益行使经济管理职能，必须有

经济决策权。社会主义国家的经济职能和经济决策权，比资本主义国家要大得多，它起着决定全局的作用。这种从全局利益出发的必不可少的宏观集中决策，正是社会主义经济制度优越性的一个重要表现。

企业是社会生产的基本单位，应当是相对独立的商品生产者，拥有生产经营的自主权。在所有权和经营权分离的情况下，企业对日常生产经营活动应有权决策，以适应市场变化和自身条件进行经济活动。

劳动者个人是企业和国家的主人，满足他们的物质文化生活需要是社会主义生产的最终目的，必须具备与此相应的决策权，才能使自己得到全面的发展并增进全社会的财富和福利。

（二）国家对宏观经济活动的决策

1. 在多层次的决策体系中，国家的决策应当是对全社会范围的宏观经济决策，其内容主要包括：（1）决定国民经济的发展战略，包括一定时期社会经济发展战略的目标、速度、重点、步骤、布局等带有全局性、长远性和根本性的问题；（2）决定国民经济发展中的重大比例、经济结构、综合平衡，包括决定国民收入分配、使用中的积累和消费的比例关系，两大部类、农轻重等产业结构的比例关系，固定资产投资的规模、方向和重点项目等；（3）决定为实现上述目标、任务而采取的重大方针、政策和措施，实行经济立法，运用经济杠杆，进行经济调节，加强经济监督，提供经济服务。

2. 我国是一个大国，在国家和企业这两个层次之间如何发挥部门和地区等中间层次的作用，是一个需要特别予以重视的问题。在国家统一领导下给中间层次以适当的决策权，这是国家决策的延伸、分解和具体化。这方面的问题，将在第七章中讨论。

3. 国家决策和各部门、地区决策，都要讲求科学化和民主化，要建立科学的和民主的决策程序，重大经济措施都要经过可行性论证。而且要建立各级经济决策的责任制。

（三）企业经济活动的决策

1. 企业作为国民经济的细胞，有权对日常经济活动进行决策：（1）企业在国家计划指导下，有权根据市场需要和本身条件，决定计划，签订合同，安排生产的品种和数量，国家下达给企业的指令性计划应逐步缩小至最低必要范围，企业在执行指令性计划过程中可以根据情况变化，提出调整建议；（2）为了完成生产计划，企业有权自行采购原材料，选择进货单位，对于执行国家指令性计划所需的重要短缺物资，国家要提供条件，给予保证；（3）企业有权自行销售产品，选择销售单位和销售渠道，但对于指令性分配的部分产品仍应按计划调拨；（4）企业有权决定机构设置和人员编制，有权录用和辞退职工，逐步实行招聘制和合同制；（5）在履行按章纳税义务后，企业有权支配留给自己的利润，按照国家规定，分为生产发展基金、奖励基金、集体福利基金和后备基金；（6）企业有权把生产发展基金和折旧基金捆起来统一安排，用于固定资产的更新、添置和技术改造，有权出租、转让多余闲置的固定资产，并将所得资金用于上述目的；（7）企业有权按照国家政策规定，决定职工工资的形式、标准和总额，有权把奖励基金和工资基金捆起来，用于企业内部的调资、升级和各种奖励；（8）按照国家规定，企业有权向银行申请贷款，有权将多余资金进行投资、有权利用外资和引进技术。

2. 企业行使其决策权，要建立厂长（经理）责任制，并与职工的民主管理相结合。

（四）劳动者个人经济活动的决策

1. 劳动者有权在国家政策规定范围内，自行选择职业。为此，要逐步取消对劳动力和专业人员的统一分配，把劳动部门改为劳动服务、职业咨询和人才交流的机构，并拟定具体政策，允许人才的定向流动和自由流动，保证人尽其才，才尽其用。

2. 劳动者有权支配自己的劳动收入和闲暇时间，自由选择各种消费和服务。为此，要随着生产的发展和商品供应的充裕，逐步取消各种消费品的定量限额供应和凭证购买，大力发展各项服务事业并逐步推行住宅商品化。

3. 劳动者除接受义务教育外，有权投考各种专业院校，对自己进行智力投资，所在单位不得阻拦。

（五）需要说明的三个问题

1. 分层决策是否会削弱国家管理经济职能，取消集中统一的领导？

社会主义国家作为政权的行使者和全民财产的所有者，有对经济做出宏观决策、进行调节和控制的职能。现在提出分层决策，分权放权，是把本来不应当由国家机关管的微观方面的小事情交还给企业、个人去管，而国家机关应当管的宏观方面的大事情，则不仅不能分权放权，而且还要抓紧管严。所以，分权放权不但不是削弱国家管理经济的职能和取消集中统一领导；相反，是使国家从烦琐的事务中摆脱出来，更有利于研究和解决重大决策，提高决策水平，更好地履行其管理经济的职能，加强其对经济的集中统一领导的作用。

2. 划分国家大权和企业小权的界限怎么确定？

国家决策权和企业决策权应当分开，做到大的管住、小的放开，这是改革中必须贯彻的。但什么叫大权、什么叫小权，其界限怎样确定，是理论上和实践上需要进一步探讨的问题。一般有三种划分办法：第一种是按照资金价值量的简单再生产和扩大再生产来划分；第二种是按照内涵的扩大再生产和外延的扩大再生产来划分；第三种是按照微观经济活动和宏观经济活动来划分。这三种划分办法并不是互相排斥的，而是互相渗透的，我们主张采取第三种划分办法，即在不影响宏观平衡的前提下，企业日常产供销活动应由企业自行决策，企业生产发展基金可以用于一般的内涵扩大再生产。至于重大的内涵扩大再生产投资和外延扩大再生产投资，影响及于宏观平衡者，其决策权应属国家。但这个问题，还需要在总结实践经验基础上作进一步探索。

3. 在企业决策权中为什么没有列定价权？从长远目标看，在国民经济总需求和总供给基本平衡或供略大于求的正常情况下，价格总是宜由价值和市场均衡状况来决定，价格的形成权实际上并不属于企业。所以不必也不能规定企业有定价权。但这并不排斥在供需基本平衡问题解决以前和价格体系改革以前，作为过渡性的措施，给企业以一定的定价权和对计划价格在一定幅度内的浮动权。

五、以计划调节为主、充分运用经济手段的经济调节体系

（一）改革调节体系的必要性

1. 所谓调节，是指对社会资源分配的调节，即财力物力人力资源用于什么方面，实现什么样的比例。社会主义经济是计划经济，建立调节体系的权力属于国家。有计划地对整个国民经济的运行进行调节，经常地自觉地保持经济发展的平衡性，反映了有计划规律的客观要求，也是社会主义国家经济职能的表现。但是，社会主义经济又具有商品经济的属性，计划调节必须与市场

机制相结合；实现计划可以采取不同的调节手段，可用行政手段，更要用经济手段；对于价值规律不能听任其自发地起作用，必须自觉地加以运用，决不能无视价值规律的存在。

2. 旧体制的弊病在调节方面表现为把计划经济理解得很窄，认为只有指令性计划才是计划调节，只有层层切块分配才是计划管理；只采用行政手段来保证计划实现，由行政机关管理企业的生产经营活动，把微观经济管理得很死。价格、税收、信贷等经济手段，并未起到应起的调节作用。单纯依靠行政手段和实物分配，又往往助长争指标、争项目的矛盾，很难避免宏观经济的失控。

3. 经济体制改革要建立的调节体系，是计划调节与市场调节相结合，以计划调节为主；经济手段与行政手段相结合，以经济手段为主。通过新的调节体系使计划经济和运用市场机制有机地结合起来，把过去微观常常管死、宏观往往失控的现象，改变为宏观管住管好、微观放松放活的局面。

（二）坚持计划调节为主

1. 宏观经济活动的有无计划，能否控制，是社会主义经济和资本主义经济的一个根本区别。社会主义经济的优越性也正表现在国家能对全社会的宏观的经济活动，进行有计划的调节和控制。

2. 为了搞好宏观控制，并把宏观控制和微观搞活有效地结合起来，对计划调节要实行以下五个转变：（1）把原来的以使用价值指标为主的控制，改为以价值指标为主的控制；（2）把原来以实物平衡为主，改为以保持社会总需求和总供给及其基本构成的平衡为主；（3）把原来以年度计划为主，"一年计划，计划一年"，改为以制定长期规划和中期计划为主；（4）年度计划的编制，把原来由上而下分配指标，改为由下而上，分层协调，逐级平衡；（5）在对微观经济活动的指导方面，把原来的以指令性计划为主，改为以指导性计划为主。

3. 计划调节的主要任务之一，是制定社会经济发展战略，包括：经济发展方向、增长速度、产业结构、生产力布局、国土开发、环境生态保护、人才培养等方面。并且在做好预测和分析的基础上，编制长期和中期计划，增强计划的科学性和预见性。年度计划根据中期（五年）计划的分年指标和当年情况制订。

4. 计划调节的主要任务之二，是自觉地保持宏观经济的平衡，以利于国民经济稳定协调地发展。为了切实做好对全社会的总需求和总供给及其基本构成的平衡，必须加强对国民收入创造的预测和进行合理分配，并且做好财政、信贷、现金、外汇四大收支的综合平衡，特别要加强财政、信贷的统一平衡，以利于控制货币流通总量的增长，并组织社会购买力同市场商品物资可供量的平衡。同时要加强物资平衡表的编制工作，但这主要是作为制定计划和指导其实施的依据，而统一调拨分配的物资品种则要减少到必要的最低限度。

5. 计划调节的主要任务之三，是严格控制固定资产投资的规模，确定投资结构，特别要防止"投资饥饿症"。对于国家预算内投资，纳入国家信贷计划的银行贷款、国家统借统还的外资等安排的基本建设项目，要由国家负责平衡；地方、部门的自筹投资，由地方、部门自行平衡。建设项目的确定要经过可行性论证和科学的决策程序。在计划外固定资产投资的管理方面，要在控制投资总规模的前提下，允许企业用自有资金进行以内涵方式为主的一般性的扩大再生产，使先进企业能不断发展壮大和增强竞争能力；允许企业根据市场需要和本身生产经营条件，将一部分资金向其他企业投资，以实行企业自留资金的合理流动。国家用划分投资审批权限，发放许可证，开征投资税、建筑税，给以财政补助和发放银行贷款等行政手段和经济手段，进行控制和引导。

6. 计划调节的主要任务之四，是指导微观经济活动。通常说的指令性计划和指导性计划，是对企业日常生产经营中产供销活动进行调节和指导的两种方法。本着搞活微观经济的要求，随着宏观平衡条件的具备，应逐步缩小指令性计划的范围。从长远看，总有少数短期内难以用经济手段解决的重要的短缺物资，为保证重点需要部分的产品产供销，仍要实行指令性计划。至于一般产品的产供销和企业的生产经营活动，则实行指导性计划，通过发布主要经济指标，提供经济信息，运用经济手段，来实现计划要求；并根据市场情况的变化，来矫正不符合实际的计划。除此以外还有一些品种繁多的次要商品，随行就市，自由生产，议购议销，实行市场调节。

（三）以经济手段为主

通过经济的、行政的、法律的多种手段，调节企业经济活动，要以经济手段为主，运用好价格、税收、信贷等经济杠杆。

1. 价格杠杆：在商品经济条件下，竞争主要是价格竞争，市场信息主要通过价格来传递，市场机制主要通过价格来反映，价格以价值（或生产价格）为基础，要在价格的不断运动中实现。在社会主义计划经济中运用市场机制，也要求有灵活的价格，才能有灵活的生产和经营，才能真正推动企业努力提高经济效益。

鉴于当前情况，价格制度在一段时期内将仍是计划固定价格、幅度浮动价格、自由价格三者并存，在此格局下逐步改革不合理的价格体系。作为长远目标，价格不应该是僵化的固定不变的，而是根据实际情况经常调整，使之合理。稳定和控制价格应通过国营商业吞吐商品来实现。只有这样才能有计划地运用价格杠杆和避免价格的重大扭曲，避免不合理价格的逆调节，从而对经济运行和产需衔接以及增产节约起积极促进作用。

2. 税收杠杆：产品税是和价格紧密联系又有区别的经济杠杆，在固定价格条件下，产品税可以配合既定的价格调节企业利润，在一定程度上缓解价格扭曲的矛盾。从长远来看，产品税是价格变动必须考虑的因素，国家指导经济活动，奖励什么，限制什么，应主要通过合理的税收政策，规定高低不等的税率来体现。价格有较大的灵活性，而税收有较大的稳定性，两者配合，就能更有效地调节经济活动。

我国现行的税收体系是以间接的消费税为主的，今后要考虑对经济单位和个人收益保证合理适度的直接税，加强直接税作为经济调节手段的作用，提高它在税收体系中的地位。

3. 信贷杠杆：信贷是实现宏观控制，调节资金流向，影响生产经营活动的重要经济杠杆。随着经济单位归自己支配资金的增长以及城乡居民收入和储蓄的增长，信贷资金来源日益充裕，信贷杠杆将越来越重要。适应经济体制改革，应扩大银行信贷业务范围。固定资产投资除了非营利项目外，一律改财政拨款为银行贷款，有偿投放。允许商业信用，推行买方信贷，卖方信贷，消费信贷，并通过票据贴现由银行给予支持；银行开展信托业务，组织资金流动，逐步形成金融市场和资金市场；区别不同贷款对象和项目，实行差别利率和浮动利率。

4. 加强对各种经济杠杆的综合运用：国家计委要结合计划的编制和执行，统一考虑经济政策，发布政策信息，统筹运用价格、税收、信贷、工资、财政补贴等经济杠杆，指导和调节经济活动。

（四）需要说明的几个问题

1. 强调指导性计划和运用市场机制，是不是意味着削弱乃至放弃计划经济？

计划经济的中心任务，是经常地自觉地保持经济发展的平衡性。实现这一任务，可以有两种不同的方法，一种方法是以实物指标为主层层切块分解的指令性计划；另一方法是指导性计划，即通过发布计划信息和政策信息，运用多种经济手段，使国家宏观经济的决策，能够通过微观经济中的市场机制来实现。这两种计划的消长，是一个方法问题，并不是区别计划经济和市场经济的根本标志。运用指导性计划方法，只要能够更好地自觉保持比例的协调，促使主要经济活动基本按照预定的目标和方向健康发展，这不但不是削弱乃至放弃计划经济，而是更丰富了计划经济的内容，坚持了计划经济。

2. 一方面说计划调节为主，另一方面说经济手段为主，两者是不是矛盾的？

以经济手段为主，需要自觉地运用市场机制来调节经济活动，这样会不会和计划调节为主发生矛盾呢？对此有两种不同的理解。一种理解认为计划调节和市场机制是此消彼长的关系，计划调节范围的扩大使市场机制作用的范围缩小，市场机制运用多了将使计划调节的范围缩小。在采取指令性计划和实物切块分配的计划调节方法时，确实会产生这种计划调节范围和市场机制作用范围消长进退的现象，在这种条件下，计划调节为主和经济手段为主会发生矛盾。另一种理解认为计划调节并不是只有指令性计划一种方法，指导性计划的调节也是计划调节。通过自觉地运用市场机制指导微观经济活动，并不是使微观经济摆脱了计划控制，而是在搞活微观基础上更好地实现计划要求，使微观的和宏观的经济效益都得到提高。社会主义经济是存在着商品经济条件下的计划经济，计划调节和利用市场机制本来就应当也有可能紧密地结合在一起；强调经济手段为主正是为了更好地实现这一结合，这不但与强调计划调节为主不相矛盾，而且使后者的实现得到更好的保证。

六、国家、集体、个人三者兼顾的经济利益体系

（一）统筹兼顾三者经济利益的重要意义

1. 经济利益是经济发展内在的、根本的动力。在社会主义制度下，国家、集体（企业）、个人（劳动者）三者经济利益在根本上是一致的，但三者又有各自的经济利益，从而存在着三者之间既统一又矛盾的经济利益关系。

2. 旧体制的弊病，在于片面强调国家利益，忽视集体和个人利益，片面强调经济利益的统一性，忽视集体与集体、个人与个人之间经济利益上的差别。两个"大锅饭"造成的平均主义，就是这种弊病的集中表现。

3. 经济体制的改革，在于打破两个"大锅饭"，承认集体和个人的经济利益的相对独立性，正确处理国家、集体、个人三者之间的经济利益关系，既要保证全社会的经济利益，又要兼顾集体和个人的利益，以便充分调动企业和劳动者的积极性，使经济运行获得强大的动力。

（二）国家的经济利益

1. 统筹兼顾三者经济利益关系的一项原则，是"国家得大头，企业得中头，个人得小头"。这是指企业纯收入（m）的分配原则。另一项原则是"一要吃饭，二要建设"，这是指国民收入（v+m）的分配原则。这些原则都说明，在收入分配中，不能只顾国家一头或只顾企业、个人一头。

2. 农业总收益的分配，表面上似乎是农民得了大头，国家只得小头。其实，农民所得主要是补偿物质消耗和必要劳动部分（c+m）；其所创造的剩余产品价值（m），国家所得除农业税外，还有更多的是从价格"剪刀差"转移而取得的。因此，不能

低估农民对国家的贡献。当然，以价格扭曲为基础的"剪刀差"不是收入分配的一个好办法，今后要创造条件，逐步改为向农民征收产品税和所得税，缩小乃至消灭"剪刀差"。

3. 国家与集体所有制企业的分配关系，一向采取征税办法。国家与全民所有制企业的分配关系，也应采取税收办法，逐步地完全地彻底地实行利改税，把国家与企业的分配关系用税法形式稳定下来，保证国家财政收入的稳定增长。

4. 在国家利益的大范围内，中央和地方之间也存在着既有统一又有差别的经济利益关系。过去实行统收统支，影响地方积极性，改为"分灶吃饭"是必要的。但是，前几年采取按企业隶属关系划分收入的办法，强化了地方所有制和部门所有制，不利于政企分开和企业的改组、联合。今后，应当在逐步完全彻底实行利改税的基础上，根据财权和事权相适应的原则，实行划分税种（即划分中央税、地方税和共享税）的办法，使中央和地方都有稳定的收入来源。中央财政收入应占适当的比例以保证重点建设。对于各级政府行政机构向企业任意摊派各项费用要严格制止。

（三）企业的经济利益

1. 企业的经济利益必须与其经营成果挂钩，实行权、责、利的统一。为此，以税代利、独立核算、自负盈亏的改革方向，必须坚持。

2. 形成企业盈利多寡取决于企业的经营好坏的主观因素，也有不取决于企业自身努力的客观因素。在客观因素中，除了产品价格高低的因素通过产品税来调节外，还有资源贫富、土地肥瘠、地理位置好坏、技术装备强弱、熟练人才多寡等方面的差异。现在用调节税来调节企业收入的差别，一户一个税率，是不得已的过渡性措施。今后要考虑对资源、土地使用、资金占用等采取征税或收费办法，把级差收入基本收归国有，适当消除不属于企业主观努力的客观因素对盈利水平所带来的影响；此外，也要考虑对企业吸收中等和高等专业人才实行收费。这样，使各个企业大体上处于同一起点上，真正以企业自身经营成果的好坏作为衡量企业经济利益大小的标准。

3. 企业缴纳各种税费后留归企业支配的利润，按国家规定的原则提取各项基金。其中后备基金提取到相当于企业资产的一定比例后可以不再提取。对于企业自留利润划分为生产发展基金和奖励、福利基金，国家可以用比例控制，也可以用税收控制。对于奖励基金和工资基金不再封顶，也不保底。但要通过奖金税、工资基金累进税给予控制。

4. 企业既要负盈、又要负亏。对经营不善的亏损企业无微不至的照顾，实质上是对先进的盈利企业的打击。决不能把自负盈亏变成只负盈、不负亏。当发生经营性亏损时，首先用后备基金来抵偿。后备基金不足抵偿亏损而且经过改组整顿仍不能扭亏为盈的，按破产法宣布破产，进行清理。国家要建立社会保险制度，对破产企业的职工给以救济和保障。

（四）劳动者的经济利益

1. 劳动者的经济利益，取决于三个因素：（1）全国的生产发展水平和经济效益。这是确定平均工资水平的依据。国家机关和国营企业职工平均工资的增长幅度，要与国营企业劳动生产率的增长幅度相适应。（2）企业的经营成果。以企业的利润为标准，以一定比例用于奖励基金或工资调整，也可以考虑以净产值为标准，以一定比例作为工资总额，即"净产值工资含量"。（3）劳动者个人的贡献。应该根据不同劳动者所做劳动贡献的差别来规定劳动报酬和差别。

2. 工资的形式可以多种多样，要把单一的固定工资制改为基本工资和活动工资两部分。基本工资反映职工的技术、知识水平和熟练程度等，包括工龄津贴和职称津贴；活动工资反映职工追加劳动的报酬和企业的经营成果，包括岗位津贴和奖金等。但奖金一般应是超额劳动的报酬，不能用增发奖金的办法代替工资改革。实际上企业提取奖励基金是受企业的经营成果决定的。企业可以把奖励基金和工资基金合并使用于调资升级和各种津贴、奖励。

3. 当前的工资水平并不能反映劳动者的实际收入，还有各种各样带有供给制色彩的补贴（包括价格补贴、房租补贴等），并未计算在工资收入之内。过多的补贴往往一方面会造成平均主义，另一方面会掩盖某些不合理的消费差距。要积极创造条件，并结合价格改革，逐步把各种带有供给制因素的补贴，列入工资收入，变暗补为明给，以更好地贯彻按劳分配原则。

（五）需要说明的几个问题

1. 怎样处理"平等"和"效率"的关系？

过去一个长时期内，由于平均主义思想的影响，我们在处理收入分配上是片面强调了平等而忽视了效率。事实证明，分配上的平均主义必然影响生产的发展和带来普遍贫困。今后的改革必须彻底破除平均主义，坚定不移地落实鼓励一部分地区、一部分企业和一部分劳动者先富起来的政策，以促进效率的提高和生产的发展，吸引并带动大多数人逐步走向共同富裕。因此，不宜以防止"苦乐不均"和照顾"左邻右舍"为理由来反对扩大收入差距，提高经济效率。当然，对于可能出现的不合理的收入差距，国家可以采取税收等经济措施加以控制，并使人民收入和消费的增长同生产的增长和劳动生产率的提高之间，保持一个合理的比率。

2. 怎样看待"低工资、低消费"？

过去有这样一种看法：我国的生产力发展水平低，只能实行低工资、低消费的政策，才能实现多就业、多积累，发展生产。其实，低工资影响劳动者的积极性，造成低效率；还造成低消费、低需求，影响了生产发展。这是一个恶性循环。必须打破这个循环，在生产许可的范围内，有计划地提高工资，并鼓励和引导消费，才能提高效率，促进生产发展，实现"提高工资—提高效率—提高消费"的良性循环。

3. 怎样看待收入和消费的关系？

长期以来形成一种看法，认为劳动者的收入等于消费，为了控制消费，必须控制收入。这在收入很低，仅够温饱的情况下是对的。但在劳动者的收入逐步提高之后，消费支出占收入的比重就会逐步下降，收入中用于储蓄的部分就会增长。这几年城乡居民储蓄额的增长越来越超过收入的增长，就是证明。因此，不能简单地认为劳动者收入的较快增长必然会引起消费基金的失控。这是一个对于改革工资制度和搞好综合平衡都值得研究的理论问题和实际问题。

七、政企分开、纵横交织的经济组织系统

（一）建立政企分开的经济组织系统的重要性

1. 国民经济是一个多层次的大系统，由很多部门、行业和千万个经济细胞（企业）组成，分布在各个地区和城市，相互之间发生千丝万缕的联系。随着社会化大生产的发展，分工越来越细，企业越来越多，相互联系越来越频繁。这里既有从国家管理机构到基层企业的纵向联系，又有企业之间、部门之间、地区之间的横向联系。如何按照经济的内在联系组织好社会化大生产，是实现前几方面改革的组织保证，也是整个经济改革的一个重要方面。

2. 旧体制在管理组织上的最大弊病是政企不分，主要按行政隶属系统，由国家的行政机构直接指挥企业的产供销等活动，由此形成部门所有制和地方所有制，造成条块分割和城乡分割，不适应生产社会化和发展商品经济的要求。

3. 组织体系改革的中心问题，是要使企业从条块束缚中解放出来。当然，经济管理中，特别是对全民所有制企业的管理，一定的行政隶属关系总是会有的，但是无论是条条还是框框，都要从行政管理为主变为经济管理为主。在此前提下，实行企业的改组、联合，发挥行业和城市的作用，逐步形成政企分开、纵横交错、网络化的经济组织系统。

（二）国家管理经济的组织系统：部门组织和地区组织

1. 政企分开，首先是中央各部门（除铁道、民航、邮电等外）和各地区厅、局不再直接管企业。各部门在不用行政办法干预企业内部活动后，按照社会分工，对归口行业进行经济管理，其主要职责是：（1）拟订规划；（2）制定政策；（3）组织协调；（4）提供信息；（5）开展服务；（6）加强监督。这样，专业部门可以大大精简合并，综合部门如计划、财政、银行、统计、物价、工商行政管理等部门则应加强和充实。

2. 省和自治区对所属地区内各行业和各企业的管理，也要从行政管理转为经济管理，其主要职责是：（1）研究和确定地区的经济社会发展战略；（2）制定地区中长期的经济发展规划；（3）组织地区内部各行业、各企业之间的协作，密切横的联系；（4）开展地区之间的经济技术协作；（5）加强为生产建设和人民生活服务的基础设施。地区的专业部门要精简，综合部门要充实。

（三）企业的改组和联合

1. 企业恢复应有的自主权后，应按自愿互利原则，走专业化协作和经济联合的道路，避免搞"大而全""小而全"，逐步实现企业组织结构的合理化。

2. 企业的专业化协作形式要因行业、因产品制宜。可以是同行业、同产品的联合，也可以是以产品为中心、从原料供应、半成品和零部件加工到总装的联合；可以是跨行业的联合，也可以是跨地区的联合；可以是全国性的联合，也可以是地区性的联合；可以是资金、设备、工艺的联合，也可以是供销、技术的联合；可以是紧密的联合，也可以是松散的联合。

3. 企业的专业化协作组织，无论叫公司、中心或总厂，必须是一个企业，而不能是一级增加的行政管理机构。这个组织必须是经济实体，有自己的经济实力，有自己的经济责任，独立核算，负盈负亏。目前有些由中央各部和省、市、自治区厅、局改组而成的公司，换汤不换药，甚至把企业的权收上来，强化了部门、地方所有制，应当重新组织，真正实行企业化。

4. 专业化协作要防止垄断，鼓励适当竞争。在全国或一个较大的地区（省、市），可以有同行业、同产品的不止一个联合组织。一个联合组织内部各个企业之间也可互相竞争。一个企业，可以同时参加几个不同方面的联合组织。但是，各联合组织之间要注意协调。

（四）行业组织

1. 在自上而下进行部门管理的同时，可以自下而上建立各种行业组织。这是一种"民间"的团体，可以叫"协会"或"同业公会"，与政府各专业部门也不一定对口。一个企业，可以同时参加几个行业组织。

2. 行业组织的任务是在同行业内组织信息交流，研究发展规划，提供咨询和服务。还可以代表本行业，向有关部门反映要求，提出建议，供制定政策、措施的参考，成为沟通企业和政府间联系的纽带。行业组织的活动，有助于在政、企分开后，密切政、企之间的关系。

（五）发挥中心城市的作用

1. 要发挥城市作为生产、流通、金融、运输、科学、文教和信息等中心的作用，以大中城市为中心，冲破原来条块分割的限制，建立不同性质、不同范围、各有特点的经济区，使之成为条块联系的结合点。这种经济区的吸引力和辐射力是因行业和产品而异的，其范围不受行政区域的限制。在各经济区的基础上，形成纵横交错的经济网络。

2. 以城市为中心的经济区的任务，首先在于组织商品流通，打开各种渠道，实现货畅其流；其次是组织生产联合，通过适当规划，促进企业的专业化协作和资源的综合作用；再次是在金融、运输、科学、文教等方面发挥组织协调交流的作用。此外，还要搞好城市建设，加强城市服务，发展城乡关系。

3. 今后除少数社会化程度很高要在全国范围统一经营的企业和少数大型骨干企业、公司由中央主管部门管理外，大部分企业应划归城市管理。城市管理企业不能沿用过去条条块块管企业的行政办法，而应主要用经济办法进行管理。对少数还需要实行指令生产和指令分配的产品，指令性指标应通过城市由一个机构统管，一个"漏斗"下达。

（六）需要说明的几个问题

1. 政企分得开还是分不开？

有的同志认为，任何企业都要归口管理，不是归到部门，就是归到地方，政企分开是不可能的。这是把政企合一和行政隶属关系混为一谈。所谓政企合一，主要是指行政管理部门用行政办法来指挥和干预企业的经营活动，使企业成为行政机构的附属物。政企分开就是通过改变部门和地方行政机构的职责及其与企业的关系，使企业摆脱作为行政机构附属物的地位；并不是说企业不要归口管理。农村的政社分开已经实行了，城市工商业的政企分开也一定能够成功的。

2. 以城市为中心建立经济区，会不会成为新的块块？行业组织会不会成为新的条条？

以城市为中心的经济区，对条块分割是一个重大突破。但是，以城市为中心的经济区必须是完全开放的。它与行政区的不同，在于后者有明确的区域界限，而前者没有。中心城市的不同行业，不同产品，有不同的生产基地、协作关系和供销半径，有不同的吸引力和辐射力。因此，经济区与经济区总是纵横交错、相互渗透的，甚至是相互重叠的。防止中心城市形成新的块块的关键，一是要坚持政企分开的原则，城市对所属企业要用经济手段而不是行政手段进行管理，二是要坚持开放型的经济区，不搞封闭型的经济区。如果中心城市仍然用过去那种行政办法管理企业，并且沿袭原来行政区的某些做法，搞指标切块分解，要求划分权力范围，则成为新块块的可能性也是存在的。这种情况应当注意防止。

至于行业组织会不会成为新的条条，只要行业组织坚持前面所说的"民间团体"的性质，政府不赋予它管理企业的行政权力，这种情况是不会发生的。如果行业组织在沟通政府与企业的联系的活动中，政府部门赋予它行政管理的权力，并且这种权力逐渐增大，它也可能从代表企业并为企业进行协调服务的机构，转化成为新的一级行政机构，成为新的条条。这种情况也应当注意防止。

八、实现改革目标的步骤

（一）经济体制改革必须有步骤地进行

当前我国面临的经济体制改革，不是局部的枝节的完善，而是对于旧的传统模式的根本改造。由旧体制过渡到新体制，是极大的变化，涉及经济生活的各个方面，问题繁多而复杂。因此，改革不可能一蹴而就，必须有步骤地进行。一方面，要审时度势，小步前进，摸着石头过河；另一方面，改革的方向必须明确，每进行一项改革，都向目标前进一步，积小变为大变，逐步实现改革的目标。

（二）达到改革目标必须具备的条件

1. 宏观经济必须是平衡的，即投资规模得到控制、国民收入的超分配得到克服，积累与消费的分配总额被限制在可供使用的国民收入总额以内，在整个国民经济范围内已经基本形成供略大于求的买方市场。没有这个条件，在继续保持或者重新出现国民经济范围的供求紧张局面之下，必然要加强行政指令的控制和扩大实物的调拨分配，这样是不可能实现改革的目标的。

2. 各种经济杠杆必须是能够被灵活运用的，特别是价格体系必须不是扭曲的，价格管理必须不是僵死的。没有这样的条件，在各种经济杠杆被焊住难以启动的情况下，只能继续采用行政手段并强化这种手段，这样，新经济体制也建立不起来。

3. 各种相应的经济法规和制度必须建立起来。除了计划法、预算法、企业法等之外，特别要注意建立破产法和社会保险制度。没有破产法和社会保险制度，将难以实现真正的自负盈亏，无法彻底解决吃"大锅饭"的问题。

4. 对改革的方向和目标有了比较统一的认识，并建立起一支懂经营会管理的干部队伍。

（三）实现这些条件应采取的步骤

以上这些条件，不是短期内所能具备的，尤其是因为目前我国经济关系尚未理顺，经济效益不高，国家财政尚有困难，社会总需求和总供给尚不平衡，干部队伍熟悉新的观念、新的体制，学会新的经营管理方法，也要有一个过程。因此，必须要有步骤地进行改革以推动理顺经济，又要通过理顺经济为进一步改革创造条件。设想从现在起到全面实现改革目标大体需要经过以下三个步骤。

1. 第一步是初步突破阶段

目前，通过全面实行利改税，扩大企业自主权，建立健全企业内部经济责任制，改革流通体制，实行投资包干、工程招标等，以调动企业积极性，疏导流通渠道，提高经济效益，把微观经济初步搞活。

2. 第二步是深入发展阶段

继续解决微观放活问题的同时，要着力解决宏观管住的问题。这一步包括相互关联的几项改革。（1）随着经济效益的提高和国家财政状况的好转，逐步改革价格体系和价格管理制度，改革劳动工资制度。这是进一步理顺经济关系的关键。（2）随着利改税的彻底实行，价格体系的逐步改革和运用经济手段的主客观条件的逐步具备，进行计划体制和财政体制的全面改革，建立一套有效的宏观控制体系。计划体制的改革，是整个改革的核心。（3）按照政企分工的原则，简政放权，改革经济管理的组织体系，这是前述各项改革的组织保证。

以上这几方面的改革是相互联系并互为条件的，许多措施是相互交错的，而且是要分步骤实施的。例如，价格体系改革包括解决购销价格倒挂、调整农产品比价、调整煤炭等基础产品价

建设具有中国特色的经济体制的总体设想

格、调整交通运输和服务公用事业价格，调整房租，涉及面广，这些问题集中一起解决，震动太大，必须分步进行，因而需要时间。工资制度要改得合理，经济组织体系要真正形成打破条块分割的、纵横交错的经济网络，也非一次改革行动所能奏效。特别是计划体制的改革，还有不少问题有待探索和创造经验。这些方面的改革，要争取在近几年内有新的突破和新的进展，以促进进一步搞活经济和提高经济效益，实现财政经济状况的根本好转和进一步好转，为全面实现改革目标准备条件。

3. 第三步是全面实现改革目标的阶段

经过以上几方面互相联系互相交错的改革，逐步理顺经济，提高经济效益，就可以在控制宏观经济平衡和灵活运用经济杠杆两方面创造条件，再加上经济立法和干部培训方面的准备，大约在1990年前后，进入全面实现改革目标的阶段。在这一阶段，要进一步综合协调前一阶段的各项改革，改善和加强计划指导，加强对各种经济杠杆的综合运用，协调各方面的关系，促进新的经济振兴的到来，全面开创我国社会主义现代化建设的新局面。

经济体制改革涉及许多重大理论问题和实际问题。在本报告中，我们对一系列问题概括地提出了自己的看法。这些看法当然不一定完全正确，只是作为引玉之砖，抛出来供国家体改委和关心改革的各方人士研究的参考。我们认为，在有关改革的理论问题上，应该在党内展开无拘束的讨论。对于不同的见解，既不要随便扣人以"保守"的帽子，也不要随便扣人以"自由化"的帽子。只有通过无拘束的、实事求是的讨论，才能在集思广益的基础上，形成一个比较科学的、完备的体制改革的总体规划，以指导改革工作沿着正确的方向前进。

一个伟大的历史转折*

——学习《邓小平文选》关于工作重点 转移问题的论述 （1984年10月）

《邓小平文选》是我党老一辈无产阶级革命家的又一部珍贵文献，收录了邓小平同志从1975年到1982年9月的重要论著。这七八年是我国当代历史的伟大转折时期。这个转折的集中点就是党和国家把工作重心转到经济建设上来。学习《邓小平文选》，对于更深刻地认识这个转折的历史意义，进而提高贯彻执行党的十一届三中全会路线和十二大精神的自觉性，为实现社会主义现代化的宏伟纲领而积极奋斗，将起到越来越大的指导作用。

执政党的根本任务和我们的严重教训

无产阶级的党在执政以后，及时地把工作重心转到经济建设上来，反映了社会发展规律的客观要求，反映了无产阶级和广大人民的根本利益。这是因为，党的最终目标——实现共产主义的社会制度，是以社会生产力的高度发展为物质基础的。

新中国成立以后，百废待举，所有工作，包括抗美援朝、土地改革、镇压反革命三大运动，都是为开展全国范围的、有计划

---

* 原载《学习〈邓小平文选〉发展和繁荣社会科学》，中国社会科学出版社1984年版。

的经济建设进行准备。在国民经济已经恢复、财经情况根本好转后，党中央制定了过渡时期的总路线，逐步完成对农业、手工业和资本主义工商业的社会主义改造，为逐步实现社会主义工业化开辟了道路。1956年，三大改造基本完成，社会主义制度在我国已经基本建立起来之后，党的八大及时地指出，国内主要矛盾已经不再是工人阶级同资产阶级的矛盾，而是人民对于经济文化迅速发展的需要同现实的经济文化不能满足人民需要的状况之间的矛盾，因此，全国人民的主要任务是集中力量全面开展社会主义建设，实现国家的工业化，逐步满足人民日益增长的物质和文化需要。八大以后不久，毛泽东同志指出，革命时期的大规模急风暴雨式的群众阶级斗争基本结束，要"进行一场新的战争——向自然界开战，发展我们的经济，发展我们的文化"①。重温这些论述，令人不禁忆起新中国成立以后直到第一个五年计划提前完成的那些如火如荼的日子，各项建设事业顺利进行，人民生活不断改善，到处呈现一派兴旺蓬勃的景象，至今仍给我们以启示、信心和力量。

遗憾的是，八大的正确决策，后来没有能够坚定不移地贯彻下去。这有多方面的原因。最主要的是当时对于全面建设社会主义的思想准备不足，对于中国基本情况认识不足。八大对于我国社会的主要矛盾的正确分析，在1957年八届三中全会以后，就被两个阶级、两条道路的矛盾是主要矛盾的错误论断所代替，直到"文化大革命"中，这个论断被发展成为党在整个社会主义历史阶段的基本路线。长期以来，由于"左"的思想占着上风，坚持"以阶级斗争为纲"，使我们党和全国人民始终不能把主要力量集中到经济建设上来。同时，经济建设本身，由于受到种种干扰，加上缺乏系统的经验，发生不少缺点和错误，使我们的社会

---

① 《毛泽东选集》第5卷，人民出版社1977年版，第375页。

主义建设事业没有取得本来应该取得的更大的成就。特别是在"文化大革命"中,林彪、江青反革命集团变本加厉地扭转方向,鼓吹"停产闹革命",批判"唯生产力论",竭力破坏生产力,阻碍国民经济的发展,从根本上否定经济建设的任务。因此,正如邓小平同志所说:"八大以后,我们取得了社会主义建设的许多成就,同时也遭到了严重挫折。"①这是我党历史上的一个必须永远记住的严重教训。

但是,围绕着工作重心的斗争却是始终存在的。《邓小平文选》最初的8篇,记录了邓小平同志同"四人帮"针锋相对的斗争的光辉业绩。1975年,周恩来同志病重,邓小平同志主持中央日常工作。在非常困难的特殊情况下,他以无产阶级革命家的气魄,力挽狂澜,向全党讲大局,指出这个大局就是"把我国建设成为具有现代农业、现代工业、现代国防和现代科学技术的社会主义强国"。②他曾提出"以三项指示为纲",实际上中心是要"把国民经济搞上去"。为此,他召开了一系列会议,指出军队和农业、工业、科学、教育、文艺等方面存在着严重问题,各方面都要整顿,还对发展工业等提出了具体意见。显然,这是要全面地、系统地解决"文化大革命"造成的动乱,把党的根本任务拨正到经济建设上来。他的艰苦努力,得到广大干部和群众的由衷支持,促使形势迅速好转。可惜,为时不久,形势又发生了逆转。当时的"批邓"文章集中火力攻击邓小平同志的"以三项指示为纲"是"复辟纲领",这就从反面证明了邓小平同志转移工作重点的艰苦斗争的重大历史意义。但历史的进程是不以"四人帮"的意志为转移的。这一次的反复,如春雷般唤醒了全国人民,使人们分清了是非,鼓舞了斗志,这对后来粉碎"四人帮"、拨乱反正以及实现工作重心的转移,都有不可磨灭的

---

① 《邓小平文选》,人民出版社1983年版,第371页。

② 《邓小平文选》,人民出版社1983年版,第4页。

影响。

推动和指导全党实现工作重心的转移

正反两方面的经验教育了全党和全国人民。粉碎"四人帮"以后，以党的十一届三中全会为转折点，党和国家的工作重心逐步转到经济建设上来。由于积重难返，实现这个转变绝不是轻而易举的事。在此过程中，邓小平同志进行了有条不紊的工作，对于推动和指导全党实现工作重心的转移，实现思想上、政治上、组织上全面的拨乱反正，发挥了决策作用，做出了卓越贡献。

粉碎"四人帮"以后的头两年内，由于华国锋同志在指导思想上犯了"左"的错误，在"两个凡是"的口号下继续坚持"以阶级斗争为纲"的错误路线，我们党实际上是不可能实现工作重点的转移，把力量集中到社会主义现代化建设上来的。为了实现我党政治路线的这一根本转变，邓小平同志深思熟虑，首先为端正党的思想路线展开了有力的斗争。他强调要完整地准确地理解毛泽东思想，才不至于割裂、歪曲毛泽东思想，损害毛泽东思想。这就为全面的拨乱反正跨出了第一步。不久，他在全军政治工作会议等很多场合，支持当时才开始的关于真理标准问题的讨论，旗帜鲜明地讲了实事求是、一切从实际出发、理论和实践相结合以及打破精神枷锁、思想来个大解放等问题。这就使人们的思想从长期处于被个人崇拜和教条主义束缚的状态中解放出来。在此同时，他还亲自抓科学、教育和军队工作，在知识分子等各个重大问题上清算"左"的流毒，为拨乱反正做出了榜样，并在中国工会第九次全国代表大会上提出中国工人阶级新的历史使命是"在本世纪（即20世纪）内把我国建设成现代化的伟大的社会主义强国"[1]。这些，都为重新确立马克思主义的思想路线、政

① 《邓小平文选》，人民出版社1983年版，第129页。

治路线和组织路线扫除了思想障碍，为把工作重心转到经济建设上来奠定了思想基础。

　　经过短短两年卓有成效的思想准备，召开了我党历史上具有重大意义的十一届三中全会，做出了工作重心转移的战略决策。在全会前召开的中央工作会议上，邓小平同志作了《解放思想，实事求是，团结一致向前看》的讲话。这实际上是三中全会的主题报告，讲话围绕着四个现代化问题，进行了许多精辟的阐述。讲话指出，只有解放思想，我们才能"根据我国的实际情况，确定实现四个现代化的具体道路、方针、方法和措施"[①]；指出当前要强调民主，特别要发扬经济民主，"否则不利于充分发挥国家、地方、企业和劳动者个人四个方面的积极性，也不利于实行现代化的经济管理和提高劳动生产率"[②]；指出要研究新情况，解决新问题，尤其"要注意研究和解决管理方法、管理制度、经济政策这三方面的问题"[③]。讲话还提到用经济方法管理经济、加强责任制、允许一部分人生活先好起来等重要问题。这些，使实现工作重点的转移进一步明确了方向，制定了政策，其指导作用是难以估量的。

　　对于十一届三中全会重新确定的党的思想路线和工作重点转移的重大决策，邓小平同志在1979年春召开的党的理论工作务虚会上作了进一步的阐述。他针对当时社会上出现干扰破坏现代化建设的错误思想和活动，提出必须坚持四项基本原则，以保证现代化建设健康而顺利地前进。他系统地纠正了关于社会主义社会阶级斗争的错误理论，解决了新时期的主要矛盾问题。他指出，"目前时期的主要矛盾，也就是目前时期全党和全国人民所必须解决的主要问题或中心任务，由于三中全会决定把工作重点

一个伟大的历史转折

---

①　《邓小平文选》，人民出版社1983年版，第131页。

②　《邓小平文选》，人民出版社1983年版，第135页。

③　《邓小平文选》，人民出版社1983年版，第139页。

转移到社会主义现代化建设方面来，实际上已经解决了。我们的生产力发展水平很低，远远不能满足人民和国家的需要，这就是我们目前时期的主要矛盾，解决这个主要矛盾就是我们的中心任务"①。这样，从理论上对工作重心问题作了完整的解释，并且与八大精神衔接起来，使全党工作重新走上正轨。

三中全会以后，邓小平同志继续为组织三中全会制定的政治路线的实现而进行了大量的工作。由于过去二十多年工作重心一直没有认真转移到经济建设上来，再加上十年动乱的干扰破坏，经济工作中积累的问题很多，党中央在1979年4月对国民经济提出了调整、改革、整顿、提高的八字方针。邓小平同志指出，"这个八字方针不是偶然提出的，是总结了过去的经验，分析了当前的情况，为了今后的工作发展得更好、更快而提出的"②。1980年12月，由于发现过去两年执行调整方针很不得力，造成财政大量赤字，货币发行过多，物价继续上涨，邓小平同志又和陈云同志一起，提出对经济作进一步调整，尤其是基本建设要退够，使整个国民经济"站稳脚跟，稳步前进，更有把握地实现四个现代化，更有利于达到四个现代化的目标"③。他还提出实现"四化"所必须解决的四个问题或必须具备的四个前提："第一，要有一条坚定不移的、贯彻始终的政治路线；第二，要有一个安定团结的政治局面；第三，要有一股艰苦奋斗的创业精神；第四，要有一支坚持走社会主义道路的、具有专业知识和能力的干部队伍。"④后来他又提出到20世纪末近二十年内伴随着整个现代化建设进程的四个方面的工作和斗争：一、进行机构改革和经济体制改革，实现干部队伍的革命化、年轻化、知识化、专业

① 《邓小平文选》，人民出版社1983年版，第168页。
② 《邓小平文选》，人民出版社1983年版，第210页。
③ 《邓小平文选》，人民出版社1983年版，第315页。
④ 《邓小平文选》，人民出版社1983年版，第212页。

化；二、建设社会主义精神文明；三、打击经济领域和其他领域内破坏社会主义的犯罪活动；四、在认真学习新党章的基础上，整顿党的作风和组织。他强调指出，抓紧这四件工作是我们坚持社会主义道路、集中力量进行现代化建设的必要保证。

以上只是略举几点，但是可以看出，实现工作重心的转移是一项艰巨复杂的工作。一方面，必须进行全面的拨乱反正，才能为实现这个转移提供条件和保证；另一方面，在全面的拨乱反正中，又必须突出这个重心，才能促其实现。邓小平同志在组织这个转移的过程中，高瞻远瞩，深思熟虑，掌握主要环节，注意统筹安排，既有革命胆略，又有科学态度，终于一步一步地顺应了历史的要求和人民的意愿。长期没有做到的工作重心转移，经过这几年的努力，从十一届三中全会开始实现了。党的十二大通过的《中国共产党章程》中写着："中国共产党工作的重点，是领导全国各族人民进行社会主义现代化经济建设。"接着召开的五届人大第五次会议通过的《中华人民共和国宪法》中也写着："今后国家的根本任务是集中力量进行社会主义现代化建设。"

不言而喻，我们的工作重点清楚了，我国的经济建设一定会取得巨大的胜利！

建设有中国特色的社会主义

在解决了工作重心转移的问题，把全党和全国人民的主要力量集中到社会主义建设上来以后，接着要解决的一个问题就是："走什么样的路子，采取什么样的步骤来实现现代化。"[1]对这个问题，唯一正确的答案就是邓小平同志在党的十二大开幕词中所说："建设有中国特色的社会主义。"[2]

---

① 《邓小平文选》，人民出版社1983年版，第315页。
② 《邓小平文选》，人民出版社1983年版，第372页。

建设有中国特色的社会主义，就是要把马克思主义的普遍真理同我国的具体实际结合起来。邓小平同志一再强调，搞社会主义建设要适合中国情况，走出一条中国式的现代化道路。他指出："无论是革命还是建设，都要注意学习和借鉴外国经验。但是，照抄照搬别国经验、别国模式，从来不能得到成功。"[1]围绕这个思想，他提出了一系列科学的论述和重要的战略决策。

对于我国的国情，邓小平同志多次作了具体分析。他指出两个重要特点：一个是底子薄，一个是人口多、耕地少。他指出，中国在经济上文化上落后，并不是一切都落后。我们建立了社会主义制度，尽管还不完善，但是无论如何，总比资本主义制度好得多。这就告诉我们，既要看到不利条件，又要看到有利条件。我们依靠一天天完善起来的社会主义制度，发挥其优越性，就能逐步克服底子薄和人口多、耕地少等困难，实现中国式的现代化。

从我国的实际情况出发，发展经济，要靠自力更生，艰苦创业。这是我们过去、现在和将来的立足点。邓小平同志说，我们这样的社会主义大国要利用外国的资金和技术，也要大力发展对外贸易，但是不可能像某些比较小的国家和地区那样走"捷径"。为了艰苦创业，他要求我们的党员、干部特别是高级干部带头，反对特殊化；要求广大干部和群众杜绝各种浪费，提高劳动生产率，减少废品，降低成本，提高资金利用率。还要兼顾积累和消费，要搞基本建设，只能在发展生产的基础上逐步改善生活。

关于中国式的现代化，邓小平同志最早为我们提出了一个经济发展的战略目标，这就是："到本世纪（即20世纪）末，争取国民生产总值每人平均达到1000美金，算个小康水平"[2]；"然

---

① 《邓小平文选》，人民出版社1983年版，第371页。
② 《邓小平文选》，人民出版社1983年版，第223页。

250

刘国光
经济论著全集
第
5
卷

后继续前进，逐步达到更高程度的现代化"①。这是按照量力而行原则拟定的远大规划，是既积极又可靠的奋斗目标。实现这个目标，虽然还没有达到世界上的先进水平，但是已经缩短和消除了两三个世纪至少一个多世纪所造成的差距。应当看到，由于我们国家没有剥削阶级和剥削制度，同样是每人平均1000美金，我们的日子要比一些国家的日子好过得多。

一个伟大的历史转折

为了实现上述目标，邓小平同志对于现代化建设的战略重点和步骤也作了重要的论述。他针对我国80％的人口在农村的特点，强调重视发展农业，认为"我国农业现代化，不能照抄西方国家或苏联一类国家的办法，要走出一条在社会主义制度下合乎中国情况的道路"②。他充分肯定了包括包产到户在内的各种形式的生产责任制，指出"只要生产发展了，农村的社会分工和商品经济发展了，低水平的集体化就会发展到高水平的集体化"③。他特别关心智力开发对实现现代化的重要作用，大力呼吁"尊重知识，尊重人才"，不止一次地亲自过问科学技术和教育工作，指出现代化的关键是科学技术，科学技术是生产力；抓科技必须同时抓教育，为社会主义建设培养人才。在实现战略目标的步骤上，邓小平同志把20世纪80年代作为一个很重要的阶段，指出在这十年把基础打好，下一个十年就有可能出现新的振兴，实现四化目标。这些思想以及其他重要论述，在党的十二大制定的宏伟纲领中得到了反映。

在建设中国式社会主义的巨大工程中，改革旧的体制，逐步建立符合我国国情的新体制，是一件极其重要的工作。邓小平同志对此也倾注了许多心血。他指出，在实现四化的伟大变革中，"既要大幅度地改变目前落后的生产力，就必然要多方面地改变

---

① 《邓小平文选》，人民出版社1983年版，第315页。
② 《邓小平文选》，人民出版社1983年版，第321页。
③ 《邓小平文选》，人民出版社1983年版，第275页。

生产关系，改变上层建筑，改变工农业企业的管理方式和国家对工农业企业的管理方式，使之适应于现代化大经济的需要"；"因此，各个经济战线不仅需要进行技术上的重大改革，而且需要进行制度上、组织上的重大改革"①。他很早就提出，"当前要特别注意加强责任制"②。他谈道，既要加强国民经济的综合平衡，安排好各种比例关系，又要让地方和企业、生产队有更多的经营管理的自主权。他认为，现行制度中的弊端主要是权力过分集中，过去很少强调必要的分权和自主权；同时又指出，要防止只顾本位利益、个人利益而损害国家利益、人民利益的破坏性的自发倾向，防止对自主权的曲解和滥用。他还谈到必须发展专业化协作，在计划经济指导下发挥市场调节的辅助作用等问题。这些原则，把宏观经济的改革与微观经济的改革结合起来，把经济体制的改革与政治体制、干部体制的改革和政治思想工作结合起来，兼顾三者利益并把国家、人民的利益放在首位等，都是我们当前和今后进一步开展经济改革所必须遵循的。

在经济改革中，调动广大群众的劳动积极性是一个根本问题。邓小平同志很早就强调了一定要坚持按劳分配的社会主义原则，以纠正长期存在的平均主义倾向，但提倡按劳分配，绝不是提倡各人都向"钱"看。这些精神，也都是我们当前和今后必须掌握和贯彻的。

学习《邓小平文选》，特别是学习其中关于社会主义现代化建设的论述，对于我们经济理论工作者有着十分重要的意义。邓小平同志指出，我们面前有大量的经济理论问题，包括基本理论问题、工业理论问题、农业理论问题、商业理论问题、管理理论问题等。他号召理论工作者下定决心，奋起直追，一定要深入专业，深入实际，调查研究，知彼知己，力戒空谈。这为我们的经

① 《邓小平文选》，人民出版社1983年版，第125—126页。
② 《邓小平文选》，人民出版社1983年版，第140页。

刘国光
经济论著全集
第
5
卷

济学以及整个社会科学理论工作指明了方向，提供了武器。我们应当积极响应邓小平同志的号召，认真研究和解决现代化建设中重大的理论问题和实际问题，为发展经济科学和完成新时期的总任务竭尽自己的绵力。

一个伟大的历史转折

研究社会主义流通问题的
重要性和迫切性

——在孙冶方社会主义流通理论讨论会上的讲话
（1984年10月12日）

今天，中国社会科学院财贸物资经济研究所和《财贸经济》编辑部发起，在这里召开孙冶方社会主义流通理论讨论会。这是按照冶孙方同志的遗愿，研究和探讨孙冶方经济理论的又一次盛会。它对于研究和解决社会主义政治经济学和当前经济改革中流通领域提出的重大理论和实践问题，一定会起到很大的推动作用。

孙冶方同志是我国卓越的马克思主义经济学家。他坎坷的一生，为马克思主义政治经济学在中国的传播，为社会主义经济理论的发展倾注了全部心血，做出了重大贡献，为我们留下了一笔宝贵的科学遗产。社会主义流通理论就是其中重要的组成部分。尽管孙冶方同志关于社会主义流通的理论观点还没来得及系统化，但这些论点在他的社会主义经济理论体系中占有十分重要的地位。从一定的意义上说，孙冶方同志对社会主义经济理论的研究，是在对自然经济论的批判中展开的。他的社会主义流通理论更是他对自然经济论顽强斗争的成果。长期以来，自然经济论曾在我们的理论战线和经济工作的指导思想上占据主导地位。反映在理论工作方面，流通问题的研究薄弱，实际工作中重生产、轻流通的倾向十分突出。孙冶方同志多年来为改变这种局面大声疾呼，一再提出要重视流通问题的研究，要把计划和统计放在价值规律的基础上，指出计划经济的关键在于流通，强调要搞好资金的循环与周转，提高资金效果，等等。随着时光的流逝，实践的发展，我们越来越深刻地感受到，孙冶方同志这些极其深刻的思想，不仅对于完善社会主义经济理论体系是非常宝贵的，对指导现实经济生活也有着重要意义，关系到我们当前所进行的经济改革的许多重大决策。

党的十一届三中全会以来，我们在国民经济的各个方面，推行了一系列的改革。经过几年来的实践，各个方面都取得了显著的进展，农村的改革已经获得巨大的成功，城市的改革也正在酝酿着重大的突破。同时，改革越是向前发展，我们也就越发感受到流通问题的重要。政策放宽了，企业权力扩大了，生产发展了，产品增加了，进入流通领域的商品数量必然大大增加。商品生产发展，社会分工越来越细，企业的专业化程度提高，使得企业之间的横向联系增加，内容更加复杂。这些新的情况突出地在流通领域反映出来，显示出原有管理体制与生产力发展的不相适应。客观形势迫使我们不得不重视和研究解决流通方面的问题。

我们实行经济管理体制改革的一个重要目标，是建立一整套完善、灵敏的国民经济调节体系。在这个体系中，最重要的一些经济杠杆如价格、信贷、税收等如何发挥作用，都是与流通领域直接有关的重大问题。这些问题能否解决得好，直接关系到改革的成败。孙冶方同志曾一再讲过，社会主义计划经济要解决的主要问题不在企业内部，不在直接生产过程。我们说要以计划经济的管理制度来代替盲目自发的无政府状态的市场经济，不是指企业内部的直接生产过程，而是指全社会千千万万个企业相互之间物质代谢过程，即流通过程。我们的经济之所以称为计划经济，不仅因为每个企业内部是有计划的，而且各个企业相互间的产供销关系即流通过程或市场关系也是有计划地组织在一起，成为一个统一的机体。孙冶方同志的这些论述，十分明了地指出了计划的关键在于流通。而过去，我们的计划是侧重于用实物指标来管理产品的生产和调拨分配的，因此三十多年来，我们的计划管理问题一直没能解决好。要对计划管理体制实行改革，首当其冲的，就是要解决好流通问题，尊重价值规律。编制计划的指导思想应当着眼于组织好流通，计划管理手段的选择也要侧重于流通领域。总之，改革发展到今天的程度，要求我们从思想上、理论上彻底清除自然经济观的影响，摒弃无流通论的种种陈腐观念，树立起新的流通观念，并把它体现在我们的经济改革之中。

当然，在思想理论方面，在实践过程中，真正实现上述转变，并不是一件很容易的事。因为自然经济论对我们的影响实在是太深了，我们国家又长期处在半自给自足经济之中，商品经济很不发达，小生产的习惯势力，狭隘眼界束缚着我们。三十多年来，带有浓厚自然经济色彩的计划经济管理体制的影响，深入到我们经济生活的各个方面。这些，都对社会主义流通理论的研究，对经济体制改革，产生了很大阻力。这就更加重了我们理论部门的任务，要求我们进一步解放思想，联系实际，努力去探讨实践向我们提出的新问题。

就流通领域而言，值得我们进一步深入研究的重大问题很多，比如说，商品经济与计划经济的关系问题。长期以来，我们把计划经济看作与商品经济对立的，认为以生产资料公有制（特别是全民所有制）为基础的社会主义经济只能是计划经济，而不能同时是商品经济。经过十一届三中全会以后的讨论，这种片面的认识得到了纠正。越来越多的同志认识到，以公有制为基础的社会主义经济，其根本利益的一致，决定了它的基本特征是计划经济；而其各个部分之间具体利益的差别，又决定了它必须同时保留商品经济的属性，计划经济与商品经济之间虽然有矛盾，但并不是互不相容。我们现阶段的计划经济，必然是与商品经济并存，是存在着商品经济条件下的计划经济。但是，这样的认识并不牢固，当改革的实践出现某些曲折时，一些同志又发生了动摇，重新提出了计划经济与商品经济对立的观点。当然，人的认识不是一次完成的，出现反复也是符合认识规律的。但是这也说明了克服自然经济论的影响，是长期的、艰苦的任务。为此，我们还需要向孙冶方同志那样，继续作不懈的努力，使大家认识到，我国的社会主义经济是以生产资料公有制为基础，存在着商品生产和商品交换的计划经济，是保留着商品经济属性的计划经济。我们所进行的改革，目标之一，就是要有利于商品生产和商品交换的发展，有利于商品流通的顺畅。

与上述问题相联系，是如何建立经济活动的调节体系问题。过去，我们的一些同志总是认为，计划经济只能靠计划来调节。所谓计划调节就是主要靠指令性计划的调节，靠层层分解计划指标和实物配给再加上行政命令来保证计划的实现，只有这样才是真正的计划经济。实践证明，这样主要靠指令性计划调节往往把经济搞得很死，经济效益很差。如果认识到我们的经济是有计划的商品经济，改革就应当充分考虑到市场机制的调节作用，也就是价值规律的调节作用。要坚持计划调节为主，但计划调节必须与市场机制相结合，尽可能采用经济手段，辅之以行政的、法律的手段。所谓经济手段，也就是经济杠杆，如价格、税收、信贷等。这样，问题就又归结到流通方面来了。如价格问题，在商品经济条件下，竞争主要是经济竞争，市场信息主要通过价格来传递，市场机制主要通过价格来反映，价值规律是通过市场上价格的不断运动得到实现的。计划的准确程度与价格体系的合理与否也直接相关。而我们在价格方面存在的问题最多，成为进一步推进改革的焦点。对价格、税收、信贷等每一种经济杠杆的运用，都包含着丰富的内容，都需要我们去研究、探讨。到会的许多同志都是这些方面的专家，相信大家会做出更大的努力与贡献。就我的想法，除了对每种杠杆的具体研究以外，更为主要的是要加强各种经济杠杆综合运用的研究。这又要求我们的经济理论研究工作也要加强横向联系，既考虑微观的问题，更要重视宏观问题，重视整个流通过程的研究，这样，才能把计划经济搞好。

商品流通是流通过程研究的主要对象。由于受无流通论的影响，以及许多同志对产品经济的误解，加之长时期经济发展缓慢，产品不够丰富，使我们的商品流通，包括生活资料产品和生产资料产品的流通，都带上了浓重的实物配给制色彩。生活资料的凭票凭证，生产资料的计划分配，都被称为"计划供应"，被看成是社会主义计划经济的优越性的根本标志。实质上，这些办法不过是为了解决物资供不应求，不得已而为之。其中生产资料产品的流通问题，更为突出。生产资料实行计划分配，统一调拨，把企业的产供销活动严格地限制在指令性计划的框子里，企业的生产任务凭上级敲下来的计划确定，原材料靠分配，产品由上级统一调拨，把复杂纷繁的社会分工等同于企业内部的技术分工，把整个社会等同于一个大工厂。这是最典型的自然经济论。而社会再生产的物质代谢，是千千万万不同使用价值的复杂运动，要把它们简单地纳入一个统一的计划之中，难免会出现产需不对路，造成一方面是物资短缺，同时又到处是仓库里堆满了东西，占压了大量的流动资金。这样一种不正常的现象，长期以来还被一些同志当作是产品经济的办法。这实在是一种极大的误解。我们知道，本来马克思、恩格斯预言未来社会中的经济，是以物质极大丰富为前提的。而我们的一些同志则往往把社会主义发展不成熟阶段出现的物资短缺的不正常现象，上升为理论，否定生产资料的商品性，硬说它具有共产主义高级阶段的产品性。这既是对产品经济的曲解，又是对社会主义优越性的一种不正确的理解。"供不应求"不应成为社会主义经济的一条规律，而是我们计划经济管理形式不适应生产力的发展，生产发展不平衡造成的。我们的改革正是要解决这样一个问题。如果这个问题解决不好，我们的经济时常处于物资短缺、市场供应紧张的状态下，我们就不得不搞配给。这必然会限制商品交换的发展。要使生产资料真正按照商品流通规律进行，这在客观上要求有一个比较松动的生产资料市场。我认为，无论是生产资料，还是生活资料，都需要有一个供给略大于需求的买方市场。只有实现了这样一个买方市场，消费者才会有择优选购的权利；才能够促成生产者卖方的竞争，给生产者以改进经营管理的压力，促使生产者注意改进技术，提高产品质量，降低产品成本，改进服务态度。相反，如果没有这样一个松动的市场，很多方面的改革就无从谈起，迫使我们不得不回到老路上去。怎样才能出现这样一种比较松动的局面，我历来认为，形成买方市场或者卖方市场，不只是一个商业问题，而是一个国民经济综合平衡的战略问题，是一个宏观决策问题。以生产资料的需求来说，除了简单再生产的需要，主要地取决于固定资产的投资规模。投资规模过大，超过了财力物力的承担限度，就会出现生产资料供不应求。而合理的投资规模，是要在国民经济综合平衡中加以考虑的。计划要留有余地，供求在总体上才会松动。从另一方面说，只有生产发展，产品增加，市场供给才会增加，供求才能松动。要发展生产，使生产面向市场，对市场信息反应灵敏，适应性强，就必须在经营管理方面给企业放权，使企业拥有更多的经营自主权，包括从根本上改革以前的计划管理办法，尽可能地减少指令性计划，更多地采用指导性计划，调动起千千万万企业的积极性，让它们出自内在的动力和竞争的压力去关心市场，使自己的生产适应市场的需要，生产尽可能适销对路的产品。加上渠道多样和顺畅，流通才能搞活，国民经济的全局才能搞活。

　　上面我讲了一些流通领域需要研究的问题，这里，我不是专门来论证这些问题，流通所要研究和解决的问题也远远不止这些。我讲这些，只是在于说明流通问题的重要性和迫切性。我们这次会议讨论的问题，的确是意义重大的。我相信，在江苏省委、南京市委的指导和协助下，在全体与会同志的共同努力下，这次讨论会一定会取得丰硕的成果。我预祝会议圆满成功！

刘国光
经济论著全集

第
5
卷

《中共中央关于经济体制改革的决定》座谈发言摘要[*]

（1984年11月8日）

一、这次改革的性质是对经济模式的改革

这次经济体制改革不是枝节性的小改小革，也不是像毛主席在《关于正确处理人民内部矛盾的问题》中所说的生产关系、上层建筑的不断完善（那是要经常进行的），而是对多年积累起来的问题，用一段比较集中的时间，进行一次比较系统的解决。但也不是对社会主义基本经济制度的改革，而是在坚持社会主义基本经济制度的条件下，改造旧的经济模式，即把原来那套僵化的、高度集中的并带有军事共产主义因素的计划经济模式，改造成为有中国特色的、企业有充分活力的、自觉运用价值规律的计划经济模式。

从20世纪60年代以来，各国对苏联高度集中的计划经济模式进行改革，大体有三种做法。一种是对传统的计划经济模式进行改良；另一种是否定国家对经济的管理职能，完全靠市场调节。这两种做法对于我们都是不可取的。第三种是坚持计划经济，同

---

* 理论座谈会《红旗》杂志社小组于1984年11月8日上午举行第一次座谈，学习和讨论《中共中央关于经济体制改革的决定》。此为刘国光的发言摘要，原载《红旗》。

时重视市场机制的作用，把两者结合起来。这值得我们借鉴。我国地大、人口多，各地经济发展不平衡，这同欧洲许多国家的情况有很大不同。所以，我们在改革中，一方面要重视基层经济单位的灵活性和多样性，另一方面也要注意国家的计划指导和必要的指令性计划，特别是要注意国家的宏观控制。同时，我们还要重视发挥中间层次的积极作用，如发挥地区、部门、行业、公司等中间环节的作用，发挥中心城市组织经济的作用。这些都反映了我国作为发展中的社会主义国家的特色。

二、《决定》对政治经济学理论的突破和发展

1. 打破所有权同经营权不能分开的观念，提出了社会主义企业真正成为相对独立的经济实体，成为自主经营、自负盈亏的社会主义商品生产者和经营者。

2. 打破社会主义国家管理经济职能可以包揽一切的观念，提出政企职责分开的原则。

3. 打破计划经济与商品经济对立的观念，提出了社会主义计划经济是有计划的商品经济。

4. 打破把计划经济等同于指令性计划或以指令性计划为主，提出了对关系全局的重大经济活动实行指令性计划，对其他大量产品和经济活动实行指导性计划或完全由市场调节。

5. 打破社会主义平等原则等同于吃"大锅饭"，提出了允许和鼓励一部分人先富起来的政策。

6. 打破社会主义经济越大越公越好的观念，提出了多种经济形式和经营方式的共同发展。

7. 打破对内搞自给自足的自然经济、对外搞闭关锁国，提出了对内搞活、对外开放的方针。

以上最重要的是第三条。

刘国光

经济论著全集

第

5

卷

改造经济体制模式　完善社会主义制度[*]

（1984年12月）

中共中央十二届三中全会《中共中央关于经济体制改革的决定》，对指导我国社会主义现代化建设具有重大的现实意义和深远的历史意义。《决定》对当前改革的性质、任务和基本方针政策，作了全面的阐述。下面，我想说说自己学习《决定》的一些初步体会。

一、当前改革的实质就是要对原有经济体制模式进行根本性改造

当前我国正在进行的经济体制改革，是从党的十一届三中全会以后逐渐展开的，改革首先在农村取得突破，现在正扩展到以城市为重点的整个经济体制的各个方面。这次改革，不是局部的枝节性的，生产关系和上层建筑的某些环节的改进，而是带有整体性的，根本性的，即《决定》所说对"生产关系和上层建筑中不适应生产力发展的一系列相互联系的环节和方面"的全面改革。但是，这一改革，又不是社会主义基本经济制度的变革，而是"在坚持社会主义制度的前提下"进行的改革。既然这一改革既不是枝节性的改进，又不是基本制度的变革，那么究竟应该如何表达这一改革的确切含义呢？我认为，应当把当

---

* 原载《经济研究》1984年第12期。

前的经济体制改革理解为社会主义经济模式的改造，即把原有的与社会生产力发展要求不相适应的旧经济模式，改造成为适合于生产力发展的新模式。三中全会的《决定》，正是把我国当前的经济体制改革，提到改变旧模式、建立新模式的理论高度来解决的。《决定》制定了我国经济体制改革的蓝图、轮廓、方向，实际上也就是为我国社会主义经济模式的问题，做出了纲领性的解决。

研究我国社会主义经济模式和探索改革的目标模式，这个问题在十一届三中全会以后不久，经济理论界就提出来了。应该说直到十二届三中全会以前，对于这个问题是注意得不够的。而且还有过不赞成使用"模式"概念的意见，好像"模式"就像"模子"那样是一种固定不变的东西，是一个带有贬义的语词。其实，"模式"这个语词，就像"类型""形态""形式"等语词一样，它本身是中性的，既无褒义，也无贬义，它不过是一种研究和分析的工具。我们所说的社会主义经济体制的某种模式，并不直接等于某一个社会主义国家实际存在的经济体制本身，而是从实际存在的经济体制中，排除了具体的细节，而得到的理论的抽象。这里面包含着对于某一种具体经济体制的基本规定性的概括，它的基本框架，以及它的主要运行原则的总和。这种意义的模式反映了一种经济体制里面最主要最根本的东西。所以，在设计改革的方案和实施改革的过程中，及时解决和不断完善改革的目标模式，是很有必要的。明确了改革的目标模式，就可以帮助我们在改革中不致陷入细节受到各种次要因素的干扰而看不到主要的东西，又可以帮助我们从整体上把握经济体制，便于使改革的各项措施成龙配套，前后有序，从而避免走不必要的弯路。这样，就可以使我们每进行一项具体的改革，都能够朝目标前进一步，积小变为大变，我们就能够有计划有步骤地逐步实现改革的目标。

既然经济体制模式的改造是在坚持社会主义基本制度的前提下进行的，这就需要说明一下，社会主义基本经济制度同社会主义经济模式的关系。社会主义基本经济制度是指它区别于其他社会经济制度（资本主义经济制度，还有未来的共产主义经济制度）的基本特征而言的，大家知道，列宁对社会主义概括了两条：一条是生产资料的公有制，一条是按劳分配。后来人们还加上公有制基础上实行计划经济这一条，但是这一条是从公有制派生出来的；当然，经典作家也讲过社会主义经济是有计划地发展的这一类话。另外还有一条，就是公有制基础上的商品经济。这一条过去是有争论的，连社会主义的商品经济这一概念很长时期都回避使用。现在《决定》明确指出社会主义经济是有计划的商品经济，这个问题总算是解决了。总之，社会主义的基本经济制度是指区别于其他社会经济制度而在社会主义内部则是共性的东西。至于社会主义经济模式则是指社会主义经济制度内部的各种变种、各种类型。在共同的社会主义生产关系的基础上，可以有不同类型的经济机制，无论在生产资料所有制结构上，在经济决策权力结构上，在经济调节体系上，在经济鼓励的形式上，在经济管理组织的方式上，在劳动群众参加管理的方式和程度上，这许多方面都可以各不相同。社会主义各国的实践证明，在社会主义基本经济制度的范围内，不仅可能而且必须采用不同的模式。十月革命以来，历史上存在过的，或者现在还存在着的社会主义经济模式，大体上可以分为：军事共产主义供给制模式，传统的集中计划经济模式，改良的集中计划经济模式，与市场机制有机结合的计划经济模式，"市场社会主义"模式等。当然，这里提到的几种模式不过是理论上的分类，实际存在的经济体制的性质则不是那么绝对的，纯粹的，可能是中间型的、过渡型的或者是混合型的模式，有各种过渡的情况。

　　正是因为社会主义制度下客观上存在过并存在着不同的经

济体制模式，党的十一届六中全会决议指出，社会主义生产关系的发展并不存在一套固定的模式，我们的任务是要根据我国生产力发展的要求，在每一阶段创造出与之相适应和便于继续前进的生产关系的具体形式。这里实际上提出了社会主义经济体制模式变化和模式改造的问题。这次三中全会的决定进一步发展了这一论点，提出我国当前的经济体制改革，就是要从根本上改变束缚生产力发展的原有僵化的模式，建立起具有中国特色的、充满生机和活力的社会主义经济体制。为了解决我国经济体制改革的模式问题，我们首先要对我国原有的经济体制模式，作一点剖析。

二、我国原有经济体制模式的剖析

《决定》指出，我国原有的经济体制形成了一种同社会生产力发展要求不相适应的僵化的模式。这种模式的性质是什么？它是怎样形成的？它的主要特征和弊端是什么？下面，我想就这些问题，谈点自己的认识。

对于我国原有体制属于什么模式的问题，过去国内外不少人士都认为，中国原来的经济体制是"苏联模式"，也就是属于传统的集中计划经济模式。我以为，尽管传统"苏联式"或集中计划型经济模式对我国原来的经济体制有很大影响，但是把我国原有体制等同于传统的"苏联模式"，也是不妥当的。第一个五年计划期间，我们确曾仿效过苏联的模式，但是即使在那个时候，我们也没有完全照抄苏联的做法。那时我国还处在社会主义改造过程中，还存在着市场经济的因素，被我们利用来进行社会改造和发展经济，形成了一些我们独创的经验。如对资本主义工商业的社会主义改造，采取了加工订货、统购包销、代购代销、公私合营等一系列从低级到高级的国家资本主义形式，还采取了对资本家进行"赎买"的政策，等等。在农业、商业、财政、物价等领域的管理体制，新中国成立我们继承了全国解放前我国自己的一套办法，在以后的发展中也部分地受到苏联做法的影响。但是在现代工业、基本建设、物资供应等方面，苏联的影响更大一些。随着社会主义改造的基本完成，才逐渐形成了以中央集权、主要用行政手段为特征的集中计划型经济体制。实际上，我国原有经济模式的最初形成，有四个方面的由来。

一是新中国成立后，由于缺乏管理社会主义经济的经验，向建立第一个社会主义经济的苏联学习，这在当时是必要的。苏联经验中有些东西，如重视国民经济的综合平衡，基本建设严格按程序办事等，是可取的。但是国家集中过多、主要依靠行政手段管理，限制商品生产和忽视价值规律的作用等弊病，对我国经济体制的影响很大。

二是我国革命经过长期武装斗争，革命根据地和解放区的财政经济工作对于保证革命战争的胜利起到过重要作用，但也给新中国成立的经济体制带来很多供给制的因素。

三是在对私改造中，利用限制改造资本主义工商业，取得了很大成功，但改造中的统购包销等限制做法也保留在以后的经济体制中。

四是旧中国经济落后，自给性生产占很大比重，自然经济思想有深厚的基础，这种朴素的自然经济思想由于政治经济学中不承认社会主义经济是商品经济的属性，不承认社会主义计划经济必须自觉地依据和运用价值规律的"自然经济论"的引进而进一步强化，对于我国经济体制也有深刻的影响。

我国基于以上几个方面历史条件而形成起来的经济体制，基本上属于传统的集中计划经济型的模式，但同时带有明显的军事共产主义供给制因素。这种模式的主要特点是：经济活动决策权集中于国家手中，企业没有多少经营自主权；经济计划主要通过行政指令和实物调拨来实现，市场的作用微小；分配上统收统支，统负盈亏，企业吃国家的"大锅饭"，职工吃企业的"大锅饭"，等等。

这种过度集中型的、带有供给制因素的计划经济模式，在新中国成立初期经济发展水平较低，经济结构比较简单，经济发展目标以增强国家实力和解决人民温饱的简单需要为限的情况下，有其适应于社会生产力发展要求的一面。它对当时集中有限的财力、物力、人力，用于国家重点建设，奠定我国社会主义工业化的初步基础，确实曾起过积极作用。但是这种模式的种种弊病，如《决定》所指出的：政企职责不分，条块分割，国家对企业管得过多过死，忽视商品生产、价值规律的作用，分配中的平均主义严重，等等，挫伤了企业和劳动者的积极性，阻碍了商品经济的发展，往往造成产需脱节，不利于技术进步，使本来应该生机盎然的社会主义经济，在很大程度上失去了活力，历史经验证明，这种模式在提高生产效率和经济效益方面，是不怎么成功的。社会主义经济发展到一定水平，在经济结构和发展目标都大大复杂化了的情况下，这种过度集中的模式更不能适应社会生产力进一步发展的要求。

我国原有经济体制中某些统得过多过死的弊病，还在它形成的过程中，即在第一个五年计划末期，就逐渐显露出来了。对此，党中央当时已有所察觉，并曾提出了某些改革的想法。毛泽东同志在《论十大关系》的重要讲话中，就指出，"把什么东西统统都集中在中央或省市，不给工厂一点权力，一点机动的余地，一点利益，恐怕不妥"。刘少奇同志在八大政治报告中提出："保证企业在国家统一领导和统一计划下要有适当的自治权力。"陈云同志在八大讲话中，提出了社会主义改造基本完成后我国经济管理体制要有"三个主体、三个补充"^①的设想。这些，都是针对传统的过度集中型体制的弊病，提出了适合于我国当时国情的改革方向和原则。可惜的是，这些方向和原则。在以后的实践中并没有贯彻下去，相反地，有不少做法还与此背道而驰。1958年以后的某些改革，都把问题的重点放在中央和地方的关系上，两次大规模下放企业都是着眼于扩大地方权力，而企业作为行政机关附属物的地位并未改变。直到1978年十一届三中全会以前，一段很长时期内，由于"左"倾错误思想的指导，我国经济生活和经济体制中还出现了以下一些消极变化。

——在所有制问题上，排斥多种经济形式和经营方式，鼓吹越大越公越好，急于合并升级，搞穷过渡，"割资本主义尾巴"，使所有制形式日趋单一化；

——在经济决策权力问题上，农村推行政社合一，城镇集体经济地方国营化，国营企业政企职责不分更加发展，国家机构对经济的行政管理更加强化，经济运行中的行政动员因素增多，使经济决策权力结构更趋于集中化；

——在经济调节机制上，产品统一调拨分配的范围趋于扩大，定量限额供应的范围不断增多，进一步排斥商品货币关系和市场机制，使经济关系更加实物化；

——在劳动工资问题上，进一步限制和统制劳动力和人口的流动，长期冻结工资，一再批"奖金挂帅"，甚至以批资产阶级法权名义否定按劳分配，强化"大锅饭""铁饭碗"的制度，导致分配上更加平均主义化；

---

① "三个主体、三个补充"是指：在工商业经营方面，国家经营和集体经营是工商业的主体，个体经营是国家经营和集体经营的补充；在生产计划方面，计划生产是工农业生产的主体，按照市场变化而在国家计划许可范围内的自由生产是计划生产的补充；在社会主义的统一市场里，国家市场是它的主体，一定范围内国家领导的自由市场，是国家市场的补充。参见《陈云文选》。

——在经济组织问题上，用下放和上收企业的办法来处理集权和分权的矛盾，在集权型总系统下，又形成地方的几十个集权型子系统和部门的几十个集权型子系统，条块都要求自成体系，增加了经济组织结构的封闭化和分割化。

总起来说，1958年后，直到十一届三中全会以前的上述变化，使得我国原有经济体制在排斥多种经济形式上，在排斥商品货币关系上，在排斥物质利益原则上，都比苏联东欧各国原来的做法走得更远，我们经济生活中的单一化程度、集中化程度、实物化程度、平均主义化程度、封闭化程度，都比他们更大。这些变化，不但没有改变传统的过度集中型经济体制的基本特征，还强化了体制中的军事共产主义供给制因素。其结果正如《决定》所说，"就使经济体制上过度集中统一的问题不仅长期得不到解决，而且发展得越来越突出。……不能跳出原有的框框"，也就是说没有能够摆脱原有模式的束缚。只有从根本上改变这种束缚生产力发展要求的僵化的模式，建立起具有中国特色的、充满生机活力的新经济体制，中国的经济才有可能真正起飞，中国的社会主义现代化的宏伟任务才有可能顺利实现。

三、建立新经济体制模式的理论和认识前提

我国原有体制的僵化模式的形成，除了前面所述的历史条件外，从思想认识上找原因，主要有两条：一条是对什么是社会主义缺乏科学的理解，一条是对我国的基本国情缺乏清醒的认识。要建立新的有中国特色的社会主义经济模式，首先要从理论上澄清对于社会主义的种种误解，从认识上弄清我国的基本国情。

就对社会主义的理解来说，《决定》指出，"长期以来在对社会主义的理解上形成了若干不适合于实际情况的固定观念"。这些观念主要有：把社会主义的所有制看成是越大越公越好的、

纯而又纯的单一经济形式；把社会主义的社会化大生产看成是一个大工厂或者一架大机器；把社会主义的计划经济看成是同商品经济不相容的；把社会主义国家管理经济的职能看成是可以以政代企包办一切的；以及把社会主义社会的平等看成是平均主义；等等。

所有这些误解，都不符合社会主义的本性。社会主义社会的生产力是多层次的，特别是发展中的社会主义国家，社会生产力的多层结构是十分明显的。与此相适应，社会主义社会的所有制结构也不能不是多层次的，应当是在公有制占绝对优势的前提下，允许多种经济形式、多种经营方式存在。社会主义的社会化大生产绝不是像一个工厂内部技术分工系统一样由一个个车间组成的，而是由社会分工体系中众多的自主经营、自负盈亏、相对独立的经济实体组成的。社会主义经济由于公有制基础上根本利益的一致而必然具有计划性，同时由于不同所有制、不同企业、不同个人间局部利益的差别而必然具有商品性，因此计划经济同商品经济并不是互相对立的而是可以统一起来的。社会主义国家作为政权的体现者和全民财产的所有者应当有广泛的管理经济的职能，但是它不应当以政代企包办一切，不应当直接经营企业。社会主义社会的平等是指生产资料所有制和不劳动者不得食的平等，在此前提下承认劳动的差别和收入的差别，决不能把社会主义的平等等同于平均主义。

对于社会主义的种种误解，《决定》在有关地方或者以直接论辩的形式，或者以正面阐述的方式，作了有力的澄清。这样，《决定》在解决我国社会主义经济体制模式问题的同时，对社会主义经济理论有一系列突破和发展。我认为，至少有以下几点是需要注意的。一是打破了社会主义公有制中所有权与经营权不能分开的传统观念，提出了全民所有制企业要真正成为相对独立的经营实体的观点；二是打破了社会主义国家管理经济的职能是可以包办一切的传统观念，进一步阐明了政企职责分开的观点；三是打破了把社会主义计划经济同商品经济对立起来的传统观念，提出了社会主义经济是"有计划的商品经济"的观点；四是打破了把计划经济等同于指令性计划为主的传统观念，提出了扩大指导性计划和市场调节范围的观点；五是打破了把社会主义平等等同于平均主义的传统观念，进一步阐明了让一部分地区、企业和个人先富起来的观点；六是进一步破除了越大越公越是社会主义的传统观念，重申了坚持多种经济形式、多种经营方式的方针；七是彻底摒弃了对外闭关锁国、对内封锁分割的观点，进一步阐明了对外开放、对内交流的方针。这几条很重要，但我认为其中最重要的就是《决定》中确认了社会主义经济具有商品经济的属性，明确指出社会主义经济是"有计划的商品经济"，在我党的文献中第一次突破了把计划经济同商品经济对立起来的传统观念。《决定》的这一理论突破，不仅对于计划体制的改革，而且对于整个经济体制的改革即模式的改造，都具有极其深远的意义。因为，过去传统的过度集中的并带有供给制因素的僵化模式，其主要理论基础就是不承认社会主义经济具有商品经济的属性、不承认社会主义的计划经济必须自觉依据和运用价值规律的"自然经济论"。"自然经济论"对传统的集中型经济模式的形成有着深刻的影响。我国原有的经济体制中，在所有制结构方面排斥多种经济形式和经营方式，在经济决策结构方面权力过度集中于国家行政机构，企业缺乏作为商品生产者必要的经营自主权，在经济调节体系方面排斥市场机制，主要用行政手段和实物指标进行管理，在经济组织结构方面"大而全""小而全"、条块分割、城乡分割，在经济利益体系方面的平均主义吃"大锅饭"，在对外经济关系方面的闭关锁国，等等，无一不是受上述自然经济思想的影响，无一不是"自然经济论"在经济体制上的直接或间接反映。正因为如此，不彻底清除自然经济思想，就不能从根本上打破旧的模式。《决定》明确肯定社会主义经济的商品经济属性，强调计划经济要自觉依据和运用价值规律，这就给我们以反对"自然经济论"的有力武器。掌握了这一理论武器，我们就有更充足的论据来说明《决定》中提出的一系列重要问题，例如：为什么增强企业活力是经济体制改革的中心环节；为什么要逐步缩小指令性计划的范围，扩大指导性计划的范围；为什么要逐步缩小国家统一定价的范围，适当扩大浮动价格和自由价格的范围；为什么要建立合理的价格体系和充分重视经济杠杆的作用；为什么要实行政企分开、打破条块分割、强调中心城市的作用，提倡社会主义的竞争；为什么要让一部分地区、一部分企业、一部分人先富起来，以带动大家一浪接一浪地走向共同富裕；为什么要允许多种经济形式多种经营方式存在；为什么要扩大对外的和国内的经济技术交流；等等。所有这些，都是与承认社会主义经济具有商品经济的属性，强调自觉依据和运用价值规律是分不开的。可以说，《决定》对于社会主义商品经济和价值规律的论述，为我国新的社会主义经济体制模式奠定了一个十分重要的理论基础，我认为这样说绝不是过分的。

端正对于社会主义的认识，是建立具有中国特色的社会主义经济模式的一个根本出发点。另一个根本出发点是认清我国的基本国情。对于基本国情，要结合体制改革的任务来分析，我认为，这里主要应考虑以下几方面。

1. 应该明确，我国已经建立了社会主义制度。过去的经济体制，尽管有严重缺陷，但就其坚持生产资料公有制，坚持消灭剥削制度，坚持计划经济来看，它是社会主义性质的，并且在这种体制下，我们已经有了三十多年建设社会主义和组织社会经济活动的实践。当然，由于经验不足和对于社会主义的种种误解，这种社会主义的经济体制是很不成熟的、不完善的。我们的经验有正面的，也有反面的。当前改革的任务，就是要在认真总结自己的经验和教训的基础上，把过去不成熟的、包含着对于社会主义的种种误解的经济模式，改造成为比较成熟的、更符合社会主义本性的经济模式。

2. 我国经济基础落后，原来商品经济很不发达，自然经济思想深厚。为了实现现代化，不发展商品生产和商品交换是不行的。不论是农村改革、城市改革，还是对外开放，都旨在打破自然经济思想樊笼的束缚，大力发展社会主义的商品经济。我国人口多，特别是80％以上的人口在农村，不能长期束缚在有限的土地上，只有大力发展商品经济，才是我国的出路。体制改革必须考虑我国国情的这一重要特点，要革掉一切不利于商品经济发展的东西，建立有利于发展社会主义商品经济的体制。

3. 我国幅员广大，从中央到基层的层次较多，生产上存在着明显的二元结构，现代化生产和以手工业劳动为基础的生产并存，地区间经济发展很不平衡，这些都不同于别的国土较小而经济又比较发达的国家，更加需要采用多种经济形式和多层次决策，更加需要注意体制的灵活性和适应性。

需要指出，我国幅员广大、发展不平衡等国情特点，过去往往被用来作为论证必须加强集中统一管理的论据。的确，在我国这样一个发展中的社会主义大国，要保证国民经济有计划按比例地协调发展，不能放纵各个地区、各个部门、各个企业各自为政，为所欲为，国家必须从宏观上进行调节和控制，就这个意义来说，加强对国民经济的集中统一管理，是非常必要的。另一方面，正是由于我国幅员广大、经济发展不平衡等复杂情况，国家机关不可能纤细皆知，应让各地区、各部门、各企业根据当时当地情况，在国家统一计划下充分发挥其机动性、灵活性和创造性，不能把微观经济中的具体事务统统由国家集中管起来。对于这一点，《决定》也作了十分透彻的阐述。《决定》指出，"社会主义的计划体制，应该是统一性和灵活性相结合的体制。尤其是考虑到我国幅员广大，人口众多，考虑到交通不便、信息不灵、经济文化发展很不平衡的状况在短期内还难以完全改变，考虑到我国目前商品经济还很不发达，必须大力发展商品生产和商品交换的实际情况，建立这样的计划体制的需要就更加迫切"。我认为，《决定》关于（根据我国实际情况）建立起统一性与灵活性相结合的体制这一段论述，不仅计划体制的改革，而且在整个经济体制的改革中，都是必须考虑的。

四、新经济体制模式的中国特色

每一种经济体制模式都包含所有制结构、经济决策结构、经济调节体系、经济利益体系、经济组织结构这几个基本方面。对于我国经济体制改革的目标模式中的所有制结构，由于过去通过农村改革的经验，在理论和方针上已经实际得到解决，这次《决定》限于重申坚持多种经济形式、经营方式的共同发展，指出这是我们长期的方针，而把主要力量着重于解决全民所有制的体制模式问题。由于全民所有制在整个国民经济中占有主导地位，全民所有制体制问题的解决在整个经济体制的改革中具有决定性的意义。《决定》指出，增强企业活力，特别是增强全民所有制的大中企业的活力，是以城市为重点的整个经济体制改革的中心环节，并且提出所有权和经营权可以适当分开的新论点，要求给全民所有制企业以充分的、必要的经营活动的自主决策权，使之真正成为相对独立的经营实体和商品生产者。围绕这个中心环节，《决定》对计划体制、价格体系、国家机构管理经济的职能和劳动工资制度等方面，规定了相互配套的改革方向。综观《决定》提出的改革蓝图，按照经济体制模式包含的几个基本方面加以归纳，我国社会主义经济模式的改造方向，大体可以概括为以下几点。

一是在所有制结构上，把过去盲目追求"一大二公"，越来越单一化的公有制结构，改变成为以全民所有制为主导的，包括集体经济、个体经济、各种经济联合体等在内的多种经济形式和经营方式，共同发展的所有制结构。

二是在全民所有制内部，把过去权力过于集中在国家行政机关手中，企业没有多少经营自主权的状况，改变成为所有权与经营权可以分开的，以增强企业活力为核心的国家、企业和劳动者多层次决策的经济决策结构。

三是在计划与市场的关系上，把过去排斥市场机制的以指令性计划为主、以行政手段为主的经济调节体系，改变为加强指导性计划、主要运用价格等经济手段并利用市场机制的经济调节体系。

四是在分配制度上把过去过分强调国家利益忽视集体（企业）个人（劳动者）利益以及"大锅饭"的分配制度，改变为国家、集体和个人三者兼顾，经济收入同经济效益密切联系起来的经济利益体系。

五是把过去政企职责不分、以纵向隶属关系为主、以条块分割为特征的经济组织结构，改变为政企职责分开、以横向联系为主、以中心城市为枢纽的纵横交错的网络化经济组织体系。

上述几个方面构成的新的经济模式，是什么性质的模式呢？这是一种中国式的、企业有活力的、自觉依据和运用价值规律的计划经济模式。从我们前面提到的几种理论模式来看，它接近于与市场机制有机结合的计划经济模式。它的主要特点，一是坚持计划经济，同时发挥市场机制的作用；二是把大的方面管住管好，把小的方面放开放活；三是经济、行政、法律各种手段相互配合，主要通过经济政策、运用经济手段来指导经济活动，实现计划目标。这种新的社会主义经济模式，不仅与资本主义国家的市场经济模式根本不同，而且与其他社会主义国家有很大的差别，具有明显的中国特色。

先看看我国新经济模式同资本主义经济模式的比较。我们知道，资本主义国家的经济体制是以生产资料的资本家私有制和剥削制度为基础的市场经济体制。资本主义国家虽然对经济进行各种干预，有的国家还编制这样那样的计划，但是由于私有制和剥削所造成的根本利害冲突，他们不可能在全社会范围内实行计划经济，不可能经常地、自觉地保持经济发展的平衡性。资本主义国家无论怎样想方设法，都摆脱不了周期性的经济危机，就是证明。经济体制尽管由于考虑到社会主义经济具有商品经济的属性而强调利用价值规律和市场机制，但是社会主义的商品经济是在公有制基础上有计划的商品经济，商品经济可能带来的某些盲目性完全可以在计划经济的范围内运用各种手段来加以解决，从而可以避免无政府状态和周期性危机，可以经常地、自觉地保持经济发展的平衡性，这是与资本主义的市场经济模式根本不同的。

再同其他社会主义国家比较一下。

20世纪60年代以来，不少社会主义国家针对传统的集中计划经济模式的弊病，陆续采取了各种完善的措施，或者进行了不同程度的改革，迄今已延续二十多年。大体上有以下三种做法。

第一种做法是，对传统体制采取基本不动、局部改善的办法，即所谓改良的集中计划经济模式。其主要内容是把部分微观经济的决策权下放给企业，但在基本上仍然通过指令性计划来管理微观经济活动，市场机制只起辅助作用，实现计划仍然以行政手段为主。这种做法虽然比过去略有松动，但难以克服集中计划型经济体制的根本弊病，我们不宜采此做法，我们的目标模式与此有很多的不同。

第二种做法是，否定国家的经济管理职能，使企业成为完全独立的商品生产者，基本上靠市场机制来调节经济活动，扩大再生产的责任从国家转移到企业手中，国家虽然编制计划，但它既不管微观经济活动，又缺乏必要的宏观控制的手段，这样虽然把微观搞活了，企业的经营效率提高了，但往往造成宏观失控，比例失调，通货膨胀，失业率高。这种被称为"市场社会主义"的模式，也是不适合于我国采用的。我们的目标模式，在强调搞活企业、搞活微观的同时，注意国家对经济的必要管理、指导与调节，特别是对于宏观经济的计划控制，与上述做法显然不同。

第三种做法是，在计划经济中注意运用市场机制，力求把市场机制同计划经济有机地结合起来，这种做法尚不成熟，尚在继续发展与完善之中，其中有可资我国借鉴的一些东西，如强调用经济手段管理经济等。但是我国地广人众、经济发展很不平衡的基本国情，与欧洲实行这种模式的国家有很大的不同，我国改革的目标模式一方面更加重视基层经济单位的多样性、灵活性，另一方面更加重视国家的计划指导和宏观控制，还比较重视发挥地方和部门作为中间层次的作用，特别提出要发挥中心城市组织经济活动的作用，等等，所有这些，都反映了我国作为发展中的社会主义大国的特色，而与实行这种模式的别国显示出不少的差别。

从以上的分析可知，通过改革我们要建立的新体制，第一是与过去的僵化的模式不同，它是充满生机活力的；第二是与资本主义国家的经济体制改革不同，它是坚持社会主义基本制度的；第三是与其他社会主义国家在改革中采取的办法不同，它是有自己的中国特色的。总之，建立起具有中国特色的、充满生机活力的社会主义的经济体制，这就是《决定》指出的改革的根本任务。

五、社会主义制度的自我完善和发展

解决经济体制的模式问题，是关系到中国向何处去的一个大问题，理所当然地要引起国内外人士的广泛的关切。人们对于我国当前改革的性质，存在着一些不同的认识。问题集中在这样一点，即通过改革，我们是坚持和进一步完善社会主义，还是背离了社会主义，向资本主义倒退。对于这个重大问题，三中全会的《决定》实际上已经作了明确的回答。《决定》指出，我国的经济体制改革，是在坚持社会主义制度的前提下进行的，是社会主义制度的自我完善和发展。这里，就人们提出的某些有关问题，再作一些分析。

1. 允许多种经济形式共同发展，是不是回到三大改造以前去了？

过去，在"越大越公越是社会主义""割资本主义尾巴"等口号下，我国城乡经济形势日趋单一化。这种对社会主义所有制的狭隘理解和实践，既妨碍了社会主义经济的发展，又给人民生活带来很大不便。近几年来，恢复和发展了集体经济、个体经济以及其他过渡变通形式，使城乡经济形式多样化。本来，社会主义并不需要也不应该排斥在某些范围里个体经济和集体经济的存在，特别是我国城乡各行各业之间及行业内部生产力水平极不平衡，居民的生活服务需要千差万别，每年都有众多的新劳动人口要安排就业，这些都不是单一的全民所有制所能解决的。多种经济形式的存在，以其灵活多样的方式，弥补了全民所有制的不足，丰富了社会主义经济的内容。我国目前重新建立的多样化的所有制结构，是在公有制占绝对优势，全民所有制经济占主导地位条件下的多样化，这同三大改造以前社会主义公有制还处在资产阶级和小资产阶级所有制的包围

改造经济体制模式 完善社会主义制度

279

之中，谁战胜谁的问题还没有解决情况下的多种经济成分并存的局面，是大不相同的。在社会主义国家管理和强大的全民所有制经济的领导之下，多种经济形式的存在不但不是对社会主义经济的妨碍，而且有利于促进全民所有制企业改善经营管理，有利于整个社会主义经济的发展。

2. 实行政企分开、简政放权，企业自负盈亏，是不是取消社会主义国家的经济职能？会不会改变全民所有制的性质？

过去，在政企职责不分的体制下，全民所有制企业成为国家行政机构的附属物。这是基于对社会主义国家职能和对全民所有制内容的误解而产生的。这种误解，既混淆了国家管理职能与企业经营职能的分工，又混淆了所有权与经营权的区别。实行所有权与经营权分开，政企职责分开，简政放权，其实质就在于正确划清国家机关与企业的分工，使国家作为政权的体现者和全民财产的所有者行使其对整个经济的管理、指导和调节的职能，又使企业在国家计划指导下作为自负盈亏的经营实体发挥其活力。所谓放权，实际上是指不应当由国家机关管的微观经济方面（即小的方面）的具体事务，交给企业自己去管，而国家机关应当管的宏观经济方面（即大的方面）的事情，则不仅不能放，而且更要抓紧管严。这样做，不但不会削弱而且只会有利于加强国家管理经济的职能，不但不会改变全民所有制的性质，而且只会更有利于使它巩固发展，发挥其在国民经济中的主导作用。

3. 强调发展商品经济和运用价值规律，逐步缩小指令性计划的范围，会不会否定计划经济？

过去，在自然经济思想影响下，把社会主义的计划经济同商品经济对立起来，把商品经济等同于资本主义，把计划经济等同于指令性计划。这种对商品经济和计划经济的狭隘理解和实践，把计划管理搞得很死，不利于搞活企业，不利于社会主义商品经济的发展。理论和实践都证明，社会主义计划经济不仅不应该排斥商品经济和价值规律，而且必须大力发展商品经济，自觉运用价值规律，不如此，计划经济便是跛足的、低效的。计划经济最主要的任务，是自觉地、经常地保持经济发展的平衡性，而在商品经济条件下和搞活企业的要求下实现这一任务，就不能主要靠指令性计划，而要适当扩大指导性计划和市场调节的范围，并且，无论是指令性计划还是指导性计划，都必须自觉依据和运用价值规律。这样做，不仅不是对计划经济的否定，而且是更加丰富了计划经济的内容，使之更有效地促进社会主义经济的发展。

4. 让一部分人先富起来，是不是违背社会主义的分配原则，会不会引起两极分化？

过去，在平均主义思想影响下形成了吃"大锅饭"的分配制度。这种平均主义的分配制度是对社会主义分配原则的歪曲，它所带来的不是普遍富裕而是共同贫困。当前的改革，就是要彻底解决吃"大锅饭"的问题，坚定不移地落实鼓励一部分地区、一部分企业、一部分人先富起来的政策。在社会主义条件下提倡勤劳致富，让一部分劳动人民由于劳动好、对社会贡献大而先富起来，必将对大多数人产生强烈的吸引力和鼓舞作用，带动大多数人一浪接一浪地逐步走向共同富裕，不会出现少数人变为大地主、大资本家而大多数人重新沦为被剥削者的两极分化现象。对于可能出现的不合理的收入差距，国家可以采取税收等经济措施加以调节和控制，并使人民收入和消费的增长，同生产发展和劳动生产率的提高之间，保持一个合理的比率。所以，鼓励人们勤劳致富，完全不是违背社会主义的按劳分配原则，而是恢复和发展这一原则，使之成为推动社会主义生产发展的强大动力。

由上述可知，当前我国的经济体制改革，就是要把过去不完善的、不完全符合社会主义原则的体制，改革成为比较完善的、更加符合社会主义原则的体制，把不成熟的、不健全的社会主义推向更加成熟、更加健全的社会主义。所以，改革是社会主义的前进，而绝不是向资本主义倒退。一些朋友担心我国的改革会导致倒退，这种担心是不符合我国的实际的。另一些人士希望出现甚至想促成这种"倒退"，那不过是一种痴心妄想而已。

云南、贵州两省经济计划工作
几个问题的调查*

（1985年1月15日）

1月上旬，我趁去云南、贵州完成讲学任务之便，就经济计划工作一些问题开了几次座谈会，作了一点调查。现分四个问题报告如下，供研究参考。

一、"计划低、实绩高"的问题

云南、贵州两省近几年来同样是实绩一再超计划，但其幅度和差距略小于沿海一些省份。云南省的具体情况是：（%）

年份 指标	1981		1982		1983		1984	
	计划增长	实绩增长	计划增长	实绩增长	计划增长	实绩增长	计划增长	实绩增长
工农业总产值	2.3	8.1	4.3	11.5	5	9.5	6	13.5
农业总产值	2.5	8.3	4	10.2	4.6	6.6	5	13.1
工业总产值	2.1	8	4.5	12.5	5.3	11.9	7	13.8
轻工业总产值	6.8	17.9	8	14.5	7.4	13.1	9	13.1
重工业总产值	−2	−0.1	1.2	10.7	3.1	10.8	5	14.4
社会商品零售额	—	—	6.8	20.1	5.2	16.5	12	15.3

整个"六五"时期，原定计划为工农业总产值每年平均增长

---

* 本文系作者于1985年1月15日写的调查报告，得到了沈立人的协助。

7%，高于全国平均；预计可以提前一年完成，递增达9.9%，大体上接近全国平均速度。

贵州省的具体情况是：（1）工农业总产值，"六五"计划原定每年平均增长6%~7%（保六争七），预计可以提前一年完成，递增达7.9%；（2）农业总产值，这四年实绩超计划在3%~7%之间；（3）工业总产值，这四年实绩超计划在4%~12%之间；（4）社会商品零售额，1982年和1984年完成计划略有超过，1981年超计划5%，1983年超计划12%；（5）财政收入，1981年和1982年略超计划，1983年和1984年超计划10%左右；（6）主要工农业产品如煤、铁、钢和油菜、烟叶等也大多超计划，有的超达30%~50%。

"计划低、实绩高"的共同原因是：

1. 定计划时留有余地过大，尤其是按照现行超产分成、自销和超收分利的规定，企业从本身利益出发，尽量争取把计划定得低一些，可以"名利双全"。例如贵州省的钢产量，1980—1982年都计划6.6万吨，实际完成8.6万~10.6万吨；1983—1984年因新增长力把计划提高到9.2万~10万吨，实际完成11.6万~13万吨。不少企业都以上年实绩或上年计划为下一年的计划，形成计划不增产而实绩才增产。税利指标更是如此，使财政预算上不去，决算见分晓。

2. 对由于经济体制改革而促进经济增长的势头估计不足。首先表现在农业上，云南省1983年受灾严重，但与1978年比，除粮食仍增长10.5%外，油料增长1.5倍，甘蔗增长1.2倍，烤烟增长1.05倍；由此而带动了轻工业的加快发展，并使重工业也赶了上来。贵州省同样如此，这几年油菜、烤烟压缩了面积，产量还是增长；卷烟和家用电器实行限产，结果还是突破。云南省能源、交通有缺口，采取各种政策后，鼓励了增产节约，收效颇大。

3. 在计划方法上，计划的口径小，实绩的口径大，总会超计划。例如，钢、铁、煤、电，计划只包括重点企业，不包括其他企业；某些产品按国家分配原材料定计划，地方和企业自行组织协作、增产的不在内。因此，统计数字就要大得多。贵州省工业计划产品占总产值的比重，过去约为60%~70%，现在不到50%，使定计划难以预测，只能不全。固定资产投资计划和物资供应计划都是如此。

在座谈中，大家认为，"计划低、实绩高"，一般不是坏事。昆明市就产品进行分析，超产的大多是畅销货，有利于市场供应；超产对国家、企业、职工都有好处，达到"皆大欢喜"。但是也指出，如果超产过多，使计划安排失去作用，会造成不平衡。这几年生产资料依然紧张，消费资料有脱销也有积压，结构性矛盾很突出，不少与生产建设速度过快并不免有盲目性是分不开的。云南省商业厅的同志说，年初安排市场，购买力和商品大体平衡，而执行中购买力迅猛增长，潜在购买力越积越厚，零售额即便超计划10%~15%，还有很大差距；与此相应，货币大量投放，1984年超过计划两倍，使市场受到冲击，目前连肥皂也供不应求了。

大家认为，今后在计划工作中必须坚持实事求是的原则，并在方法上加以改进。有机化工厂的同志建议，不要片面强调总产值，更要重视能够反映经济效益的指标如净产值和税利等；同时要区别情况，防止某些产品为争原材料而把计划定高或为争自销而把计划定低。贵阳市经委的同志建议，今后计划可有一个浮动幅度，下限保国家计划，上限为奋斗目标。有的同志建议，把超产分成改为全额分成，或许可以解决这个矛盾。

二、指令性计划和指导性计划的问题

根据国家计委的改进意见，云南省计委的初步打算是：农业计划，基本上实行指导性计划；工业计划，把原来的177个指令性指标减少为51个，定为指导性指标的有58个；商业计划，把原来的45个指令性指标减少为18个；外贸计划，把原来的190多个指令性指标减少为40多个。

但是不少同志认为，如何具体改革，还是不明确的。他们提出了一些问题。

1. 划分两种计划形式的客观依据和标准是什么？现在的理解，一是重要和不重要，一是稀缺和不稀缺，但都感到不够科学。国家计委似乎是按前一标准划分的，可多可少，有随意性；而到了部门和地方，往往又随意增加，也多少不等。云南省拟按后一标准划分，结果把主要生产资料列为指令性计划，而消费资料大多属于指导性计划；他们提出，稀缺不稀缺的情况在不断变化，将来理顺了关系，指令性计划最后是否会基本上取消？

2. 对待两种计划形式的具体做法有何不同？现在的做法是对指令性计划尽量在能源和原材料的调拨分配上给予保证，而对指导性计划则否，余下多少安排多少。这样，企业纷纷要求列入指令性计划，认为指导性计划靠不住，提出指令性计划既有强制性和必须完成，在下达计划时就必须相应提供充分条件，"不留缺口"，否则不能接受。这会产生一系列连锁反应，例如，贵州省下达电石计划要保证焦炭，下达焦炭计划要保证煤，……最后连包装材料都将成为指令性计划。

3. 计划管理和计划工作怎样适应计划形式的改革？省、市计委的同志都反映，过去只有实行指令性计划和调拨分配物资的经验，缺乏实行指导性计划和自觉运用价值规律的办法，现在一放，就不知道工作怎样做了；更表现在过去只管指令性计划内一块，不管全社会（包括生产、建设和人、财、物等），现在指令性计划缩小，要管全社会，感到难以适应。看来，现行体制也不适应，在计划体制上突破了，其他体制（尤其是物资供应体制）

都要配套进行改革，特别是价格要活、信息要灵，否则计划体制的改革和指导性计划的扩大就不能真正落实。

4. 自觉运用经济杠杆，地方能否有一定权限？从指令性计划为主到两种计划形式并重，连同市场调节，都要依据和运用价值规律。他们反映，目前地方无权运用经济杠杆。云南省1983年为了扶持57个贫困县发展生产，拟把银行贷款利率降低到3.3%，总行不承认。他们认为，中国很大，情况各殊，一切统于中央，不能完全符合当地具体情况。当然，哪些该统，哪些可放，必须有所区别；但是，地方要有一定权限，则是应予肯定的。

5. 指令性计划和指导性计划同时并存，不少矛盾怎样解决？这在一种产品、一个企业，矛盾都很明显。一个产品，例如煤，生产和供应、使用都有交叉。贵州省每年用煤2 100万吨，其中统配800万吨，其余靠计划外；但是如铝厂甚至电厂，生产计划是指令性的，物资计划非指令性，难以保证。一个企业同时有两种计划，不仅价格有别，使成本核算和经营管理出现混乱，而且往往是计划外或指导性计划挤了指令性计划，前者超产、超销而后者的产、销都完不成。

6. 除指令性计划外，怎样考核企业？两省计委、经委和企业的同志们提出，指令性计划可以考核，指导性计划就不明确。云南机床厂认为，指导性计划在签订合同前与市场调节差不多，只能在签订合同后，按合同执行情况进行考核。昆明钢铁厂认为，指导性计划可以不作为考核依据，而只考核企业的经济效益是否提高；但是也要少而实，有的质量、成本已到一定水平，只能要求稳定，不能年年要求再提高、再降低。

通过调查，感到计划体制的改革，从原则到具体，确有很多问题尚待研究解决。他们的某些意见，例如认为指令性计划是定量，指导性计划是定向；指导性计划要有灵活性，指令性计划也不能不有一定的弹性；两种计划形式既有区别，又有联系和交叉；等等。这些都是很好的。由于时间短促，还不能有答案，有的要在实践中继续探讨。

三、搞活大中型企业存在的问题

在昆明和贵阳部分大中型企业座谈会上，企业领导人反映，1984年国务院《关于进一步扩大国营工业企业自主权的暂行规定》（俗称《扩权十条》）下达后，企业活力有所增强。例如贵州省的林东矿务局推行吨煤工资承包，产量稳定上升；两省一些三线军工企业兼产民品，初步改变任务不足局面。但是大家认为，当前还存在不少问题，尤其是边远省份基础较差、交通不便、信息不灵，遇到困难更多。这些问题主要是以下几方面。

1. 企业的生产经营自主权过小。两省的一些地方骨干企业，重工业如机床、钢铁、有色金属，轻工业如纺织、卷烟、制药等，生产经营大多实行指令性计划，企业的自主权有限，不能根据市场需求情况，充分发挥优势。云南的卷烟和制药，从当地资源出发，本来大有发展余地；由于基本上只能按指令性计划生产，几年来虽有发展，但不如某些新建中小企业的增长速度快。

2. 供应和销售体制与市场变化不相适应。这些企业的供销，同样被计划统得过多过死，缺乏灵活性。贵州省不产棉，贵阳棉纺厂的原料都由国家调拨，流向和级配不尽合理；他们认为，如果允许企业自行选购，可能等级的配合更好，每担价格可节省5~8元。在销售上，昆明机床厂、冶炼厂等提出，畅销的产品由国家计划收购，滞销的产品要企业自行销售，形成上下争热门货，长期未得适当解决。昆明烟厂和昆明、贵阳钢铁厂还希望明确一定的自销比例。

3. 企业缺乏自我改造和自我发展的能力。这也就是财权问题，企业反映最多。贵州省经委认为，这些地区底子差，企业大多边建边产，欠债累累，至今没有还清。全省交通紧张，而运输企业的留利按人平均只有200元，仅能用于奖励和福利，没有钱搞更新改造。贵阳棉纺厂现有设备是"第二代"的，全国同类的7个厂都已改造完毕，而他们的历年提留不够，只改造了1/4；如果用银行贷款，利息要占企业留利的1/3，难以偿还。贵阳钢铁厂的厂长说：实行拨、改、贷，我们也赞成；但是还不起，让下一辈（新厂长）再还吧。一些煤矿的留利不能保证安全生产的需要。云南烟厂的留利使用，超过5万元要报批，认为没有"松绑"。

4. 工资奖励的无形限制大，束缚了职工积极性。不少企业认为，对超过两个半月的奖金征累进重税，实质上仍是封顶，使企业负担不起，除非采取其他迂回的逃税手段。贵阳棉纺厂等认为，这种办法使企业留不住能人，竞争不过集体所有制单位。298厂对贡献较大的工人（约占30%）增发6元奖金，被批评为"撒胡椒面"。贵阳钢铁厂反映，当前调整中小学教师工资，对厂办学校不适用，内部矛盾很大。昆明冶炼厂等还提出，银行现金管理过严，超过30元就要用支票，使企业一些小改小革本来可以靠职工内包解决，由于不许发钱，不得不改为外包，支出要成倍增加。

5. 价格冻结，企业无权，越来越不合理。昆明冶炼厂的电解铅，每吨定为2 130元，其实超产1/2都是找米下锅，成本不断上升，使纯利少到每吨只有四五十元。298厂的三种民用产品价格长期不动，与外地新厂新价的差距扩大（例如同规格的望远镜出厂价，该厂231元，西安厂400元），一年少收纯利150万元。贵州有机化工厂则从另一角度提出，近年来机电产品价格上浮20%多，使投资预算一再被突破，不能保证按计划完成工作量。

6. 对外贸易和外汇分成无权，不利于企业发展。很多单位反映，可以利用外资、引进技术或出口产品，但是企业无权，影响工作开展。云南烟厂产品有出口，但无外汇分成，要进口一些技术装备和零配件未得到解决。298厂的望远镜每年能出口20万架，但要进口一些零配件，由于外汇不足（出口200万—400万美元，分成只有4万~5万美元），也难进行；他们还能接受来料加工，但不许与外商直接打交道，必须通过别的部门，付3%~5%的手续费（即使自己找到关系，也要请这些部门收手续费）。贵阳棉纺厂改进品种，打入国际市场，已订合同，却被制止，希望有关部门重视和照顾边远地区。

7. 专业公司行政化，行政机关不尽责。这两个省近年来也先后建立一些专业公司，据企业反映，与其他地区相类似，仍是行政机关，甚至比政机关的权力更集中，对企业的干预更多。云南省的烟草公司掌握产供销大权，使企业很少主动，但是很多具体问题仍要企业自己解决，感到为难；例如对烟叶的分配，公司只给数量指标，质量和品种并不保证，要烟厂自找门路。他们还反映，行政机关的协调、服务、监督等作用发挥得不够。有机化工厂提出，省内省外将建一批化纤厂，缺乏统一平衡，似有一哄而起趋势；林东矿务局提出，农民乱开小煤窑，缺乏全面规划，破坏了资源。他们还反映，具体规定朝令夕改，签订合同不能兑现，不正之风未得制止（例如计划内的车皮也要付"小费"，买钢材在发票价外要加20%），都是有关部门没有尽到自己的职责。建议在不少工作上，要改部门管理为行业管理。

8. 企业的内外负担过重，影响活力的发挥。外部负担即所谓"苛捐杂税"，用他们的话，叫作"社会吃企业的'大锅饭'"。298厂在山沟，盖宿舍要付7%的商业网点费，而商店、粮站仍由该厂出人、出钱；各种"赞助"更多，如建水泥厂要摊投资20万元。内部负担主要是老厂退休职工不断增加，贵阳棉纺厂每年退休60人，连同包下来的职工子女等，各种开支达30万元，相对地减少留利，使生产改进和生活改善落后于新厂。贵阳钢铁厂退休职工的顶替，女多于男，难以安排。他们建议，要迅速改革退休办法，实行社会保险。

在座谈中，大家要求，除贯彻既定的改革措施外，对边远省份必须采取更加放宽的政策。贵阳钢铁厂等认为，利改税的第二步使这些企业留利过少，希望实行首都钢铁公司一样的利润递增包干办法；贵阳棉纺厂等认为税负太重，希望免除"中间税"（纱、布不重征），并在几年内返还所得税的30％左右，以利老厂改造；云南烟厂等认为，对当地卷烟企业不要限产（现在规定增产、超产收入全部归中央），以发挥资源优势和质量优势。

四、边远省份搞活经济的问题

联系到计划安排和体制改革等问题，两省的同志都反映，云、贵地处边远，经济技术基础较差，希望国家在计划安排上给予照顾，在体制改革上适当放宽。贵州省按人口平均的工农业总产值和国民收入，居于全国末位。两省每年的机动财力（包括预算外），不及沿海的一个"明星城市"；昆明、贵阳两市每年的机动财力，不及沿海的某些县。这几年虽然经济增长速度加快，但是与一些发展更快的省、市比，差距不是缩小而是扩大。他们的意见有：

1. 在计划安排上，要求注意发挥资源优势，帮助克服薄弱环节。过去定计划，常用的是"基数法"，这对后进地区十分不利，更不能逐步缩小与先进地区的差距。两省的能源和矿产都较丰富，农副产品也有特色，例如水力、煤炭、磷矿、有色金属和木材、水果、橡胶、烟叶等大多还是潜在优势，亟待开发，国家要给予适当支持，才能成为现实。贵州省反映，当地电子工业有一定基础（包括军工），在国家计委确定彩电引进项目的一次"投标"中，以自筹外汇多少为准，贵州省当然竞争不过沿海省份了。

2. 在对外开放上，要求对靠近沿海、资源有利的贵阳、昆明市也采取特殊政策。这两个省解决资金、技术问题，除靠自己外，更广阔的门路在于利用外资、引进技术。他们认为，对外开放，沿海14个城市处于第一线，固然有利条件很多；同时，这对于离海岸线不远，并有资源优势，对外商也有吸引力的省份，也可采取特殊政策（优惠的税率、较大的批准权等），使之能够更好地实行对外开放，得到更快的开发。他们还提出，目前有一种"从东到西"的阶梯式发展战略，如果机械理解，有片面性，不如强调因地制宜、发挥优势，有利于调动包括内地的各方面积极性。

3. 在其他政策上，要求对边远地区进一步放宽，不搞"一刀切"。云南省反映，当地盛产优质烟叶，卷烟在国内外都有市场，而前几年限产，全国一个杠杠，使他们得不到应有发展，也不符合扬长补短、适当竞争的原则。他们要求逐步扩大就地加工，增产不增调；或者调整价格，使供应原料的不吃亏。两省还反映，近年来人才倒流，当地有的中央直属单位成建制地外迁，不利于开发后进地区，要在政策上有所变通，使技术力量能够扎下根来。

经济管理体制改革应有良好的经济环境*

——在国务院经济研究中心一次会议上的发言
（1985年2月）

当前经济形势，无论从生产建设的发展速度上看，从经济管理体制改革的进展上看，从人民生活的改善和城乡面貌的改变上看，都可以说是新中国成立以来最好的形势。当然，在前进过程中不可避免地存在各种问题。下面，主要就关系到我国经济管理体制改革能否有良好经济环境的两个重要问题，综合地谈点感想。

第一个问题，近几年经济增长速度一年年加快，实绩超过计划的幅度很大，这里面除了正常的因素外，有没有不正常的因素？或者说，有没有"过热"的成分？大致有两种看法：一种是认为现在不能说已经"过热"，随着改革和开放放出的活力，速度还可以加快；另一种看法则认为，现在已经有点"过热"，要收缩一下，降点速度。

第二个问题，这几年货币流通量过多，特别是1984年票子增发很多，这里除了与发展商品经济有关的正常因素外，是不是也有过头的成分，有没有危险？似乎也有两种看法：一种看法认为货币量的超前增长是经济"起飞"所需要的，并能为"起飞"所

---

* 原载《管理世界》1985年第3期。

吸收，所以不必担心；另一种看法认为，货币量超前增长过多，潜伏着危险，必须严加控制。

这两个问题是互相联系的，我对这两个问题都倾向于后一种看法（也是多数人的看法），就是说经济超计划发展，形势大好，但是有点"过热"。货币超前增长，确有必要，但是显然过多。经济发展的实绩大大超过计划，主要是由于定计划时受到计划内平衡条件的限制，对计划外各种因素估计不足，特别是对调整和改革所带来的经济活力等积极因素估计不足造成的。这种活力发挥出来当然是件大好事。货币流通量的超前增长，主要是由于城乡商品生产和商品流通的扩展比整个工农业产品生产增长得更快，多种经济形式和经营方式的发展扩大了现金支付的范围等。这也是符合我国当前经济发展和经济改革客观需要的。但是，看来经济的加速发展和货币的超前增长，越过了经济所能承受的限度，因此出现了经济有点"过热"和货币显然过多的现象。

这种"过热"和"过多"的现象，人们在日常经济生活中已经感受出来。它主要表现在商品、物资的紧张和市场物价的不稳上。当然，总的来说这几年商品物资的供应比前些年富裕多了，但仍有许多关系国计民生的产品还是紧张的。1984年某些建筑材料的短缺有所缓和，但这主要是靠大量进口弥补的。即使这样，钢材在有些地方的卖价仍相当高，不少东西还是紧张的，特别是电力、交通紧张。生产资料存在多重价格，以及利用价差进行倒买倒卖等不正之风，除了管理体制上的原因（如生产资料贸易市场尚未正常建立等）外，主要还是由于物资短缺。

造成经济"过热"和货币过多的原因很多，特别是经济模式正处在转换的过程中，原因更加复杂。归根结底，还是由于投资加消费形成的总需求，超过国民生产总值提供的总供给，也就是通常所说的国民收入的超分配所造成的。经济"过热"和票子过多，对于当前的调整和改革都是不利的。

就调整来说，过去几年的调整已经取得了很大成绩，两大部类之间的比例大体协调，但是产业结构、产品结构不适应需求结构的变化，进一步调整结构的任务已经提上了议事日程。但是供需结构的调整，要以总需求、总供给的平衡为前提，过去几年我们对Ⅰ、Ⅱ部类关系的大调整，就是从压缩投资从而压缩总需求开始的，没有这个前提条件，两大部类的调整是不可能的。现在我们要进一步调整产业结构、产品结构，但是我们面临的不仅是固定资产投资规模连续几年以每年100亿元以上的幅度扩大，而且加上消费需求迅速膨胀的新因素。在国民收入超分配、总需求大于总供给的问题没有解决，各方面都绷得很紧，没有多少余地的情况下，实现新的结构调整任务，要遇到很大障碍。

再就改革来说，它更需要一个比较宽裕的经济环境。标志着旧体制特征的行政指令管理，集中统一分配之所以必需，归根结底是由于物力财力资源紧缺，而重点需要又要保证。在物力财力资源继续保持紧张状态的情况下，下放权力，缩小行政指令管理的范围，必然给经济生活和社会风尚带来不少不正常的现象，延续下去，可能造成经济社会的紊乱，从而败坏改革的名誉，影响改革的进程。由于经济改革在调整人们利益关系的过程中，要保证多数人得益，而改革带来的效益要经过一段时间才能反映出来，因此改革时期要有比较雄厚的物资和资金后备，以备改革之用，这就需要有一个比较稳定宽裕的经济环境，要有一个总供给略大于总需求的有限的买方市场局面，没有这个条件，改革就可能受挫。这个道理，国内外许多经济学者都讲过，各国改革的经验教训也反复证明过，我们千万不要等闲视之。

为了使结构调整和经济管理体制改革有一个比较好的经济环境，有必要治一治经济发展中"过热"和与此相伴随的货币流通量过多的毛病。一些同志提出，最近两三年内要把发展速度放慢一点，把固定资产投资稳定在目前的水平上，同时采取有力措施刹住消费膨胀，要尽一切可能从各方面腾出资金和物资力量，首先解决改革之需。我很赞成这样的主张。

所谓放慢一点速度，指的是把"过热"的那一部分速度降下来，不是不要适度的速度。适度的速度既是当前经济改革所需要的，也是为20世纪90年代经济振兴准备条件所需要的。放慢一点速度，指的是实际速度，因为计划速度要留有余地，这一点我们已经注意到了，问题是在执行中追求产值速度的劲头仍然很大。因为领导提倡它，宣传上强调它，评比上也使用它，所以今后领导讲话，报刊上宣传都要注意不要引导各级再去干那种片面追求产值速度的蠢事，评比上也要取消总产值速度指标，而采用净产值与效益指标。

刹住消费膨胀。这里有经济模式转换过程中产生的漏洞如何堵塞的问题，也有对高收入、高消费的片面宣传如何纠正的问题，还有对各种化公为私的不正之风如何制止的问题等，都要解决。刹住消费膨胀，是要把收入增长刹到劳动生产率增长以下，把消费增长刹到生产增长以下，而不是不要收入和消费的适度增长。在改革时期为使大多数人受益，收入和消费适度增长的"度"和"面"更应与平时有所不同，要让多数群众能够在弥补物价的实际上涨之余，感到真正受到改革之益，要使这种受益纳入可以控制的改革轨道之内。如果在可以控制的改革轨道之内我们在及时、主动和适度解决上述多数人受益的问题上犹豫踟蹰，那么要遏止轨道外的消费膨胀就会遇到阻力。滥发奖金、津贴、实物之风已经延续不止一年了，虽然三令五申，一直有禁无止。

为什么发生这种情况，需要总结经验教训，切实解决。

控制投资规模。最近各方面对遏制消费膨胀十分重视，这确是当前紧迫课题。但是，从稍长远一点看，控制投资规模可能是更重要的问题。1982年以来，全民所有制单位的固定资产投资每年以100亿元以上的幅度增长，由于经济情况的好转，进一步扩张的势头看来还要发展，不能忽视"投资饥饿饿症"是社会主义各国迄今的通病，上上下下都容易得这个病。据匈牙利经济学家科尔奈在《短缺经济学》这本书中分析，造成投资紧张的原因很多，最主要的是各级各单位领导人员都有扩张自己所管事业的欲望，而对扩张所带来的风险不承担财务责任。科尔奈从匈牙利历史经验中提出了六个影响投资紧张的因素。第一个因素是中央的增长政策，是采取高速度的增长政策呢，还是采取适度速度的增长政策？第二个因素是投资分配政策，是忽视农业、轻工业、基础设施、服务部门的投资分配政策呢，还是不忽视这些部门的投资分配政策？第三个因素是对投资行为的官方态度，是鼓励以投资为光荣的态度，还是要求对投资自我节制的态度？第四个因素是投资决策体制，是高度集中的投资决策体制呢，还是部分分散的投资决策体制？第五个因素是生产决策体制，是高度集中体制呢，还是完全分散的体制？第六个因素是有没有遏制投资的内在经济力量，是实行投资当事人不负财务风险责任的"软"财政制度呢，还是实行投资当事人要负财务风险责任的"硬"财政制度？据科尔奈说，匈牙利在20世纪50年代初期，以上六个因素大体上都处于前一种情况，就是说，实行的是高速度的增长政策，忽视农业、轻工业、基础设施、服务行业的投资分配政策，鼓励投资的官方态度，高度集中的投资决策和生产决策，以及投资当事人不承担财务风险的"软"财政制度。改革以后，前五个因素的情况有了变化，大体上接近于上面列举的后一种情况，就是：高速度的增长政策过渡到适度的增长政策；忽视农业、轻工业、基础设施、服务业的投资分配政策过渡到不忽视这些部门的投资分配政策；高度集中的投资决策、生产决策体制过渡到部分分散的投资决策和完全分散的生产决策体制。但是第六个因素却仍然是原来的情况，就是继续实行投资当事人不承担财务风险责任的

"软"财政制度，没有遏制投资的内在经济力量。科尔奈接着指出，匈牙利在这两个时期，都存在投资紧张的问题，"投资饥饿症"并没有因改革而消失。从这个分析中得出的结论，前五个因素对于投资紧张局面的形成是重要的，它们起着加强和削弱投资紧张局面的作用，但它们都不是造成投资紧张的充足条件。造成投资紧张的充足条件是第六个因素，就是缺乏遏制投资的内在经济力量，投资当事人不承担财务风险责任的"软"财政制度，也就是我们所说的"资金大锅饭"的制度。看来，"软"财政或"资金大锅饭"这个问题不解决，即使上层政治领导人高瞻远瞩，为长远利益而调整增长政策，下放决策权力，压缩国家预算内投资规模，克服了自己身上的"投资饥饿症"，但是在"资金大锅饭"没有根本改变的情况下，也治不了下面各层特别是企业领导人的"投资饥饿症"。我们现在预算内投资由财政拨款转为银行贷款。预算外投资银行贷款也占了很大部分，但也没有从根本上改变"资金大锅饭"的局面。按说银行贷款的原则是有借有还，但是现在用银行贷款进行投资的当事人，如果搞不好，还不了款，他也没有多少责任，借款是多多益善，还款是以后再说。所以，在"资金大锅饭"的制度下，没有一种内在的经济力量迫使投资当事人自我克制投资欲望。如果投资当事人要承担投资的风险责任，搞不好还不清贷款就要宣布企业破产，就要在经济上受罚，那么投资当事人在借款投资的时候就会慎重了。当然，如果投资成功，贡献很大，也应当得到优厚的收入或奖赏。总之，只有彻底打破"资金大锅饭"，实行投资当事人（包括投资决策人、投资申请人、投资执行人）的财务风险责任制，有奖有罚，重奖重罚，才能从根本上治愈"投资饥饿症"。如何具体做到这一点，这是一个在经济管理体制改革过程中需要认真研究解决的问题。

城市工商业体制改革的实践[*]

（1985年2月）

党的十二届三中全会关于经济体制改革的决定，总结了我国社会主义建设的经验，特别是几年来城乡经济体制改革的经验，制定了我国经济体制改革的轮廓、蓝图，解决了我国社会主义经济的模式问题，对于我国社会主义现代化建设，具有重大的现实意义和深远的历史意义。回顾和总结一下几年来城市工商业体制改革的实践经验，对于深刻理解和正确贯彻《决定》的精神，进一步完善我国的社会主义经济制度，是很有必要的。

一、五年来城市工商业体制改革的回顾

我国城市工商业体制是在第一个五年计划时期逐步形成的。它是一种以行政管理为主的高度集中的经济体制。这种体制虽经几次变革，都只是在企业的隶属关系和行政权限的划分上作些变动，其主要运行原则变化不大。这种体制的某些方面，还能适应新中国成立初期经济发展水平较低、经济结构比较简单，以满足人民温饱需要为目标的情况。它对当时集中有限的财力、物力和人力，进行重点建设，尽快地建立工业化的初步基础，保障人民生活基本需要，也起了一定的作用。但是，后来这种经济体制逐渐形成为一种同生产力发展不相适应的僵化的模式。这种以行政

---

* 本文与董辅礽合作，原载《红旗》1985年第3期。

管理为主、过度集权的体制就越来越不适应形势发展的要求，特别是不适应社会主义现代化建设的要求，必须加以改革。

党的十一届三中全会以来，我国城市工商业体制进行了一系列改革，大体上经历了思想酝酿，扩大企业自主权试点与建立经济责任制，搞活流通、发展横向联系三个发展阶段。

粉碎"四人帮"以后，通过批判"两个凡是"，开展实践是检验真理的唯一标准的讨论，进行了思想上的拨乱反正，使我们能够解放思想，实事求是地认识原有体制的弊病和缺陷，以及进行改革的必要性。在党的十一届三中全会方针的指引下，在党中央和国务院领导同志的直接关怀下，理论界对政治和经济的关系、经济管理和行政管理的关系、商品生产和价值规律、计划与市场、利润和奖金等问题展开了热烈的讨论，为工商业体制改革进行了思想上的探索和酝酿。

1978年10月，四川省首先在宁江机床厂等6个企业进行了扩大企业自主权的试点，拉开了城市工商业体制改革的序幕。1979年7月，国务院颁发了有关扩大国营工业企业经营管理自主权的5个文件，对试点企业的权限做出了具体规定，有关部门在京、津、沪选择了8个企业进行扩权试验。以后，中央又做出一系列决策，使扩大企业自主权的试验逐步展开，遍及全国。到1980年年底，全国试点工业企业达6600多个，其中实行"以税代利、独立核算、自负盈亏"试点的有200多个。这些试点企业约占全国预算内工业企业总数的16%，产值占60%左右，利润占70%左右。同时，国家对3900多个全民所有制商业企业，500多个粮食企业也扩大了自主权。

随着扩大企业自主权试点的发展，要求企业把责、权、利三者很好地结合起来。1981年，山东、北京等省市在农业生产责任制的启发下，开始在一些工业企业实行经济责任制。中央及时总结了首都钢铁工业公司等企业的经验，国务院于1981年10月、11

月连续批转了有关实行工业生产经济责任制的两个文件，促进了工业经济责任制在全国范围的推行。1981年，全国有36000多个工业企业、23 800多个商业企业、11 650多个粮食企业实行了经济责任制。到1982年年底，推行经济责任制的工业企业已占预算内全民所有制工业企业的80％多，推行经济责任制的商业企业占独立核算企业数的35％左右。

从1982年开始，我国城市工商业体制改革逐步向搞活流通、发展横向经济联系的阶段发展。在这一阶段，开始强调了发挥中心城市在组织生产和流通中的作用，先后在沙市、常州、重庆等城市开始进行中心城市的综合改革的试点。在打破条块分割、城乡分割，促进工业的改组和联合，疏通城乡商品流通渠道等方面，采取了一系列措施。1983年，开始实行利改税的第一步。目前正在实行利改税的第二步。1984年5月，赵紫阳在六届人大二次会议的《政府工作报告》中指出，今后的经济工作中，要着重抓好体制改革和对外开放这两件大事，并对城市工商业改革提出了一些相互配套的措施。国务院决定在生产经营计划等十个方面，进一步扩大工业企业自主权。在城市全民所有制商业改革方面着重对批发体制进行改革。党的十二届三中全会关于经济体制改革的历史性决定，将使城市工商业改革进入一个全面开展的新阶段。

二、城市工商业体制改革取得的成绩

五年多来，我国城市工商业体制的改革涉及社会生产、流通、分配等各个领域和各个环节，归纳起来，主要在以下七个方面取得了成绩。

1. 发展了集体经济和个体经济，出现了企业的多种经营方式。

近几年，城镇恢复、发展了一批集体所有制的工业、建筑业、运输业、零售商业、饮食业和修理业等企业，个体工商业也得到了发展。到1983年年底，城镇集体所有制企业的职工人数由1978年的2 048万人增长到2744万人，增加了696万人；城镇个体劳动者由1978年的15万人增长到231万人，增加了216万人。集体经济、个体经济的恢复和发展，补充了全民所有制经济的不足，对繁荣经济、搞活市场，扩大就业门路，增加服务网点，方便群众生活，都起了积极的作用。

在经营方式上，开始把生产资料所有权和经营管理权区别开来，试点的全民所有制企业有了不同程度的经营自主权，实行了各种形式的盈亏责任制或自负盈亏。对一批全民或集体所有制的小型企业，试行了职工集体或个人承包经营或租赁经营办法，改变了全民所有制企业必须国家直接经营的传统观念，为搞活企业创造了一个重要的条件。

2. 扩大了全民所有制企业的经营自主权，进行了企业领导制度的改革。

经过改革，全民所有制企业在生产经营方面，除接受国家的指令性生产和调拨任务外，在产、供、销上有了一定的自主权。在利益分配方面，国家对不同情况的工商企业先后通过基数利润留成和增长利润留成、全额利润分成、盈亏包干、利润上交递增包干、利改税等办法，使企业有了可以支配使用的利润。在企业内部，少数企业利用提留的奖励基金进行了工资改革和职工浮动升级。1984年6月，还决定对企业实行奖金"上不封顶、下不保底、超额征税"的办法。此外，企业在资产处理、机构设置、人事劳动管理、联合经营等方面也拥有了一定的权限。

在扩大企业自主权的同时，进行了企业领导制度的改革。工业企业按照党中央、国务院的有关规定实行了党委集体领导，职工民主管理，厂长（经理）行政指挥的适当分工。部分企业进行了招聘和民主选举厂长的试验，1982年民主选举正副厂长的企业有8900多个，1983年增长到15000多个。现在，所有全民所有制企业，都要逐步实行厂长（经理）负责制，同时进一步健全职工代表大会制度，切实保障职工民主管理企业的权利。

通过以上改革，初步确立了企业相对独立的经济实体地位，逐步明确了企业的责、权、利，使企业初步具有了活力与动力，并承受一定的压力，逐步由单纯的生产型向生产经营型转变。

3. 进行了工业改组和企业联合。在一些大中城市，有计划地组织了生产上有紧密联系的企业按专业化协作和经济合理的原则进行改组与联合。许多城市组织了铸造、锻造、热处理，电镀等工艺中心。在中央关于"发挥优势、保护竞争、推动联合"方针的促进下，企业联合有了较大进展。尽管在公司的组建上还存在不少问题，但是也出现了一批打破了地区、部门所有制和隶属关系的界限，取得了较好经济效益的公司或联合体，它们显示出了旺盛的生命力。

4. 对流通体制进行了初步改革，促进了商品生产与交换。生产资料开始作为商品进入流通领域，计划分配的物资逐步减少，并采取了一些灵活的供应办法。对工业消费品改变了长期统购包销的办法，开始采用计划收购、定购、选购和企业自销等多种购销形式；城镇农贸市场有了很大发展，开放了集体与个体的贩运，增加了流通渠道。在全民所有制商业批发贸易体制方面，有些省把二级站下放给中心城市，实行站、市合一。如重庆等城市建立的工业品和农副产品贸易中心，实行"人不分公私，货不分南北"，对打破地区封锁，减少流通层次和环节有重大作用，是对流通体制的一项重大突破。商业部着手实行政企职责分开，不再直接管理企业。

5. 发挥城市组织经济的作用。扩大了大中城市管理经济的权限，对一些综合改革试点城市实行了计划单列，赋予它们相当于

城市工商业体制改革的实践

省的管理权限；部分省和中央工业部管的企业开始下放给城市管理；逐步推广了辽宁省的市管县的经验。

6. 注意运用经济杠杆管理企业和调节经济，放开了部分工业小商品的价格，试行部分工业品浮动价格；推行基本建设投资有偿使用和建设项目包建制度；实行流动资金全额信贷；调整银行存款利率，在利改税中开征新的税种，调整税率等。

7. 实行对外开放政策。在大力发展外贸的同时，采用合作生产、合资经营、补偿贸易等多种形式，引进了一批国外先进的技术和吸收了一批国外资金；在深圳、珠海、汕头、厦门等地进行了建立经济特区的试点。1984年又进一步决定开放14个沿海港口城市。这些措施，对利用国外的资金、技术以及管理经验，加速我国社会主义现代化的进程，起了一定的作用。对外贸易体制正着手进行重大改革。

以上七个方面的改革，尽管大部分还是试验和探索性的，还存在着这样或那样的问题，但在一定程度上都突破了长期束缚我们的旧的传统观念和不合理的经济体制。这些改革不仅为工商业体制的全面改革找到了方向，积累了经验，锻炼了干部和职工队伍，而且对促进经济的发展，起了十分重要的作用，使城市经济生活出现了前所未有的活跃局面。从1979年到1983年的五年中，我国国民经济虽然处在调整中，但工业年平均增长速度仍然达到了7.9％。近几年，工业产品的花色品种增加很快，产品质量有了提高，主要原材料、能源、动力的消耗有所降低，企业的扭亏增盈有了进展。实现利润和财政上交也逐年增加。随着经济的发展，还扩大了就业，改善了职工生活。从1979年到1983年的5年间，全国城镇共安置就业人员3915.6万人。职工家庭平均每人每年可用于生活费收入已由1978年的316元增长到1983年的526元，增长66.5％，平均每年递增10.7％，扣除职工生活费用价格指数上升因素，实际收入平均每年递增7.3％。职工集体福利也进一步改善。这些成绩的取得，原因固然很多，但毫无疑问，经济体制改革是十分重要的因素。不过，在充分肯定改革所取得的成绩的同时，我们必须清醒地看到，与农村的经济改革所取得的成效相比，城市的经济体制改革的成效只是初步的。

三、为进一步完善社会主义制度把城市工商业体制改革推向前进

我国城市工商业体制改革尽管还存在不少需要进一步解决的问题，从初步取得的成果看，改革的方向显然是正确的。但是，人们对于改革也还存在一些不同的认识。比如，实行政企职责分开、简政放权，企业自负盈亏，是不是取消社会主义国家的经济管理职能？会不会削弱以至否定全民所有制？强调发展商品生产、运用价值规律，会不会削弱计划经济？让一部分人先富起来，是不是违背社会主义的分配原则？允许多种经济形式存在，是否是回到社会主义改造以前去了？等等。问题集中在这样一点，即通过改革，我们是真正坚持了和进一步完善了社会主义，还是背离了社会主义，向资本主义倒退？这确实是一个重大的理论问题和实际问题，不可不加以明辨。

对于这些问题，党的十二届三中全会已经作了明确的回答。《决定》指出，当前进行的经济体制改革，是在坚持社会主义基本制度的前提下，改革生产关系和上层建筑中不适应生产力发展的一系列相互联系的环节和方面。这就是说，通过改革，我们要把过去不适应生产力发展的僵化的模式，改造成为具有中国特色的充满生机和活力的社会主义经济体制。这种改革当然不是局部的枝节性的小修小改，而是对原有体制的一种带有根本性的改造，但是这种改革是在坚持公有制、按劳分配等社会主义基本经济制度的前提下进行的，因此丝毫也不意味着对于社会主义的背

离，而是社会主义制度的自我完善和发展。下面，我们对几个有关的问题，作一点申论。

关于政企职责分开和简政放权的问题。过去，全民所有制企业在政企职责不分的体制下，成为国家行政机构的附属物，没有什么经营自主权。这是基于对社会主义国家职能和全民所有制内容的误解产生的。既然社会主义国家具有管理经济的职能，又作为全体人民的代表成为全民财产的所有者，似乎国家机关就理所当然地应该对全民所有制企业进行直接的经营管理，或者过多地干预企业的经营管理。这样，既混淆了国家管理职能与企业经营职能的分工，又混淆了所有权与经营权的区别。社会主义国家作为政权机关，当然有对经济进行管理调节以至一定的经营职能；社会主义国家代表全民作为所有者，对全民所有制企业也要行使它的所有权，对企业进行一定的指导和监督。但是国家一般不应是直接的经营者，一般不应直接经营企业的正常业务。对于社会主义国家职能的误解和国家过多地直接干预企业经营的实践，使国家机构陷于烦琐事务，既妨碍它对整个经济发展行使宏观的调节和控制的职能，又把企业的手脚束缚得死死的。其实，生产资料的所有权与使用经营权，是既有联系又可以适当地分开的，它们在历史上就常常是分离的。这次《决定》明确了社会主义条件下所有权同经营权也可以适当分开，这是理论上的一个重大突破。实践证明，全民所有制企业经营管理方式的变革，经营权与所有权的分离，不但不削弱以至不否定全民所有制，而且只会有利于巩固和完善全民所有制。当前城市改革中全民所有制企业的经营方式日趋多样化，实行简政放权，政企职责分开，等等，其实质就在于正确划清国家与企业的职能，使国家作为领导的政权机关和作为全民财产的所有者行使其对整个经济发展的指导控制和调节，又使企业作为相对独立的经济实体发挥其活力。所谓放权，实际上是把不应当由国家机关管的微观方面（即小的方面）

的事务，交还给企业去管；而国家机关必须管的宏观方面（即大的方面）的事情，则不仅不能放，而且更要抓紧管严。按照这样的方向进行的改革，不是削弱而是加强社会主义国家的经济管理职能，不是削弱以至否定全民所有制，而是使它更加巩固发展，发挥其在国民经济中的主导作用。

关于发展商品经济和运用价值规律的问题。社会主义国家必须实行计划经济。但是过去由于自然经济思想的影响，往往认为社会主义计划经济与商品经济是不相容的，特别是不承认全民所有制内部存在着商品生产与交换关系，只能以实物指标为主，实行按指令生产和指令分配，排斥市场机制的作用，无视价值规律的作用。这种把社会主义计划经济等同于指令性计划或者把指令性计划当作计划经济的主要形式的狭隘理解，往往把计划管理体制搞得僵死，不利于搞活企业和社会主义商品经济的发展。当前城市改革的一个中心课题，如同农村改革一样，就是要冲破自然经济思想樊笼的束缚，大力发展商品生产和商品交换。城市改革中允许多种经济形式、多种经营方式存在，逐步赋予全民所有制企业以相对独立的经济实体的地位，打破条块分割对于商品生产和流通的束缚，减少层层切块分解的实物指令计划，改革不合理的价格结构和价格管理体制；扩大浮动价格和自由价格的范围，加强运用经济手段和市场机制，等等，都是符合改革的这一课题的。《决定》明确提出了我国实行"有计划的商品经济"的论点，突破了把计划经济同商品经济对立起来的传统观念。理论和实践都证明，社会主义经济由于公有制带来的人们利益的根本一致而具有计划性，同时由于劳动作为谋生手段、按劳分配等原因带来的人们利益的差别而必然具有商品性，所以，社会主义的计划经济不仅不应排斥商品经济，而且必须大力发展社会主义的商品经济。不如此计划经济便是跛足的、低效的。计划经济最重要的任务，是自觉地经常保持整个经济发展的平衡性。在商品经济的条件下和搞活企业的要求下完成这一任务，就不能主要依靠指令性计划，而要适当扩大指导性计划和市场调节的范围；无论是指令性计划还是指导性计划，都要自觉地依据和运用价值规律。这样，不但不是对计划经济的否定，而是更丰富了计划经济的内容，使它能够更加符合社会主义经济的本性，从而更加有效地促进社会主义经济的发展。

关于反对平均主义和让一部分人先富起来的问题。人们向往社会主义，是因为社会主义是平等和富裕的象征。科学的社会主义所讲的平等，是指剥夺少数剥削阶级占有的生产资料后，人们在生产资料所有制上的平等，实行不劳动者不得食的平等，而在收入分配上则实行按劳分配的原则。过去，人们往往把社会主义的平等误认为收入的平均分配。在这种思想影响下，形成了吃"大锅饭"的分配制度；企业吃国家的"大锅饭"，盈利亏本一个样；职工吃企业的"大锅饭"，干多干少、干与不干一个样。这种平均主义的分配制度是对社会主义原则的歪曲和背离，其所带来的不是普遍富裕而是共同贫穷，其对社会主义经济的发展造成的严重消极后果是人所共知的。当前的改革，就是要彻底解决吃"大锅饭"的问题，坚定不移地落实鼓励一部分地区、一部分企业、一部分人先富起来的政策。利改税第二步、企业内部层层承包责任制、企业职工奖金由企业根据经营状况自己决定等制度的推行，将为革掉两个"大锅饭"开辟坦途。《决定》又进一步提出今后要采取必要的措施，使企业职工的劳动报酬同企业的经济效益更好地挂起钩来。在社会主义条件下提倡勤劳致富，让一部分劳动人民由于劳动好、对社会贡献大而先富起来，必将对大多数人产生强烈的吸引力和鼓舞作用，带动大多数人逐步走向共同富裕，而不可能出现少数人变成大财主而大多数人重新沦为被剥削者的两极分化现象。国家可以采取税收等经济措施，对人们的收入加以调节和控制，并使人民收入和消费的增长，同生产的发展和劳动生产率的提高之间保持一个合理的比率。所以，破除平均主义的分配制度，鼓励人们勤劳致富，并不违背社会主义的按劳分配原则。恢复和认真实行这一原则，将成为推动社会主义生产发展的强大动力。

关于允许多种经济形式并存的问题。过去，在所有制问题上存在一种简单化的片面认识：似乎越"大"越"公"就越是社会主义。于是，在城市，不仅实行取消个体手工业、商业、服务业的政策，而且先后两次对城市集体所有制企业实行由"小集体"到"大集体"的过渡，企图尽快在城市建立起单一的全民所有制经济结构。这种对社会主义所有制的狭隘理解和实践，既妨碍了社会主义经济的发展，又给人民生活带来很大不便。针对这种情况，近年来的城市改革，恢复和发展了集体经济、个体经济以及其他过渡变通形式，使城市所有制结构多样化。《决定》重申了坚持多种经济形式和经营方式是我们长期的方针，是社会主义前进的需要。本来，社会主义并不需要也不应该排斥在某些范围里个体经济和集体经济的存在，特别是我国城市各行各业之间及行业内部生产力水平极不平衡，城市居民的生活服务需要千差万别，每年都有众多的新劳动人口要安排就业，这些都不是单一的全民所有制所能解决的。多种经济形式的存在，以其灵活多样的经营方式，弥补了全民所有制经济的不足，丰富了社会主义经济的内容。我国目前重新建立的多样化的所有制结构，是在公有制占绝对优势，全民所有制经济占主导地位条件下的多样化，这同社会主义改造以前社会主义公有制还处在资产阶级和小资产阶级所有制的包围之中，谁战胜谁的问题还没有解决情况下的多种经济成分并存的局面是根本不同的。1982年，工业总产值中，全民所有制占77.8%，集体所有制占21.4%，个体经济等只占0.8%。社会商品零售总额中，全民所有制占76.6%，集体所有制占16.1%，个体商业农贸市场等只占7.3%。在社会主义国家管理和强大的全民所有制经济的领导下，多种经济形式的存在不但不是对社会主义经济的妨碍，而且有利于促进全民所有制企业改善经营管理，有利于整个社会主义经济的发展。目前城市工商业集体经济比重还很小，个体经济比重更是微乎其微，必须在更大的规模上和更广阔的领域内加速它们的发展，才真正有利于社会主义经济的发展。

综上所述，当前的城市经济体制改革，同农村经济的改革一样，是把过去不完善的、包含着对于社会主义原则的种种误解的经济体制，改造成为比较完善的、更符合社会主义原则精神的体制。所以，改革是使社会主义前进，而绝不是倒退。正确认识当前改革的性质，坚持《决定》所肯定了的正确方向，我们就能把城市工商业体制改革迅速推向前进，使具有中国特色的社会主义制度日臻完善。

深圳经济特区的经济与社会发展战略*

（1985年4月）

应广东省副省长、深圳市长梁湘同志的邀请，中国社会科学院副院长刘国光同志率领十位研究人员，同深圳市经济研究中心等单位的十二位同志共同组成调研组，于1985年3月6日至4月20日，对深圳特区经济、社会发展战略问题进行了调查研究，现提出研究报告如下。

一、制定深圳特区发展战略的依据

（一）指导思想

1. 制定深圳特区发展战略，以党中央的开放政策和建立深圳特区的战略意图为指导思想。在经济上，要着眼于通过经济特区扩大对外经济关系，更好地吸引外资、引进先进的科学技术和管理方法，发挥技术、知识、管理和对外政策的"窗口"作用，成为对外、对内两个"扇面"的枢纽，并在经济体制改革方面进行大胆试验，提供有益经验，从而促进我国社会主义现代化建设。在政治上，要着眼于收回香港主权、保持香港的稳定和繁荣，促进台湾回归，完成祖国统一大业，为实现"一国两制"的战略决

---

* 这篇研究报告的写作，由刘国光主持，中国社会科学院、深圳市深圳经济特区发展战略调研组成员参与的有戴园晨、沈立人、赵人伟、梁文森、张曙光、李茂生等，完稿时间在1985年4月。原载《中国社会主义经济的改革、开放和发展》，经济管理出版社1987年版。

策起到积极作用。

（二）战略地位

深圳的战略地位，要从深圳本身、深圳与香港关系、深圳与内地关系三方面来考察。

2. 深圳特区既有优势，又有劣势。

优势表现在：（1）毗邻香港、地理位置得天独厚，有可以充分利用香港这个国际贸易、金融等中心的优越条件。（2）实行开放政策较早，已经取得了一些经验，投资环境初具规模；进行城市体制改革较早，受传统观念和传统模式的束缚较少。（3）是广东省的侨乡之一，许多华侨爱国爱乡，愿来投资。（4）准备启用特区管理线和发行特区货币，将使深圳更加开放，这是其他开放地区尚没有的特殊条件。

劣势表现在：人才缺，资源少，工业基础差，技术水平低，管理经验不足，消化吸收先进技术的能力薄弱。

深圳毗邻香港这个最基本的优势是长期起作用的，其他优势和劣势则有较大的可变性。随着开放地区的扩大，对外开放的某些优惠政策已经不是深圳独有的优势。南海石油的前景则可能改变深圳资源的势态。基础差则包袱小，有高度的可塑性，有利于城市布局和产业结构的合理化以及人口结构和劳动力结构的年轻化、知识化，从而反过来促使改变基础差的面貌。

3. 深圳同外部世界的经济关系，一定时期内的核心问题是深圳与香港的关系。在香港1997年以后的地位和前景已经确定的情况下，如何正确处理深港关系，更具有重要意义。深圳和香港并不是互相排斥、互相并吞的关系，而是互相补充、互相促进的关系。香港作为多种国际经济中心的地位，是在香港特殊的地理和历史条件下形成的，深圳没有必要也没有可能取而代之。同时，深圳也不应该成为香港污染严重、技术落后工业的"避难所"，

刘国光

经济论著全集

第
5
卷

不能仅仅成为香港的"后勤基地"。

在互相补充、互相促进的前提下，深圳既可以以己之长补香港之短，又可以尽量利用香港的条件来发展自己。如在工业上，深圳在通过香港引进先进技术的同时，仍然可以在一定阶段内发展一些劳动密集型的产品，发挥工资、水电、土地使用等费用低于香港的优势。香港工业并不完整，而深圳有内地的工业作后盾，有可能生产某些技术性较强的产品，为香港所不及；香港企业所需的某些生产资料，技术上并不很先进，但自身不能生产，需要从欧美进口，也有可能由深圳取代。在贸易上，香港拥有高效率的贸易办事机构、熟悉国际市场行情和精通国际贸易的人才以及通往世界各地的销售渠道，深圳可以利用这些有利条件把自己的产品打入国际市场。在资金上，深圳可以利用香港作为国际金融中心的有利条件，通过吸引外资银行来设立分支机构等多种渠道为特区建设筹措资金。在信息上，深圳可以利用香港信息灵通、通信设施先进、咨询业务发达等有利条件。

深圳在同香港发展互补互促的关系中，要注意以我为主，不能受制于人。

从长远来看，目前世界经济中心正在东移至太平洋地区，西太平洋环形地带正在进入高速增长时期，深圳应利用有利形势，通过各种途径，逐步发展同外部世界的联系。

4. 深圳同内地的经济关系。一方面深圳的开放要以内地为依托；另一方面深圳的发展要为全国的"四化"建设服务。深圳是全国沿海开放城市和开放地区的"排头兵"。对于深圳的成绩，不能单纯以它的产值、速度、建设规模来衡量，更要看它对内地和全国经济技术的发展所起的作用。

内地是深圳的后盾和依托。迄今为止，内地为深圳特区建设提供了建设资金的1/6；深圳的专门人才有97％从内地调入，劳动大军有92％来自内地；占使用量51％的钢材和55％的水泥由内地提供；深圳市场上70%左右的商品是内地生产的。深圳的利用外资、引进技术、扩大外贸仅靠自己的力量是不行的，必须与内地的资金、资源、人才、技术、物资等结合起来。

深圳是内地的重要窗口。深圳可以把国外先进的技术引进来，把国外先进的管理经验引进来，通过消化、吸收和创新，推广、移植到内地，还可以通过举行研讨会、交流会、展销会等形式，把国外的先进知识和信息迅速地传递到内地。内地将原材料和半成品拿到深圳精加工，梳妆打扮，然后销往国际市场，可以扩大产品出口，增加外汇收入。

深圳的对外关系和对内关系是密切结合、不可分割的。深圳应当充分发挥它的两个"扇面"之间的"枢纽"作用。

5. 就更广泛的意义来说，深圳的战略地位还有两个主要特点：

（1）它是社会主义经济制度与资本主义经济制度竞赛的前沿阵地，是社会主义经济如何利用市场机制以及在市场机制作用比内地较大的情况下如何进行宏观控制的试验场所，也是我国吸收西方的技术、管理经验的一个"筛选器"。

（2）它还是东方文明和西方文明的一个交汇点。对于西方文明，要本着取其精华、去其糟粕的精神，分别加以吸收和抵制。与此同时，又要保持和发扬东方文明中的优良传统和独特风格，才能同建设具有中国特色的社会主义的总要求协调一致。

（三）发展的新阶段

6. 经过五年来的努力，深圳特区的建设已经走过了草创、奠基的阶段。

（1）到目前为止，已经初步完成了32平方公里基础设施的建设，还建成了一大批工业厂房、职工住宅、商业楼宇、旅游设施和文教卫生设施等，一个现代化的新型城市正在平地崛起。

（2）到1984年年底，已经同外商签订协议2218项，协议投资总额近166亿港元，实际投入使用的外资41亿港元，占全国引进外资的1/7。在引进的技术设备中，有些是比较先进的。

（3）吸收和培养了一批技术人才和管理人才，到1984年底，已有各种专业人才12324人。

（4）按照"特事特办、新事新办、立场不变、方法全新"和"要跳出现行体制之外"的原则，对行政管理体制、基本建设体制、企业管理体制、人事制度和劳动工资制度、价格体制、外贸体制等进行了大胆的改革，并制定了一批特区单行法规。

（5）1984年全市工业总产值达18.14亿元，比1979年增长28.8倍；农业总产值（按新统计口径）1.15亿元，增长9.6%；社会商品零售额20.45亿元，增长15.1倍。在经济发展的基础上，人民物质文化生活有了很大的改善。几年来深圳建设所取得的成就不能低估，这些成就证明了改革开放政策的胜利。

7. 前几年深圳经济发展在前进中还存在着一些问题，主要表现在：

（1）商业贸易和房地产业发展得特别快，前一阶段深圳的繁荣主要靠商业和房地产业支撑，到1984年工业赶了上来，但尚未扭转商贸为主的局面。

（2）产品内销比重大，1984年仍在70%以上，销售到国际市场的不到30%，外贸进口远大于出口。

（3）加工深度低。不少企业还是简单加工性质，1984年工业净产值只占总产值的近30%，低于全国平均35%的水平。有些电子产品仅仅是外来大组件的简单拼装。

怎样看待上述问题，各方面议论甚多。对此要作具体分析。

（1）要看到客观上存在的发展阶段性。以深圳特区原来的基础，不可能在短期内就建立起先进的工业、外向的经济，必须有一个为达到将来目标创造条件的过程，不应该因为还没有达到目标，便误认为特区建设已经遭到了失败。

（2）办特区是新事，没有现成的经验，对战略目的认识和适应也要有个过程，出现以上种种现象有些是难免的。

（3）商业贸易有着两种不同的内容。一种是正常的商品流通，无论是工业的发展还是整个经济的发展都不能离开正常的商业。另一种是不正常的商品流通。在目前工业品和农产品的国内价格和国际价格之间存在着两个台阶式"落差"的情况下，加上国家给予的种种优惠，有些单位热衷于把后一种商业贸易当作赚钱最省力的途径。

现在，特区的发展正在跨入新的阶段，面临着1997年后香港的地位已经确定，沿海城市开放和全国城市改革全面开展，深圳特区本身即将启用特区管理线和发行特区货币的新形势，因此，需要进一步解决深圳要办成什么样的特区，树立什么样的战略目标，应该有什么样的经济结构，采取什么样的战略对策等问题，才能更好地实现中央对深圳的要求。

二、深圳特区发展的战略目标

（一）战略目标

8. 根据深圳特区发展的指导思想和战略地位，特区发展的战略目标应该是外向型的，以先进工业为主、工贸并举、工贸技结合的，综合性的经济特区，具有高度的物质文明和精神文明。到20世纪末，力争人均国民生产总值达到香港1990年前后的水平。

（二）外向型

9. 经济特区是实行对外开放政策的产物，只有坚持外向型才能真正起到"窗口"和"枢纽"作用。深圳特区在对外开放方面不仅与内地的一般地区有明显区别，而且与沿海的开放城市和开放地带相比，其外向程度也应更高一层。应当努力从内向型转到外向型。外向型的主要标志是：

（1）资金来源以外资为主。考虑到基础设施和文教卫生事业建设主要使用内资，是否以外资为主，不宜以外资占全市投资中的比例来衡量，只要外资在工业投资中所占比例超过50％，便是以利用外资为主。与此相应，工业企业的所有制结构，以中外合资、客商独资的工业企业为主。

（2）产品以外销为主。出口的特区产品应逐步达到占特区企业商品产值的70％以上。

（3）进出口贸易的外汇收支应有顺差。

外向型的难度很大，但应当努力争取实现，不宜用双向型、开放型等模糊提法，避难就易。

（三）以工业为主

10. 关于深圳的发展战略目标，有过几种意见：

一种是"以农为主"。理由是深圳工业基础薄弱，不如大力发展种植、养殖、捕捞等业，以农牧渔产品及其加工品供应香港市场。

一种是"以贸为主"。理由是深圳人才少、基础差，搞工业很难，不如利用交通方便、信息灵通的有利条件，大力发展进出口和转口贸易，形成"购物中心"，这样来得快、赚钱多。并且以香港也是这样发展起来的为论据，认为深圳应该走香港的路。

一种是"以工为主"。理由是：

（1）只有以工业为主，有选择地发展先进工业，才能把特区办成一个引进技术、知识和管理的"窗口"。

（2）只有以工业为主，才能为特区贸易和整个经济打下雄厚的基础。香港经济的起飞和成熟，就是在香港产品占其出口贸易的很大部分之后才实现的。

（3）特区可以利用对外开放的条件，借助内外两种资源和两个市场，弥补自己人才、技术的不足，把工业发展起来。

由于深圳农业土地面积很少，持"以农为主"意见的人不多。因此，关于发展战略目标的分歧在于"以贸为主"还是"以工为主"，而分歧的实质又在于深圳经济要不要转型。在奠基阶段固然要以贸易开路，但是作为战略目标，则不宜以贸为主，否则就会把深圳办成一个自由贸易区。以工为主的难度比以贸为主的难度大得多，但是应当知难而进，才能真正发挥四个"窗口"的作用，符合中央建立特区的意图。

（四）工贸并举

11. "以工业为主"的发展战略并不是否定贸易的重要性。

任何工业的发展都需要通过贸易开拓市场、传递信息、提供原料。特区的贸易特别是对外贸易，在特区经济的发展中有十分重要的意义。特区本身缺乏资源，市场容量有限，离开了国内国外的资源和市场，特区工业是发展不起来的。因此，必须大力发展贸易，实现工贸并举；而特区所处的位置，发展贸易也具备十分有利的条件。

（五）工贸技结合

12. 特区工业肩负着把产品打出去和向内地传播先进技术的任务，在技术上应当比内地要求更高。特区贸易也应当以先进技术贸易和先进技术产品贸易为重要内容。如果特区的技术不能进步，特区经济就没有前途。因此，特区的发展必须实行工贸技结合。

（六）综合性

13. 特区的功能不是单一的，而是多元的。工贸技的发展，还需其他产业的配合。特区要继续坚持基础设施先行的原则，发展交通、邮电和建筑业，进一步完善投资环境。按照市场调节和宏观指导的要求，特区要建立发达的金融业。为了适应本身的发展和内外游客的需要，特区要大力发展旅游、服务和房地产业。为了提高特区的经济效益和改善人民的生活，要重视发展教育、科学、文化、卫生和社会保险、环境保护等事业。深圳的农业在性质上属于郊区农业，要走贸工农的道路，也办成外向型的农业。

（七）产业结构

14. 深圳特区的产业结构，需要通过有意识的引导进行调整，重点是发展外向型的工业。

今后，特区产业结构的变化趋势是：

（1）特区内第一产业的比重将随耕地的减少而大大降低，到20世纪末将接近于消失，只剩下一些花卉、绿化林带、荔枝园等。深圳农业仍将以宝安县为基地，加强鲜活产品的生产和出口，要特别重视发展一些高档产品。

（2）在第二产业中，工业将有较快的增长，所占比重将会提高，特别在近期应当更快些。要使工业生产总值的增长快于职工人数的增长。建筑业在前一段急剧发展，占国民生产总值比重特大，但近期应有所控制，以后逐步转入正常建设阶段，其相对比重将逐渐下降。因此，整个第二产业所占比重将呈现一个从上升到下降的趋势。

（3）根据各国历史经验和深圳具体情况，近期内第三产业的发展应当慢于工业，但咨询服务、信息服务和技术服务等知识产业应当大力发展。后期第三产业将上升。整个第三产业所占比重将呈现一个从略有下降到不断上升的趋势。

（八）工业结构

15. 1984年，特区形成的工业结构大体是：在工业总产值中，电子工业占57.1%，轻工业占10.2%，纺织工业占8.7%，食品工业占4.9%，合计占80%以上。这种工业结构的特点是：电子工业过分突出，其他工业多较细弱，难以适应向外向型发展的要求。

今后，为了适应调整和转型的要求，特区的工业发展应当改变目前电子工业比重过大的结构，采取以电子、食品、轻纺和高级建材工业为支柱的方针，适当发展精细化工、精密机械等。

（1）电子工业。调整电子工业结构，适当压缩一般性内销产品的生产，加快技术先进、性能好、卖价俏、有出口竞争能力的元器件和整机的生产，开发自己的产品系列，逐步从后工序向中工序、前工序发展，发展中上游产品，从主要生产消费类家用电器逐步转向扩大投资类电子产品的生产。

（2）食品工业。根据香港与海外市场的需要，充分利用珠江三角洲地区和全国丰富的农副产品资源，突破农副产品的保鲜加工关，大力发展有中国特色尤其是有广东特色的食品，不仅要大大提高食品工业在工业中的比重，而且要创造一系列能够占领国际市场的拳头产品。

（3）轻纺工业。轻纺工业产品繁多，特区应当集中力量把国内的一些传统产品和名牌产品在特区加工升值，梳妆打扮，创出一批面向国际市场的高档产品。

（4）高级建材工业。重点是发展各种高级装修材料，一方面满足本地需要，一方面供应香港和内地。

（5）石油化学工业。南海油田的开发前景将逐步明朗，如探明储量丰富，有可能带起一批石油化学工业企业，目前可作必要的准备。

（6）精密机械工业。应作为引进和研制的一个重点，主要为特区工业技术改造和内地工业服务。

（九）技术结构

16. 深圳要起到技术"窗口"的作用，必须把采用先进技术放到重要位置上。所谓先进技术，既包括当代国际先进技术，也包括高于国内水平或国内空白的先进技术。与此相适应，特区的工业结构也应当是以先进技术工业为主的结构。

面对世界新技术革命的挑战，深圳要利用这个机会，大力发展技术、知识密集型工业和高科技产业。但到20世纪末，真正的技术、知识密集型和高科技的新兴产业在产业结构中只是重要而比重又不很大的一部分；另一个重要而比重较大的部分，是用现代先进技术装备起来改造过的传统工业。

发展先进工业必须有一个过程，要有一定的时间，也要有一定的条件。深圳将经历一个传统工业与新兴工业并存、劳动密集型产业向技术知识密集型产业过渡的时期，逐步建立起以先进技术为主的技术结构。要尽一切努力缩短这一过程。

（十）企业规模和组织结构

17. 目前绝大部分是中小企业，企业平均人数为93人，高于香港。今后应当继续贯彻以中小企业为主的原则，但不排斥在个别重要行业和产品中建设少数大型企业。同时，针对目前"小而散""小而乱"的情况，应当大力推行专业化协作，提倡紧密的和松散的联合，逐步实现组织结构的合理化。

（十一）发展速度问题

18. 特区创办以来，深圳经济实现了超高速的发展，近两年每年都翻了一番以上。今后为了转为外向型，并调整结构，提高技术，提高效益，有必要适当控制发展速度，防止发生经济生活的过分紧张和失衡现象。根据特区的优势，今后的发展速度应该而且可能高于内地和香港；只是与过去比较，则应有所放慢。这有利于解决当前已经出现的某些矛盾：

（1）有利于调整结构。超高速增长往往会带来结构的不合理现象。今后适当控制速度，就能加强选择性，对某些不符合特区战略和规划的项目坚决舍掉。原有企业中也有一部分要调整。这会促进结构的合理化，保证特区经济的健康速度。

（2）有利于提高效益。特区这几年办的企业，经济效益很不平衡，一部分企业方向不正、经营不善，影响了全特区的平均效益，使得工业的产值利润率（深圳为9%，而全国近几年来最低也是14.1%）和投资效果不够理想。今后适当控制速度，才能把整个经济工作的重点逐步转到以提高经济效益为中心的轨道上来，争取各项经济技术指标走在全国前面，并在此前提下实现合理的速度。

（3）有利于从单纯的外延扩大再生产逐步转为外延、内涵相结合的扩大再生产。特区在建设初期，几乎全部依靠外延的扩大再生产。今后如果追求过高的速度，就会要求过大的投资规模。只有适当控制速度，才能在继续新建的同时，注意对现有企业进行改造和提高，进而逐步转向以内涵为主的扩大再生产。这不仅可以节约投资，而且能够提高效益，并保持适当的增长速度。

经济发展的速度，取决于各方面的综合条件。从特区看，资金来源门路较多，但在其他方面存在不少制约因素，例如，能源和对外交通相当紧张，技术干部和技术工人缺乏，经营管理经验不足等。初步测算，工业总产值在1985年计划21.7亿元基础上，如每年平均递增15%左右，2000年可以超过120亿元；如每年平均递增18%左右，2000年可以超过170亿元。也就是说，今后15年要翻两番半到三番。这样，按照前一方案，连同其他产业测算国民生产总值，全市从1984年的每人平均1000美元增长到5000美元，相当于香港目前的水平；按照后一方案，每人平均国民生产总值将达7000美元，相当于香港20世纪90年代初期水平。在特区内，1984年每人平均国民生产总值已在1700美元左右，按前一方案到2000年将是每人平均8000美元左右，按后一方案将是每人平均9000美元左右，相当于香港90年代中期水平（由于人民币折合美元都是按法定汇率折算，和香港比较仅供参考）。同时，应当把特区人口控制在80万左右，作为一个中等规模的新兴城市，也可能是比较合理和比较可行的。

经济发展速度要适当放慢，但应吸取我国过去的经验和教训，防止大起大落，切忌"急刹车"，以免造成不良后果，保持经济的相对稳定和持续增长。

（十二）战略步骤

19. 实现战略目标，必须有步骤、分阶段。特区的发展可分为三个战略阶段：

（1）从建立特区到目前，是奠基阶段。

（2）从目前到1990年前后，是开拓阶段。

（3）从1990年前后到20世纪末，是提高阶段。

开拓阶段的主要任务是：实现内向型向外向型的转化，达到资金来源以外资为主，产品销路以外销为主；同时实现产业结构从以贸为主向以工为主的转化，有重点、有选择地发展少量高技术工业，发展先进技术装备起来的传统工业和用先进技术改造传统工业。

提高阶段的主要任务是：完成传统工业的技术改造，完成劳动密集型为主向技术、知识密集型为主的转化，使高科技产业在整个产业中占适当比重。

在战略步骤上，要考虑1997年收回香港主权这一重要因素，使深圳在20世纪末，整个经济、社会的发展程度达到中等水平，接近香港，缩小彼此之间历史上形成的差距，并在某些方面有所超越，以便进一步密切深港关系，共同促进祖国向现代化目标前进。

（十三）加强精神文明建设

20. 深圳特区原来不仅物质基础比较差，而且文化也比较落后。因此，在建设高度的社会主义物质文明的同时，还必须重视建设高度的社会主义精神文明，培养社会主义的思想意识和道德情操。"两个文明"的建设本来就是密不可分的，没有深圳人的"开荒牛"精神，"一夜城"也就不可能出现。今后，深圳不仅应该成为一个楼宇林立、产业兴旺、交通发达、万商云集的城市，而且应该成为一个文化发达、法制健全、秩序井然、环境优美的胜地。

深圳特区毗邻香港的地理位置固然为它发展对外关系提供了极为有利的条件，但同时又在如何对待外来文化的影响上对它提出了一个重大的课题，需要正确处理"有所吸收"和"有所抵制"的关系、"堵"和"导"的关系、"放"和"管"的关系。应该遵循的原则是：对外国文化中那些好的东西应该吸收，不仅要吸收先进的科学技术，而且要吸收惜时间、讲效率、重法治、明职责等一个现代化社会所必不可少的道德规范和行为准则。要坚决抵制资产阶级腐朽没落的思想文化和生活方式，绝不允许赌场与"红灯区"之类的东西存在；要反对"金钱拜物教"的蔓延。深圳作为"过滤器"，无论在吸收、消化方面，还是在抵制、排污方面，都应该在全国起一种先导的作用。

三、实现战略目标的对策

（一）加强宏观控制

21. 必须加强宏观控制和宏观指导，保证经济、社会朝着预期的战略目标发展，其主要内容有：

（1）加强总量控制，保证社会需求总量和供给总量的平衡。深圳特区的综合平衡具有两个特点：一是对外开拓和对内联系增加了钱物平衡的复杂因素；二是发行特区货币以后，深圳的平衡成了相对独立的体系。要根据这两个特点组织好财政、信贷、物资、外汇收支的综合平衡。在此基础上，量力而行，妥善安排建设规模和速度，保证特区经济相对稳定地、持续地健康发展。

（2）一定要筛选，才能保证特区经济结构的合理性。特区经济发展要外引内联，但是发展方向不能被外商的投资意向所左右，同样也不能被内联单位的投资意向所左右。来者不拒，任其自由发展，就谈不上什么战略，或者有了战略也是空话。筛选的方法，可以根据特区经济、社会发展的战略目标和战略步骤，拟订中长期的具体规划，指导各部门的经济活动，据此对外引和内联项目进行把关；也可以列出一批需要发展的项目单子，进行招标。对内联单位多头审批、看情面审批，不利于筛选，这种状况必须改变。

（3）鉴于深圳经济以市场调节为主，无论总量控制和结构调整，都要注意运用经济杠杆。这包括运用税收杠杆，对需要发展的，延长减免税优惠期；对不符合发展需要的，不给予减免税优惠。还要注意运用信贷杠杆，实行浮动利率、差别利率等，进行调节。

（二）资金对策

22. 实现深圳特区发展战略目标，需要巨额资金。今后经济发展的速度和规模，在很大程度上取决于投资增长的速度和规模。

深圳经济发展的资金来源，具有与内地不同的两个特点：一是资金来源比内地宽。除财政资金、企业自有资金和银行信贷资金之外，外资占有极重要的地位，还横向吸引了大量内联资金。二是具有不确定性和不稳定性。外资和内联资金进入深圳，不是通过行政规定的办法，而是靠深圳本身的吸引力，还要受到国际和国内经济形势变化的影响，增减波动的因素很多。在银行信贷资金和企业自有资金中，外引内联资金都占重要部分，不确定因素也很多。因此，需要采取稳健的对策，在制定发展规划中，要留有较大的回旋余地，以利于机动安排，保证持续增长。

23. 外商投资带有相当大的随机性，能够引进多少外资不取决于我们的主观意愿，而是受国际经济状况、国际游资动向、国际投资条件和深圳投资条件对比等各方面因素的影响，需要对引进外资的洽谈、签约、组建、投产，形成一个合理的配组，以保证每年都有外资投入。

引进外资，需要创造更具有吸引力的投资环境，迅速改变电话不灵、交通拥挤的状况，进一步改善基础设施，并且在专业化协作、技术力量等方面创造更为有利的投资条件；在社会秩序、公共道德、文化教养等方面创造更良好的投资社会环境；在政治稳定、政策稳定、法制建设以及政府办事效率等方面创造更良好的投资政治环境，以吸引更多外资特别是国际大财团进入深圳。

24. 深圳经济发展所需的国内资金，主要来自财政资金、企业自有资金、内联投资、银行信贷资金。

重视信贷杠杆的作用，突破了信贷资金只能用于流动资金的传统范围，运用银行信贷资金搞基本建设，是这几年深圳的一项重要经验。但是，信贷资金用于固定资产投资的回收时间一般较长，因而在运用信贷资金时必须特别重视信贷收支平衡，才能避免扩大信贷差额。在搞活信贷方面，包括改革金融体制、发行股票债券、开放资金市场等，有不少文章可做。外资银行的进入，会带来一批资金和投资者，应该采取积极态度，根据外资银行法批准进来，可以从离岸业务做起，逐步扩大经营范围，以求慎重。

（三）市场对策

25. 努力开拓国外市场是深圳特区不容推辞的任务。从深圳的地理位置考虑，瞄准的目标首先是香港市场，然后逐步扩大到东南亚和中东市场。（1）出口战略要重点化，多元化。要努力在商品适合市场需要以及内在质量、外观装潢、成本售价、广告宣传等方面狠下功夫，提高竞争能力。（2）推销是当前的薄弱环节。必须间接推销和直接推销并重。由于对外开放的时间还短，外销渠道很窄，对国外市场变化信息不灵，依靠港商之间的间接推销不能忽视。但是单纯依靠间接推销往往受制于人，必须逐步扩大向外直接推销。要加深对国外市场的了解，开拓自己在国外市场上的销售渠道；过去对直接推销的种种限制，在统一对外、统一政策的前提下应当允许突破。（3）逐步扩大从海外直接进口业务，以减少香港居间商人的盘剥，降低进货成本；并利用本地劳务、土地费用较低的优势，使深圳成为一个国际购物中心，以廉价于香港的价格吸引海外游客，赚取外汇。（4）要充分利用深圳毗邻香港的有利地理条件，在香港的鲜活商品市场上开展和泰国、我国台湾地区、菲律宾、美国商品的竞争。为此，需要从贸工农的角度调整农业布局，改良品种、提高质量，不断增强鲜活商品的竞争能力。香港市场对鲜活商品的容量有限，合理控制供港数量是必要的，但如何控制要着眼于宏观经济效益。过去的出口配额管理往往着眼于利益均沾，忽视鲜活产品理应就近供应的特点，以致管死自己，甚至削弱对外竞争力量，降低经济效益，需要认真总结改进。

26. 国内市场是两个"扇面"的一个组成部分，转到外向型不等于不要国内市场。深圳的原材料、燃料、生活资料相当一部分要靠内地供应；引进先进技术，生产地产商品，一部分要销往内地市场，让出一部分内地市场来换取先进技术，与内地的经济关系不能放松。特别是将来发行特区货币以后，内销比重要考虑内地供应深圳的商品物资总量以及两者间的平衡问题。内地供应深圳超过内销的部分可以用内地向深圳的投资来抵补。深圳销往内地的商品应以进口替代市场换取技术的产品为主，要避免在引进先进技术后，一面不给内销市场，一面又继续进口成品的不合理现象。对顶替进口的要合理解决销售渠道并相应划转进口的外汇额度。对于那种仅靠利用国家优惠政策从内地进原材料加工返销内地而又不属于进口替代的产业部门，从生产力合理布局和维护国家财政税收利益着眼，没有必要在深圳发展。

27. 深圳应不应该发展转口贸易，几年来一直有不同看法。但深圳毗邻香港，是一个进出口岸，盐田深水港开发以后，与海外的直接联系更为方便，不让发展转口贸易是说不通的。如果问题的实质是在外汇留成、盈利分配等利益关系上，应该调整利益关系而不是堵塞流通渠道。但是那种利用优惠条件而不正常地发展起来的转口贸易，要严格限制。

（四）外汇对策

28. 实现外汇收支平衡并进而达到有顺差，是深圳特区理应担当的任务。在当前存在着台阶式价格和汇率不合理的情况下，外贸企业追求盈利，往往热衷于内地售价高、价差大的消费品进口，不仅会冲击内地市场，而且和组织外汇收支平衡并有顺差的要求发生矛盾，必须正确处理两者关系。

努力实现外汇收支平衡的途径有：（1）在产业结构上尽快实现从内向型到外向型的转变，大力发展在国际市场和港澳市场上有竞争能力的商品生产。（2）大力组织非贸易外汇收入，包括发展旅游服务，引进外资等。（3）重点控制消耗外汇多的进口转口贸易，整顿和严格外汇管制。（4）制止套汇和炒买炒卖外汇的投机活动。

（五）技术对策

29. 在引进先进技术方面，不少国家对我们采取保持5~10年技术差距的对策，如果只引进不创新，我们将长期处于落后地位。因此，必须重视仿制、提高，并且要在力所能及的范围内有重点地集中力量自己开发创新。为此，要建立新的科技管理体制，对发展科技采取优惠政策和措施。拟议中的科学工业园区，把科研、生产、教育三者有机结合起来，把技工贸三者结合起来，是有益的尝试。宁可压缩其他方面的开支，也要创造条件保证科学工业园区建设早日上马，早日见效。

深圳受到人才不足和工业基础差的限制，必须以广大内地的技术力量和技术储备为依托，并借助国外的技术力量。要采取灵活多样的组织形式，吸收内地的和国外的科技力量。要利用特区的方便条件，在特区进行技术开发协作。要开放特区技术市场，交流技术信息，交换技术产品。要把引进的先进技术加以消化吸收、推广转移，使之在内地开花结果。目前在引进先进技术方面，侧重于引进设备，今后应舍得在引进技术专利和技术诀窍等软件方面多下些本钱。

为了鼓励发展先进技术，有必要运用经济调节手段，根据引进技术的先进和适用程度，区别对待，给予不同的优惠。

（六）人才对策

30. 深圳发展中最短缺的是人才，各种技术人才、经营人才、管理人才，特别是既懂业务又通外语的专业人才，都严重不足。这种状况能否较快扭转，是深圳能否顺利实现发展战略目标的关键。

解决人才问题的途径主要是：（1）有计划地从内地招聘、商调，采取积极措施鼓励人才流入，打破人才的地区所有制和部门所有制，允许人才合理流动，以解燃眉之急。同时要重视现有人才的合理使用。（2）从长远说，还要立足于自己培养。可以采取由深圳投资、委托国内大专院校和科研机构定向培养的办法。要比内地提前普及中等教育，办好职业教育。（3）大力发展成人教育、业余教育。（4）邀聘内地的专家，特别是离退休人员，到深圳担任顾问或者实职。除了主要靠特区自己培养和从内地招聘人才以外，还要重视聘请海外的专家到深圳任职，传授他们对技术、经营、管理的经验和知识。

（七）劳动工资对策

31. 深圳的工资同样处于香港和内地的连接点，工资福利待遇对策必须从这一特点出发，既要低于香港，保持"廉价劳动力"的优势，又要适当高于内地，以适应深圳物价状况并对内地人才有一定的吸引力。深圳工资和香港工资、内地工资的差距，取决于劳动生产率的差距，今后工资增长的幅度也要考虑劳动生产率增长的差距。在劳动生产率还赶不上香港的情况下，过早要求使工资和生活水平向香港靠拢，势将丧失"廉价劳动力"的优势，是有害的。深圳工资和内地工资的关系，只要深圳的劳动生产率增长快于内地，工资增长也可以快于内地，但脱离现实过分扩大差距也是不对的。这就一定要正确处理好深圳工资和内地工资特别是毗邻地区工资的关系。在深圳特区内，职工的工资福利待遇，既要根据劳动的质和量有所差别，调动积极因素，又要照顾左邻右舍，差别不宜过分悬殊，并要通过奖金税和个人所得税等经济杠杆进行调节。

（八）经济体制对策

32. 深圳经济特区建立以来，在经济体制上进行了一系列的改革。迫切需要进一步解决的问题是：（1）条块关系。特区的经济体制，在条块关系上实行以块为主的原则，使特区拥有比内地省、市更大的自主权。但目前条条的干预多一些，有些措施往往是根据全国情况"一刀切"，不符合特区的具体情况。建议今后中央和广东省各主管部门有关全国性或全省性的规定，凡涉及特区的，要通过国务院特区办公室和广东省特区委归口，根据特区的具体情况，变通下达，体现"特事特办"精神。要进一步扩大深圳特区的自主权，明确以块为主，使特区在经济工作上有更多的机动、变通和探索、试验的权力。目前首先要在与客商谈判签约和派驻海外机构人员方面，给深圳以更大的自主权。（2）企业组织。深圳与内地有很大不同，由于外引内联，各方面都能来办企业，而且"一业为主，多种经营"，往往一个企业跨了好几个行业。这在某种程度上造成了散和乱，有一定的盲目性。同时，这里的工业、商业等行政管理机关都已变为集团公司，重点转向自己经营，归口管理十分困难。看来，需要成立行业性的经济组织如行业协会等，作为政府和企业间的纽带，处理行业内的规划、协调、信息、技术等事宜。对集团公司和总公司的组织体制，也有必要总结改进。（3）在企业自主权扩大以后，由谁代表国家利益。这里的多数企业实行董事会领导下的厂长（经理）负责制，但不少董事会未能真正起到权力机构的作用。在外引企业中，我方代表如何代表我国，在内联企业中，各方代表如何从全局出发而不仅是代表某个部门或某个地区，都未很好解决，有待认真探索。目前，不少企业的资金已从"全民所有"变为"企业所有"，如靠贷款建设起来并已还清贷款的企业，某些内联企业实质上是内地举办单位在深圳的"小金库"，对此也应认真研究，找出解决途径。

（九）特殊优惠政策

33. 目前国家对特区实行了一系列特殊优惠政策，创造了特区经济迅速发展的有利条件。这些特殊政策如财政包干、外汇留用等，有一定期限，今后是否继续采用，有两种不同的考虑。一种是从特区和内地的关系着眼，认为在创造条件、积蓄力量时，需要在政策上给予优惠；当经济发展力量壮大以后，应当减少优惠多做贡献，否则不利于处理特区和内地关系。另一种是从深圳特区对香港、台湾的影响着眼，考虑到1997年收回香港主权并在50年内制度不变，深圳特区的繁荣昌盛在"一国两制"竞赛中具有重要的意义，将来有必要实行与国家对香港相接近的优惠政策，而1997年前实行的优惠政策需要与之相衔接。在进行选择时，要具有长远的战略眼光，审慎处理。

（十）行政隶属关系

34. 与此同时，在深圳的行政隶属关系方面，也要考虑到1997年收回香港主权以后所应采取的对策。看来，那时候深圳要有和香港相对应的规格和地位，才便于处理深港关系。至于什么时候改变行政隶属关系以适应形势发展的需要，应在深圳经济度过了目前的转型期，完成了转向任务并发展到一定水平以后，再做出妥善安排。

35. 启用特区管理线是当前准备采取的一项重大战略措施，

也是深圳经济发展跨入新阶段的标志。

设置管理线可以在特区与非特区之间划出一条明确的地理界线，从而有可能以二线管严换取一线放松，逐步做到除烟、酒、汽油、化妆品等少数商品外，其余均免税进口，使深圳特区成为免税区。从深圳特区本身看，这项措施将有利于改善投资环境，进一步密切深圳与国外的经济联系，从而活跃特区经济。

目前深圳特区经济还以内向型为主，从内向型转到外向型有相当大的难度，转型初期有可能出现一定程度的经济萎缩。对于可能出现的问题如何解决，有关部门正在进行专门研究。在渡过这个难关的"爬坡"过程中，国家在一定时期内从计划安排、物资调拨和外汇等方面给予支持、扶一把是必要的，不扶就难以解决转型期的暂时困难。但扶是为了促先进，而不是为了保落后。对于少数本来就不正常、再扶也转不过去的单位，挤掉"脓包"，更有利于深圳特区经济的健康发展，由此而出现某些虚假繁荣现象消失的阵痛，不能看作是坏事。

36.从对内地和全国的影响来看，由于台阶式的价格差异不可能在短期内消失，如果二线进出口管制、关税壁垒和对特区货币的管制有所放松，可能在内地引起一系列复杂的连锁反应。因此，一线放松和二线管严必须同步，做到一线放开一项，二线便管起一项，一线放到什么程度，二线就管到什么程度，切实把二线管严。控制进口的商品未经批准不能进入内地，应该收税的商品必须依法征税。如果管理不严，则将使进口商品冲击国内市场，伤害内地工业，不仅会造成外汇收支平衡的困难，而且将付出破坏宏观经济的代价。必须做出努力防止这种消极后果，使这项措施在特区经济发展中起到积极促进作用。

关于深圳特区的发展战略问题*

——在深圳市干部会议上的报告
（1985年4月23日）

一、为什么要研究发展战略

经济发展战略这一概念，在中国流行起来是近几年的事情。我们回顾一下1978年以前，那时很少谈经济战略。但战略的概念并不陌生，特别是运用于战争和革命方面。毛泽东同志就中国革命的战略问题写了很多重要论著。他说，战略问题就是研究全局规律的东西，凡是带有照顾各个方面和各个阶段的东西，都是战略的选择。战略的重要性在于战争的胜败首先取决于战略是否正确。这一原理同样适用于政治活动和经济建设。推广到政治领域、政治斗争，战略是指在一定历史时期，依靠谁、团结谁、打击谁和通过什么斗争形式，经过什么斗争阶段，包括什么斗争目标的总的路线、总的方针。经济领域也是如此。所谓经济发展战略是指在比较长的时期内，根据经济发展各种因素、各种条件的估量，从关系经济全局的各个方面出发考虑和制定经济发展所要达到的目标、所要解决的重点、所要经过的阶段以及实现上述要求所应采取的部署和重大政策措施等。它涉及经济发展中带有全

* 原载《深圳特区发展战略研究》一书，香港经济导报社1985年版，作为代序。

局性、长远性和根本性的问题。就此意义而言，过去我们虽然不大应用经济发展战略的概念，但实际上并不是没有研究过这一类问题。过去对经济发展战略的研究体现在对较长时期内经济的发展制定一系列的路线、方针和政策。不过，因为缺乏发展战略的概念，这样的研究没有放在经常的、自觉的基础上。直到最近几年，提出了这个概念，才把对这一问题的研究提到应有的地位，受到普遍的重视。

从世界范围内说，经济发展战略这一概念的使用和引入经济学，是在第二次世界大战以后。当然，经济发展理论已经有久远的渊源，可以从亚当·斯密那里找到经济发展理论的踪迹。马克思关于社会发展，特别是关于资本主义发生、发展以及它为更高的社会主义社会形态所代替的理论，可以说是最早的、科学的经济发展理论。但是经济发展战略具有相对独立的研究对象，成为初步具备一个体系、独树一帜的一门学科，还是第二次世界大战以后适应世界政治形势变化才出现的。随着一系列殖民地、半殖民地国家走向独立，为了改变经济落后的严重局面，研究经济发展的问题就越来越显得重要而且迫切。发展中国家的发展当然不同于发达国家而有自己的特色，这样就产生了以发展中国家为研究对象的一门学科，叫作"发展经济学"，同时出现了经济发展战略这一新概念。在20世纪60年代，不少国家总结了其工业发展的经验，提出了进口替代、出口替代等发展战略。联合国还先后三次制定了国际发展战略，即60年代的国际发展战略、70年代的国际发展战略和80年代的国际发展战略。这样，发展战略这一概念在国际上就流行起来。70年代末期，中国有些经济学者，在研究中国经济和世界经济时开始使用发展战略这一术语。80年代初期，于光远同志首先提出研究经济、社会发展战略的倡议，得到各方面的重视和响应。1981年，中国社会科学院经济研究所等六个单位联合发起经济、社会发展战略座谈会，这个座谈会在北京召开，两个月一次，至今已持续四年多。1983年11月，国务院技术经济研究中心也组织过一次规模比较大的战略问题理论座谈会。这些座谈会，对推动我国经济学界和经济界研究发展战略问题起了积极的作用。在此期间，许多省、市、自治区和专业部门也先后召开过类似的关于战略问题的座谈会、讨论会。这期间发表的关于战略问题的论著、文章如雨后春笋，不胜枚举。现在，这个问题作为经济研究的新领域，不仅得到了肯定，而且越来越多地得到理论工作者、实际工作者以及自然科学、计量科学工作者的关心和支持。这种现象表明，研究经济、社会发展战略问题，是中国进行现代化建设的迫切需要。

经济发展战略所讲的全局，依照其层次不同，范围有大有小。不同的层次，不同的范围，从一个国家到一个部门、一个地区、一个企业，都有自己的全局，因而都有自己的发展战略，我们称之为总战略、子战略。深圳经济特区的发展战略是全国发展战略的组成部分。

由于深圳特区在全国的开放和改革中都处于十分重要的地位，所以，各方面对深圳经济特区的经济社会发展战略都很关注。但是，过去关于深圳经济特区的各种理论讨论会，还没有专门就发展战略问题进行系统的探讨。这次研究特区发展战略的课题，是梁湘同志提出来的，可以说是第一次对这个问题进行全面的、系统的探讨。

现在深圳特区的发展面临着一个重大的转折，即谷牧同志讲的"爬好两个坡，更上一层楼，把特区建设成为外向型经济，使深圳走上更加健康发展的道路"。所以，研究发展战略问题更有其迫切性。同时，现在研究这个问题，也比过去更具备了条件：一是几年来党中央领导同志对深圳发展有一系列重要指示，特区发展方向更加明确；二是特区经过几年建设和发展，积累了比较丰富的经验（包括正面经验和反面经验）；三是国内理论界对特区发展问题有不少议论，香港和国外人士也提出过一些建议和看法，可以供给我们研究和参考。深圳市的党政领导对这次战略研究很重视，使得我们中国社会科学院的同志和深圳市的同志合作组成的战略问题调研组，能够比较顺利地初步完成这一项研究任务，写出了一个《深圳经济特区经济、社会发展战略问题研究报告》（综合报告），另外还有八个专题的分报告。但是，由于时间短促，我们接触有限，对于这样大、这样复杂的问题，不可能一下子摸深摸透，所以在研究报告中提出来的意见很可能有许多不妥之处，只能够看作是对于深圳发展战略探索过程的一种意见，供进一步研究做参考。下面谈一谈其中一些主要的思想和看法。

二、关于深圳特区的战略地位

研究深圳特区的发展战略，首先要根据党中央关于建立深圳特区的战略意图，认清深圳特区的战略地位。

党中央建立深圳特区的意图是很明确的，就是要通过经济特区扩大对外经济关系，更好地吸引外资，引进先进的科学技术和管理方法，发挥"技术的窗口、管理的窗口、知识的窗口和对外开放政策的窗口"作用和对外对内"两个扇面"的枢纽作用；同时，在经济体制改革方面大胆地试验，为全国的经济体制改革提供经验，从而促进我国社会主义现代化建设，并且为收回香港主权，保持香港的稳定和繁荣，促进台湾回归祖国，为实现"一国两制"的战略决策做出贡献。

现在，我国经济工作有两大任务，一是改革，一是开放。这两项任务是相互联系的。一方面，开放本身就是一种改革；另一方面，如果我们不进行改革，开放也是不可能的。开放和改革都是全国性的范畴。但是，各个地区、各个城市，改革和开放的程度很不一样，而深圳在这两方面都处于特殊地位。拿开放来说，目前，内地城市的开放程度，远不如沿海开放地带的开放程度；沿海开放地带如珠江三角洲、长江三角洲、厦漳泉三角地带等，其开放程度又不如沿海十四个港口城市的开放程度；而沿海十四个港口城市的开放程度又不如四个经济特区（深圳、珠海、汕头、厦门）的开放程度；四个特区中，深圳经济特区又是开放最早、发展最快的，可以说深圳是处在全国开放的最前沿。再拿改革来说，现在全国城市改革已经继全国农村改革之后全面展开，原来只有重庆等几个城市进行改革试点，现在已经有几十个综合改革试点城市。所有城市的改革都是对现行经济体制而言的，而深圳特区的改革要求"跳出现行体制框框之外"，"新事新办，特事特办，立场不变，方法全新"，可以说，在改革方面深圳也是对外开放城市的排头兵，是全国城市经济体制改革的先行点。所以，深圳特区在全国开放和改革中承担的任务是非常艰巨的，也是非常光荣的。

深圳经济特区的战略地位，除了从改革和开放的角度来看以外，还要从深圳本身所处的地位、深圳与香港的关系、深圳与内地的关系来考察。

首先，深圳本身的地位，它的优势和劣势是什么？应当怎样来看待这些优势和劣势？大家都知道，深圳与香港接壤，又背靠广大的内地，特别是临近富饶的珠江三角洲，这就决定了深圳本身地位的特殊优势。深圳的优势，头一条就是毗邻香港的得天独厚的地理位置，它可以充分利用香港多种国际中心的有利条件，

这是国内其他任何开放城市都不具备的优势。第二条，深圳实行开放和改革都比较早。开放早就使它有时间建成初具规模的投资环境，改革早就使它受传统观念、传统模式束缚比较少，这也是国内其他城市和开放地区所不及的。第三条，深圳是广东省的侨乡之一，许多侨胞爱国爱乡，愿意来投资。第四条，正在拟

议、准备实行的"二线"管理和发行特区货币，将使深圳更加开放，这也是其他地区目前还不可能有的特殊条件。

深圳的劣势是：它原来是一个边陲小镇，不是工业城市，同沿海十四个开放城市的底子很不一样，人才奇缺，工业基础差，技术水平、管理水平、物质基础都不如这些城市。深圳本身的资源少，市场容量目前也不如沿海其他开放城市，对内地市场的依赖程度就大于这些城市。

对于深圳的这些优势和劣势应当怎么样认识？深圳的优势中最基本的就是毗邻香港，这一优势将是长期起作用的，其他的优势和劣势都是相对的，不是一成不变的。随着开放地区的扩大和开放政策的放宽，对外开放的某些优惠政策，已经不是或将会不是深圳所独有的优势。南海油田开发的前景，还要过些年才能明朗，如有开发价值，便将改变深圳资源的势态。至于基础差的劣势，又是同包袱小的好处联系在一起的。深圳特区的建设就如在一张白纸上画画，有高度的选择性和可塑性，不受老城市多年积累下来的陈旧格局、陈旧事物的限制，这就有利于产业结构和城市布局的合理化，有利于人口结构、劳动结构的年轻化、知识化，从而能比较迅速地改变基础差的面貌。

深圳特区战略地位中十分重要的问题，是深圳和香港的关系，在香港的地位和前景已经确定的情况下。如何正确处理深港关系，更具有重要意义。深圳和香港并不是互相排斥，互相并吞的关系，而是互相补充、互相协作的关系。香港作为多种国际经济中心的地位，是在香港特殊的历史和地理条件下形成的，深圳没有必要也没有可能取而代之；同时，深圳也不应该成为香港某些落后工业、污染工业的"避难所"，不能仅仅成为香港的"后勤基地"，而应该利用自己的优势，建立具有自己特色的产业部门和经济结构。

在互相补充、互相促进的前提下，深圳既可以以己之长补香港之短，又可以尽量利用香港的条件来发展壮大自己。如在工业上，深圳在通过香港引进先进技术的同时，仍然可以在一定阶段内有选择地发展一些劳动密集型的产品，发挥工资、水电、土地使用等费用低于香港的优势；香港工业并不完整，而深圳有内地工业作后盾，有可能生产某些技术性较强的产品，以补香港之不足；香港企业所需的某些生产资料，技术上并不很先进，但自身不能生产，需要从欧美进口，这部分也有可能改由深圳提供。在贸易上、在资金上、在信息上，深圳都可以充分利用香港作为国际贸易中心、金融中心、信息中心的有利条件，以加快特区经济的发展。

从长远来看，目前世界经济中心正在东移到太平洋地区，西太平洋环形地带正在进入高速增长时期。深圳可以利用这个有利形势和自己的有利地理位置，逐步建立同外部世界的直接联系，而无须一切通过香港。所以，深圳在同香港发展互补互助关系中，要注意立足于己，不受制于香港。

深圳和内地的关系是特区战略地位的又一个重要问题。一方面，深圳对外开放要以内地为依托，深圳利用外资、引进技术、扩大贸易，必须与内地的资金、资源、人才、技术、物资结合起来，才能发挥它对外开放的作用；另一方面，深圳的发展要为内地的"四化"建设服务，深圳可以把国外先进技术和管理经验，经过筛选，加以消化、吸收和创新，推广移植到内地，并把内地的原材料和半成品拿来精加工，梳妆打扮，然后销往国外。对于深圳发展的成绩，不能单纯以它的产值、速度、建设规模来衡量，最终要看它对内地和全国经济技术的发展所起的影响和作用。

深圳的对外关系同对内关系是密切结合不可分割的，深圳应当充分发挥它作为对外对内两个扇面之间的枢纽作用。与此同时，由于深圳位于社会主义制度与资本主义制度的接壤带，东方文明与西方文明的交汇点，因此它又是两种社会经济制度竞赛的前沿阵地。如何本着取其精华、去其糟粕的原则，把西方世界的东西拿过来为我所用，进一步发挥社会主义的优越性，最终战胜资本主义，这是我们在办经济特区的事业中每时每刻都不应忘记的。

三、关于深圳特区的发展战略目标

根据我们的接触，关于深圳特区的发展战略目标，曾经有过种种不同的认识，直到现在，仍然存在着不同看法。无论是在特区开放的方向上，还是在深圳产业结构的重点选择上和在技术发展的选择上，都有不同意见。对这些意见进行比较分析，有助于对深圳特区发展战略目标做出合理的抉择。

关于深圳特区的开放方向问题，实际上存在着三种不同的主张：一种是"内向"，一种是"双向"，一种是"外向"。

应当指出，明确提出把深圳特区办成"内向型"经济的人是没有的，因为这种提法显然同中央建立经济特区的意图相左。但是在实际工作中以这种思想指导自己的行动的却大有人在。不然的话，为什么这几年深圳办起了那么多的内向型企业，就很难解释了。当然，有这种思想的同志，往往是不自觉的，其原因主要是对中央办特区的意图认识不大清楚，这主要是一个认识问题。

"双向经济"说是一种明确提出来的主张。持这种主张的同志认为，深圳特区是国内外工商业交往的枢纽，是综合性的经济交流中心，方向不光是对外，而且可以搞内地产品来料加工增值出口，也可以搞国外零部件来深组装，划出一部分内销。因而深圳经济应当是"双向型"的。有的同志还把"双向型"经济叫作"开放型"经济，意思是说对外对内两面都要开放，来者不拒，认为只有这样，才能充分利用国内国外两方面的资源，打开国内国外两方面的市场。这种看法，实际上讲的是深圳应当发挥作为两个扇面的枢纽作用，这样解释未尝不可，但是我认为，把两个扇面的枢纽作用概括为"双向型"，或者笼统地叫作"开放型"，是不妥当的。一般地说，为了打破国内经济的条块分割，我们要实行对内"开放"；特殊地说，深圳在对外开放时以内地为依托并为内地服务，也必须对内地实行开放。但是，在对内经济关系中使用"开放"一词，是一种转借的用语。就其本来意义说，开放政策指的是对外开放，而不是对内开放。经济特区本身就是对外开放政策的产物，而绝不是对内开放政策即打破条块分割政策的产物。深圳特区只有建成外向型的经济，才能完成它在我国对外开放政策中应当肩负的特殊使命，发挥四个"窗口"和两个"扇面"的枢纽作用。因此，特区办什么、不办什么，要严格按照外向型的要求进行筛选，而不能是对外对内都来者不拒。所谓"双向型"或者"开放型"的提法，模糊了经济特区的特殊使命，容易引导人们避难就易，会带来不良后果，因此是不可取的。

深圳特区处在对外开放的最前沿，不仅与内地一般地区有明显的区别，而且与沿海开放地带开放城市比，在外向程度上也应当更高一层。那么，深圳特区外向型目标的标志是什么呢？我们在报告中提出了三条主要标志。第一条是资金来源以外资为主，考虑到利用外资要同内资相结合，在整个工业投资中，外资所占比重达到50%~60%以上，可以认为是利用外资为主。第二条是产品以外销为主，出口的特区产品应当逐步达到占特区企业生产的商品价值的70%以上。特区产品内销，应以进口替代产品、以市场换技术生产的产品为主。为此，在进口政策上应避免在引进先进技术后，一面不给特区以内销市场，一面内地又继续进口成品的不合理现象。第三条，进出口贸易的外汇收支要有顺差。这三条作为"外向型"标志合不合适，请同志们研究。

有关特区发展战略目标的一个十分重要的问题，是产业结构重点的选择问题。这里有"以农为主""以贸为主""以工为主"等不同主张。主要的争论在于"重商"还是"重工"。

"以农为主"说的主要理由是，深圳原有工业基础薄弱，缺乏技术、人才和资源，不应以发展工业为主。应当充分利用毗邻香港的优势，依靠宝安县的土地资源，大力发展种植、养殖、捕捞等业，以农牧渔业产品及其加工产品供应香港和东南亚市场，出口创汇，并带动内外贸易、轻型工业和旅游业等。这种意见看到了农业在深圳市经济发展中的重要作用不仅在于满足本市市场很大一部分需要，而且要为出口服务，着眼于把深圳农业办成出口型的农业。如果能够充分采用现代农业科技，宝安县发展外向型农业还是有很大潜力的。这种意见还联系珠江三角洲的依托，强调深圳要走贸工农的道路，是有它可取之处的。但是，深圳特区本身农业土地面积有限，而且以农为主难以充分发挥四个"窗户"的作用，所以持这种主张的人是很少的。

主张"以贸为主"的同志比主张前一种意见的人多。这种意见不同意以工为主的理由与前种意见相同。他们认为深圳应当充分利用香港作为国际贸易中心、金融中心、航运中心、信息中心的条件，大力发展进出口贸易和转口贸易，把深圳建设成为一个沟通国内外的大商埠，一个以国际贸易和转口贸易为主的国际贸易中心、购物中心、金融中心、旅游中心，并带动为贸易服务的加工工业和技术贸易，这样做来得快，赚得多，也能够起到一定的技术窗口的作用。他们还强调，城市产业不能只看到工业，工业是"第二产业"，还应该看到"第三产业"，即商业、金融、旅游、服务等行业，并且，"第三产业"在现代经济中占有越来越重要的地位。有的同志还认为，香港就是以贸易为主发展起来的，深圳也应当走香港的路。这种意见，看到了贸易特别是对外贸易对深圳经济的特殊重要意义，也是有它可取之处的。但

关于深圳特区的发展战略问题

343

是提出"以贸为主"，以进口贸易和转口贸易为主，实质上是把深圳仅仅作为自由贸易区或自由港来看待。虽然它也提到技术贸易，但只是把技术当作为贸易对象来看待，缺乏工业基础的消化筛选的过程，因此这种主张实行起来还是难以充分发挥四个"窗口"作用的。深圳特区既有自由贸易区、自由港的因素，也包含有出口加工区的因素，以及"工业园""科学园""技术开发区"等自由贸易区所没有的因素和特征，把深圳仅仅看成为自由贸易区，把它仅仅办成一个进出口贸易和转口贸易的大商埠，是不妥当的。就拿香港来说，香港在20世纪60年代以前，确曾以转口贸易为主，但那时香港经济并不引人注目，香港经济的起飞和成熟，是在六七十年代制造业飞速发展以后，现在香港虽然是一个国际贸易中心，但很难说它是"以贸为主"，因为现在香港最大的产业部门是制造业，工业产品占香港出口贸易总额的60%以上，制造业才是整个香港经济和贸易发展的基础。

深圳经济的发展，只有"以工为主"才是正确的。第一，只有以工为主，有选择地发展先进技术工业，建立起牢固的工业基础，才有可能充分发挥引进技术、知识和管理经验的"窗口"作用，而这是"以农为主""以贸为主"所不能办到的。第二，只有以工业为主，才能为特区的贸易和整个经济的发展打下坚实的物质基础，如果不以工业为主心骨，特区的贸易将缺乏自己的物质基础，深圳的经济将是一个脆弱的经济。第三，深圳战略地位的优势，使它能够充分利用国内国外两种资源和两个市场，弥补自己资源、技术、人才的不足，把工业发展起来。基础差并不是发展工业的一个不可逾越的障碍，有些同志以深圳原来的基础差而反对以发展工业为主，这是站不住脚的。我们的很多工业区原来都没有什么工业基础，国外的出口加工区在创办以前也没有什么发达的工业，南朝鲜等地原来工业基础都很差，但都建立起了比较发达的工业。所以，问题不在于原来的工业基础怎样，而在于具不具备发展工业的条件和采取什么样的发展对策。

必须强调指出，我们说深圳经济的发展必须以工业为主，这并不意味着可以忽视或者轻视贸易，重工不能轻商。把"以贸为主"作为发展的战略目标是不对的，但是忽视发展贸易也是错误的。贸易，特别是对外贸易，对特区经济的发展有着特别重要的意义。深圳本身缺乏资源，本地市场容量也有限，离开了国内国外的资源和市场，特区工业是发展不起来的。深圳工业生产的产品主要不是为了满足深圳本地市场的需要，而是为了出口创汇，引进先进技术和设备。深圳发展工业生产所需的市场信息、技术信息等，都离不开国际市场。以工业为主，说到底，是以面向国际市场的工业为主。因此，对深圳特区的发展模式，单提一个"以工为主"是不够的，必须高度重视发展贸易，特别是对外贸易，在"以工为主"的前提下实现工贸并举。并且，深圳由于所处位置，发展贸易有着极为有利的条件，充分利用这个条件，发展进口贸易，对于贯彻"以工为主"，是必要的，也是可行的。

深圳应不应该发展转口贸易，应不应该成为一个国际的和国内的购物中心？对于这个问题，几年来一直有不同看法，且有"出口必须地产，进口必须地销"的提法。但是，深圳既然毗邻香港，是一个进出口岸，又有大鹏湾盐田深水港那样条件优越、开发前景良好、可以直通海外并联系我国沿海口岸的良港，不让发展转口贸易，是很难说得通的。如果问题的实质是在外汇留成、利润分配等利益关系，则应该调整改进利益关系，而不是堵塞流通渠道。但是也要看到，近几年由于某些单位利用特区优惠条件而不正常地发展起来的进口转口贸易，应当加以严格限制。

以上分析了"以农为主""以贸为主"和"以工为主，工贸并举"三种主张，此外还有"工农并重""三大产业并重"等主张，这些主张重点不明，不宜作为战略目标的选择对象，这里就不多谈了。

还有一个与战略目标选择有关的问题，就是技术发展类型的选择。对于这个问题，有主张以劳动密集型技术为主的，有主张以技术、知识密集型技术为主的。看来，劳动密集型产品虽然目前在国际市场上我们还有某些优势，可以在一定时期内发展一些有竞争力的产品，但是因为深圳要成为四个"窗口"，特别是技术的窗口、知识的窗口，劳动密集型是不能作为特区技术发展的战略目标的。深圳要起到技术窗口的作用，必须以技术密集、知识密集型产业作为最终的战略目标，把采用先进技术放到重要位置上。所谓先进技术，我们理解，既包括当代国际最先进的技术，如微电子、光纤、激光、生物工程、宇宙工程、新材料、新能源等技术，也包括高于现在国内先进水平或国内空白的先进技术。深圳特区的工业结构应当是以先进技术工业为主的工业结构，既包括技术密集、知识密集型工业，也包括用现代先进技术装备起来的传统工业。

面对世界新技术革命的挑战，深圳特区要大力发展技术密集、知识密集型产业。但是，由于美、日等国对我国采取保持五年到十年技术差距的策略，而深圳的科学技术和工业基础又不如其他许多城市，在这里建立技术、知识密集型企业，客观上难度较大。因此，到20世纪末，真正的技术、知识密集型工业或者高科技产业在整个特区工业结构和产业结构中只能是重要而比重却不很大的一部分，另一部分重要而比重较大的部分，是用现代先进技术改造过的传统工业。

发展先进技术工业必须有一个过程，要有一定时间，也要有一定的条件。看来，深圳将经历一个传统工业与新兴工业并存，劳动密集型产业向技术、知识密集型产业过渡的时期，逐步建立以先进技术为主的技术结构。我们应当尽一切努力，缩短这一过程。

以上，我从特区开放方向的选择、产业结构重点的选择以及技术类型的选择三个方面谈了我们对深圳特区发展战略目标的一些看法。总括起来，根据办深圳经济特区的指导思想和特区的战略地位、特区发展的战略目标，可以概括为：把深圳建成为外向型的、以先进工业为主的、工贸并举、工贸技结合，兼营金融、旅游、服务、房地产和农牧渔等业的综合性经济特区；建成为产业结构合理、科学技术先进、人民生活富裕的，具有高度物质文明和精神文明的新型城市，为内地和全国的社会主义建设做出越来越大的贡献。这样的提法是否合适，也请同志们研究。

四、实现深圳特区发展目标的三个战略阶段和几个问题

在确定发展战略目标后，还应分清战略步骤、战略阶段，逐步加以实施。如果只有总的目标而无实施的步骤，就可能发生两种情况：或者是不分先后缓急，把必须经过准备、创造条件才能办到的事情提前来办，这往往欲速则不达，或者是把实现步骤同最终目标混淆起来，以将来要达到的目标来衡量现在已做过的工作，则往往评价失当，造成错觉。所以，要正确划分实现战略目标的阶段，在实践中总结经验，不断地改进和提高办特区的工作水平。

深圳特区经济发展的战略阶段大体上可分为三个阶段：

1. 从建立特区到现在，是草创阶段或奠基阶段。这一阶段的主要任务，是在一个落后的边陲小县为吸引外资、引进先进技术和管理经验逐步地创造一个初具规模的投资环境，并为实行对外开放政策摸索出一套初见成效的经验。

2. 从目前到1990年前后，是开拓成型阶段。这一阶段主要任务是朝"外向型"经济发展，达到资金来源以外资为主，产品销售以外销为主。同时实现产业结构以工为主、工贸并举。有重

点、有选择地发展少量高技术工业，发展先进技术装备起来的传统工业，并且用先进技术改造传统工业。

3. 从1990年前后到20世纪末，是进一步提高阶段。主要任务是完成传统工业的技术改造，完成劳动密集型向技术、知识密集型转化，使高科技产业在整个经济结构中占适当比重。

目前深圳特区正处于从第一个战略阶段向第二个战略阶段过渡的时期，为了在第二阶段乃至第三阶段更好地实现深圳特区发展的战略目标，首先要对特区在第一阶段走过的道路有一个正确的估价。几年来，深圳特区所取得的成绩是很大的，从过去一个经济落后的边陲小镇变成现在这样一个初具规模的现代化城市，具备了一定条件的投资环境，并且为开放和改革探索了道路。深圳已经取得的这些成就，是党中央开放政策的胜利，也是深圳全体干部和群众在国家和各地支持下辛勤劳动、努力奋战的结果。

对于深圳的成就我们绝不可低估。在肯定成就的同时，也不能不看到深圳经济前一阶段发展中，还存在着一些需要注意的问题，主要有三个：一是前几年深圳商业贸易、房地产业发展特别快。二是产品内销的比重大。三是不少工业企业还是简单的加工性质。对上述问题应该如何看待，目前国内外各个方面议论很多。看不到这些问题，不利于深圳特区经济向新的更高的阶段过渡，更好地向战略目标前进；另一方面，因为存在上述问题而否定深圳建设的成就更是错误的，是不公正的。香港就有人写文章，说特区建设是失败的。对于这一点，我们应该予以反驳。应当指出，深圳经济中存在的问题是前进中的问题，发展中的问题。第一，要看到客观上存在着发展的阶段性，深圳原来基础差，资金、人才、技术、资源都很缺，不可能在短期内就建立起先进的工业和外向型的经济，必须有一个为达到将来目标创造条件的过程。前几年深圳先发展城市建设、房地产业和商业，是为引进技术、引进资金、建立先进工业开路，这就是一个创造条件的过程。绝不应当因为还没有达到将来要达到的目标，便以为现在特区遭到了失败，那种看法是错误的。第二，办特区是件新事，没有现成的经验，对于特区发展战略目标的认识和适应，也要有一个过程，所以，出现上述种种现象，有些是难免的。第三，我国目前工业品和农产品在国内价格和国际价格之间存在着两个台阶式落差，特区开放有了可以利用两个落差的条件，而某些单位凭借特区的优惠，利用价格的落差发展了一些不正常的、内向型的贸易，还有一些炒买炒卖的现象，这同正常的商业是不同的。这一点并不是特区特有的现象，其中还受到附近地区的相互影响，这主要是管理工作没有及时跟上去的原因造成的。

现在深圳特区正在踏入新的战略阶段，怎样爬好两个坡、更上一层楼，完成新阶段的战略任务，这牵涉到许多方面的问题，需要寻求多方面的对策。我们在研究报告中提出了一些提纲挈领的意见，这里只简单地谈三点看法：

第一，要坚定地树立"外向型"的指导思想，努力克服过渡期的暂时困难。要不要发展外向型经济，这是深圳向更高阶段过渡首先必须解决的认识问题，不能说所有的同志已经彻底地、完满地解决了这个问题。能否建立外向型经济，不但关系到特区本身存在的意义，而且影响中央开放政策的政治声誉，所以这是非同小可的事情。我认为，特区发展在进入第二阶段后，一切经济工作都应围绕着发展外向型经济这一根本战略任务。如果说，以内向为主、贸易起家的想法和做法在前一发展阶段还有一定理由，那么，到第二个发展阶段，恐怕就难以站住脚了。一切对内向经济的留恋必须克服，一切对外向型经济的障碍必须消除。不彻底解决这一认识问题，特区经济要朝更高阶段迈步是不容易的。

当然，发展外向型经济本身是一件困难的事情。一般地说来，从习惯的事物转向不习惯的事物总是不那么容易的。特殊地说，发展外向型经济比内向型经济难度大得多，办工业比办商业难度大得多，搞先进技术比搞一般技术难度大得多。这些困难现在还很难完全看得清楚，要尽一切努力及时加以克服。当然，这些困难是暂时的，也是完全可以克服的，深圳人过去几年能够以改天换地的精神在一片荒凉的土地上开创了这样引人注目、前人没有做过的事业，当然也有能力克服发展外向型的暂时困难，走向新的境界。我认为，目前正在拟议中的二线管理和特区货币可以成为促使深圳克服困难，实现转向的契机和动力。在渡过难关的爬坡过程中，在一定时期内，国家在计划安排、物资调拨、产品内销和外汇等方面给予支持和照顾，对深圳扶一把是非常重要的，不扶就难以解决过渡期的暂时困难，但是扶是为了促，而不单纯是为了保。对于少数本来就不正常、再扶也不能转成外向型的企业，则要有计划地及早安排或者关、停、并、转。这样，有利于深圳特区健康发展。由此而出现某些困难的"阵痛"应当看成是好事，而不是坏事。

第二，为了比较顺利地发展外向型经济，稳步地向战略目标前进，必须适当控制特区经济的发展速度，加强宏观经济的管理。深圳经济这几年发展速度很高，可以说是超高速的发展，最近两年工业每年都翻一番以上。这在创业初期，基数比较低的情况下当然是可能的，但是，超高速的增长，往往带来结构的不合理现象。过去内联外引的项目，有一些未能经过严格的筛选，以致有不少不符合特区发展要求的企业也兴办起来了，这就影响了特区的经济效益。今后，深圳特区经济发展的基数高了，不可能长期继续以过去那样每年都翻番的速度超高速增长。同时，为了发展外向型经济，调整结构，提高效益，也有必要适当控制发展速度，防止发生经济生活过分紧张和失衡的现象，这才可能加强选择性，加强筛选。对某些不符合特区发展战略和发展规划的项目，应坚决舍掉，对原有企业需要调整的要进行调整，从而促进深圳经济结构的合理化，并且把整个经济工作的重点转移到以提高效益为中心的轨道上来。

　　根据特区的有利条件，今后深圳的发展速度，应该而且可能比内地高，也比香港高，这种高速度应是结构合理、效益提高前提下的高速度，而不是忽视结构、忽视效益的高速度。单以资金来源说，速度不是不可能加快，但是在其他方面却存在着不少制约因素，如能源、交通相当紧张，技术干部和技术工人十分缺乏，经济管理、金融管理经验不足等；即使在资金方面，作为主要来源的外商投资也带有相当大的不确定性，外商投资能够引进多少，不取决于我们的主观愿望，而是受国际市场、国际金融状况、游资的动向、国际投资条件和深圳投资条件对比以及国内各地方投资条件对比等因素的影响。所以，考虑到这些限制因素，在规划1990年或2000年的发展水平和相应的增长水平时，应注意实事求是，留有余地。我们宁可在实际实践中超额完成，切忌把规划搞得过大，以至于出现扑空甚至失控现象。根据特区经济发展的中长期计划，对于引进外资的洽谈、签约、组建、投产，要尽可能形成一个合理的组配，保证每年都有外资的投入，从而保证经济持续增长。当然，在适当放慢速度时，应该吸取我国过去的教训，防止"大起大落"，切忌"急刹车"，否则又会造成不良后果。

　　同控制速度、调整结构相联系，还有加强宏观控制、宏观指导的问题。加强宏观控制，首先是对经济总量的控制，最主要是社会需求总量和商品供给总量的平衡、物资流量和资金流量的平衡。拟议中的特区货币发行后，深圳的平衡将成为一个相对独立的体系，而这一相对独立的平衡体系又是在资金和物资、在对外对内两方面流出流入的交叉中进行的。随着外向型经济的逐步发展，深圳的物资在对外的输出和输入方面将是出超型的，对内的输出输入方面将可能是入超型的。随着外引内联的发展，资金运动在对外和对内两个方面、在相当时期内都将是流入型的。所有这些，都增加了特区综合平衡的复杂性。应根据这些复杂情况，组织好财政、信贷、物资、外汇收支和人民币收支的综合平衡。同时，根据深圳特区的发展目标和步骤，拟定特区中长期规划，指导各部门的经济活动，并据此对外引内联项目进行严格的筛选和把关，以保证经济结构的合理性。鉴于特区经济主要是靠市场调节，无论是总量的控制，还是结构的控制，都要运用经济杠杆，特别是银行信贷利率的杠杆和财政税收的杠杆，保证深圳特区经济持续、稳定、健康地发展。

第三，为了更好更快地实现特区发展战略目标，要进一步解决特区体制和优惠政策的问题。特区在条块关系上应该实行"以块为主"的原则，使它拥有比内地的省、市和沿海开放城市更大的自主权。但在目前，条条的干预多了一些，有些从条条下来的措施，往往是根据全国、全省的情况"一刀切"，不尽符合特区的具体情况，也不尽符合特事特办的精神，这将会增加特区发展的困难，不利于特区战略目标的实现。因此，需要进一步扩大深圳的自主权，明确"以块块为主"，使特区在经济工作上有更多的机动、变通和探索实验的权力。比如目前，首先要在同外商谈判、签约和派驻海外机构方面，给深圳以较多的自主权。我们在深圳可以看到，港澳人士及外国人来深圳甚是方便，他们对我们的情况真可以说是了如指掌，而我们这边，由于出去控制很严，能到海外考察、锻炼的人极少，所以对国际市场的情况若明若暗，这个状况需要改变。条条制定的有关全国性或全省性的政策措施，应当通过特区办、特区委的口子，在充分考虑到深圳特区的特殊情况之后，变通下达。随着深圳外向型经济发展成型，要进一步考虑特区的行政隶属体制同收回主权的香港体制怎样接近的问题，以便更好地处理香港和深圳的协调和联系。目前，国家对深圳特区实行一系列特殊优惠的政策，为特区经济的迅速发展创造了有利的条件，如财政包干、外汇留用，这些政策有一定的期限。今后是不是还继续实行，有两种不同考虑：一种是从特区同国家的关系着眼，在创造条件积蓄力量的时候，需要在政策上多给优惠，但当深圳特区经济力量壮大以后，应当逐步减少对特区的优惠，反过来特区应该对全国多做贡献。否则，不利于处理特区与内地的关系；另一种考虑是从深圳特区对香港和台湾的影响着眼。1997年收回香港主权，保持香港50年制度不变，实行"一国两制"。而深圳特区的繁荣昌盛，在"一国两制"的竞赛中，具有十分重要的意义，将来有必要实行同香港相接近的优惠政策，在1997年以前实行的政策，要同1997年以后实行的政策衔接起来。对特殊优惠政策的两种考虑各有各的理由，在进行选择时，应该从长远的战略眼光审慎处理。

　　关于特区进入第二发展阶段以至进一步向第三个发展阶段前进，我简单谈这三点看法。由于这个问题很复杂，牵涉的问题很多，不可能讲得很透。以上讲的是关于深圳特区发展战略问题的一些主要想法，不一定正确，很可能还有错误的地方，提出来供同志们研究参考，并请大家批评指正。

社会主义政治经济学的大胆创新 *

——评孙冶方的《社会主义经济论稿》
（1985年4月29日）

　　我国著名的马克思主义经济学家孙冶方的重要学术著作《社会主义经济论稿》，最近已由人民出版社出版。写作《社会主义经济论》是冶方同志的夙愿，连在"文革"坐冤狱时也没有忘怀。从1957年年底他进经济研究所到1983年初去世的25年间，他为《社会主义经济论》倾注了大量的心血。本书编入的六篇文稿，近33万字，就是这部未完成著作的一系列中间性成果的最主要部分。其中既有设计蓝图，如《社会主义经济论》提纲以及初稿的讨论意见和二稿的初步设想；又有相当丰富的原材料，如1962—1963年他在中国人民大学15万字的讲课稿；还有一些部件，如由他亲自定稿的《导言（大纲）》和《流通概论》等。要了解冶方同志是怎样在社会主义政治经济学方面独辟蹊径、大胆创新的，就不能不读《社会主义经济论稿》。

　　本书对马克思主义经济科学的贡献，在于提供了一个同传统的社会主义政治经济学迥异的新体系。这个新体系并不是建筑在沙滩上面，而是以经过研究和论证的几个基本论点作为支柱的。正是这些基本论点，使他提出的体系给人以清新之感。他的别出一格的价值论，就是新体系的主要理论基础。传统的经济理论视价值为社会主义经济的异物，把价值规律看成是同社会主义经济

　*　本文系与张卓元合写，发表于《人民日报》第五版。

相对立的；而冶方同志却坚定不移地认为，价值是社会主义经济本身固有的东西，价值规律是支配社会主义经济、运动的主要规律。这个社会主义的价值论，按照冶方同志自己的说法，并不是他自己的创造发明，而是有马克思主义经典著作作为根据的，只不过是"很多中外经济学家或者是根本不重视马、恩、列、斯有关的重要言论，或者把它看作甚至是一时失言，或早期的不成熟的、非马克思主义的观点"（见本书第325页）。他从经典作家的宝库中把这些论点挖掘出来，大声疾呼地提醒人们重视马克思关于价值决定在社会主义社会对劳动时间的调节和社会劳动在各类不同生产之间的分配仍起支配作用的论述，恩格斯关于价值是生产费用对效用的关系，在公有制度下价值概念会越来越只用于解决生产的问题，而这也是它真正活动的领域的论述，等等。现在，许多同志都认识到，马克思、恩格斯的上述论述，对于我们今天的社会主义建设，的确具有重要的指导意义。

社会主义政治经济学的大胆创新

　　冶方同志从他的价值论出发，提出了社会主义政治经济学的红线应当是，以最少的社会劳动消耗，有计划地生产最多的满足社会需要的产品（即所谓最小—最大）的主张。这个观点现在看似乎不值得大惊小怪。但是，如果我们回想，在20世纪50年代末60年代初"左"的思想泛滥、阶级斗争口号喊得震天响的情况下，他敢于用"最小—最大"来取代当时在理论界占支配地位的以阶级斗争为纲的红线，那么，谁也不能不佩服他的理论勇气和远见卓识。事实上，以"最小—最大"为红线，是他的价值论的逻辑结论。因为价值这个概念，意味着进行经济比较，包括个别劳动消耗和社会必要劳动消耗的比较，劳动花费与有用效果的比较，意味着竞争的压力和讲求效益，节约劳动。这就自然把"最小—最大"推到经济活动的中心地位。

　　冶方同志的社会主义政治经济学新体系的另一重要方面，是他在经济学界中较早跳出"规律排列法"和"政策汇编法"的传统框框，打破从公有制出发分析社会主义经济的老教条，倡导从产品、商品分析出发，运用过程法（即先分析直接生产过程，然后分析流通过程，再分析社会生产总过程），实际上是分析价值论是怎样在上述过程中逐步展开的。应当说，在当时，这种方法和体系是开创性的。尽管这个体系还带有一定的试验成分，不够成熟，但毕竟还是提出了一个新的体系设想，成为百家争鸣中言之成理、持之有故的一家。由于本书对新体系列出了提纲和大纲，有一部分还阐发得相当具体，这也就为后人的继续探索做了良好的开端。我们相信，我国经济学界定能从本书得到启示，把建立社会主义政治经济学的科学体系的工作向前推进一步。

孙冶方的社会主义经济理论体系的重要特点，在于它的实践性。本书主要是贡献了一个新的社会主义政治经济学体系，但在论述过程中，也提出了不少对当前社会主义现代化建设有重大意义的意见和建议。大家知道，冶方同志在批判传统的社会主义经济理论体系时，对其重要理论支柱——自然经济论进行了猛烈的抨击，指出自然经济论也是弊端丛生的传统经济模式和体制的理论基础。书中对自然经济论（以及无流通论）的种种表现、自然经济论的危害及其社会历史根源等，作了相当淋漓尽致的剖析。我们认为，冶方同志对自然经济论的批判，击中了传统模式和体制的要害，对当前的经济体制改革，具有非常重要的意义。

重视流通过程，强调等价交换，是冶方同志的价值论在流通过程展开时的必然结论。他指出："社会主义流通，是指整个资金循环，它是把社会上千千万万的企业组织好，以自觉的、有计划的'物质代谢'过程去代替盲目的、自发的流通过程"（见本书第219—220页）。这也是社会主义计划经济的关键。精打细算，讲求效益，反对浪费，更是价值论题中应有之义。书中有些20年前写的这方面内容，今天读起来仍然使人感到亲切。冶方同志从讲求经济效益出发，一贯强调重视技术进步，重视资金运用效果，这些，也具有直接的现实意义。

　　本书也有不足之处。它是一部未完成稿，许多内容，包括提纲、体系在内都还是中间性成果。由于《社会主义经济论》尚未写出，提纲和设想等还不能说得到了充分的科学论证。同时，一门科学体系所要求的从简单范畴上升到具体范畴的设计，也还不够充分和严密。其次，本书在正确地反对自然经济论的同时，对社会主义商品经济论否定过多，在论述价值规律时偏重于其核算经济效果的作用，而往往离开市场机制的利用，忽视社会主义经济中仍然存在着市场实现问题等，这些都不符合我们今天经济发展的实践。当然，冶方同志晚年，从密切注视实践的发展中，在理论观点上有一定程度的转变，如承认社会主义全民所有制经济内部交换的产品，具有一定的商品性；社会主义企业不能为仓库而生产，而是为了满足市场的需要；开始肯定社会主义经济仍然存在实现问题，等等，本书也有一定的反映。我们要努力发掘冶方同志的科学遗产，进一步繁荣和发展经济科学，特别是其中的社会主义政治经济学，这也许是对冶方同志逝世两周年的最好纪念。

社会主义政治经济学的大胆创新

深圳特区的发展战略目标*

（1985年8月5日）

关于深圳特区的发展战略目标，无论是在特区开放的方向上，在深圳产业结构的重点选择上，还是在技术发展的选择上，都有各种不同的意见。对这些意见进行比较分析，有助于对深圳特区发展战略目标做出合理的抉择。

关于深圳特区的开放方向

关于深圳特区开放方向问题，实际上存在着三种不同的主张：一种是"内向"，一种是"双向"，一种是"外向"。

应当指出，明确提出把深圳特区办成"内向型"经济的人是没有的，但是在实践中，有些同志往往不自觉地具有这种思想。这主要是一个认识问题。"双向经济"说，是一种明确提出来的主张。持这种主张的同志认为，深圳特区是国内外工商业交往的枢纽，方向不光是对外，而且可以搞内地产品来料加工增值出口，也可以搞国外零部件来深组装，划出一部分内销。因而深圳经济应当是"双向型"的。这种看法，实际上讲的是深圳应当发挥作为两个扇面的枢纽作用。我认为，把两个扇面的枢纽作用概括为"双向型"，或者笼统地叫作"开放型"，是不妥当的。在对内经济关系中使用"开放"一词，是一种转借的用语。就其本

　* 原载《人民日报》。

来意义说，开放政策指的是对外开放，而不是对内开放。特区经济本身就是对外开放政策的产物，而绝不是对内开放政策即打破条块分割政策的产物。深圳特区只有办成外向型的经济，才能完成它在我国对外开放政策中应当肩负的特殊使命，即起四个窗口和两个扇面的枢纽作用的使命，因此，特区办什么不办什么，要严格按照外向型的要求进行筛选，无论外引内联，都不能来者不拒。不宜用双向型、开放型等模糊提法，避难就易。

深圳特区处在对外开放的最前沿，不仅与内地一般地区有明显的区别，而且与沿海开放地带开放城市比，在外向程度上也应当更高一层。那么，深圳特区外向型目标的标志是什么呢？我们提出三条主要标志：第一条是，资金来源以外资为主，在整个工业投资中，外资所占比重达到50%~60%以上。第二条是，产品以外销为主，出口的特区产品应当逐步达到占特区企业生产的商品产值的70%以上。特区产品其余30%内销部分，应以进口替代产品，即以市场换技术生产出来的产品为主。第三条是，进出口贸易的外汇收支要有顺差。

关于产业结构重点的选择

有关特区发展战略目标的一个十分重要的问题，是产业结构重点选择的问题。这里有"以农为主""以贸为主""以工为主"等不同主张。主要的争论在于"重商"还是"重工"。

"以农为主"说的主要理由是，深圳原有工业基础薄弱，缺乏技术、人才和资源，不应以发展工业为主，应当充分利用毗邻香港的优势，依靠以宝安县为基地的土地资源，大力发展种植、养殖、捕捞等业，以农牧渔业产品及其加工产品，供应香港和东南亚市场，出口创汇，并带动内外贸易、轻型工业和旅游业等。这种意见看到了农业在深圳市经济发展中的重要作用，着眼于把

深圳特区的发展战略目标

深圳农业办成出口型的农业。而且，如果能够充分采用现代农业科技，宝安县发展外向型农业确实是有很大潜力的。这种意见还联系珠江三角洲的依托，强调深圳要走贸工农的道路，是有它可取之处的。但是，深圳市本身农业土地面积有限，而且以农为主难以充分发挥四个窗口的作用，所以持这种主张的人是很少的。

主张"以贸为主"的同志比主张前一种意见的人多。这种意见反对以工为主的理由与前种意见相同。他们认为深圳应当充分利用香港作为国际贸易中心、金融中心、航运中心、信息中心的条件，大力发展进出口贸易和转口贸易，把深圳建设成为一个沟通国内外的大商埠，一个以国际贸易和转口贸易为主的国际贸易中心、购物中心、金融中心、旅游中心，并带动为贸易服务的加工工业和技术贸易，这样做来得快，赚钱多，也能够起到一定的技术窗口的作用。他们还强调，城市产业不能只看到工业，工业是"第二产业"，还应该看到"第三产业"，即商业、金融、旅游、服务等行业，并且"第三产业"在现代经济中占有越来越重要的地位。有的同志还认为，香港就是以贸为主发展起来的，深圳也应当走香港的路。这种意见，看到了贸易特别是对外贸易对深圳经济的特殊重要意义，是有它可取之处的，但是提出"以贸为主"，以进出口贸易和转口贸易为主，实质上是把深圳仅仅作为自由贸易区或自由港来看待，虽然它也提到技术贸易，但只是把技术作为贸易对象来看待，缺乏工业基础的消化筛选的过程，因此，这种主张实行起来仍然是难以充分发挥四个窗口的作用的。作为四个窗口，深圳特区既有自由贸易区、自由港的因素，也包含有出口加工区的因素，以及"工业园""科学园""技术开发区"等因素和特征，所以，把深圳仅仅看成为自由贸易区，把它仅仅办成一个进出口贸易和转口贸易的大商埠，是不妥当的。就拿香港来说，香港在20世纪60年代以前，确曾以转口贸易为主，但那时香港经济并不引人注目，香港经济的起飞和成熟，是在六七十年代制造业飞速发展以后。现在香港虽然是一个国际贸易中心，但很难说它是"以贸为主"。因为现在香港最大的产业部门是制造业，工业产品占香港出口贸易总额的60％以上，制造业才是整个香港经济和贸易发展的基础。

深圳经济的发展，只有"以工为主"才是正确的。第一，只有以工为主，有选择地发展先进技术工业，建立起牢固的工业基础，才有可能充分发挥引进技术知识和管理经验的窗口作用。第二，只有以工业为主，才能为特区的贸易和整个经济的发展打下坚实的物质基础，否则深圳的经济将是一个脆弱的经济。第三，深圳战略地位的优势，使它能够充分利用国内国外两种资源和两个市场，弥补自己资源、技术、人才的不足，把工业发展起来。基础差并不是发展工业的一个不可逾越的障碍。问题不在于原来的工业基础怎样，而在于具不具备某些发展工业的条件和采取什么样的发展对策。

必须强调指出，我们说深圳经济的发展必须以工业为主，这并不意味着可以忽视或者轻视贸易。重工不能轻商。贸易，特别是对外贸易，对特区经济的发展有着特殊重要的意义。深圳本身缺乏资源，本地市场容量也有限。离开了国内国外的资源和市场，特区工业是发展不起来的。深圳工业生产的产品主要不是为了满足深圳本地市场的需要，而是为了出口创汇，引进先进技术和设备，深圳发展工业生产所需市场信息、技术信息等，都离不开国际市场。以工业为主，说到底，是以面向国际市场的工业为主。因此，对特区的发展模式，单提一个"以工为主"是不够的，必须高度重视发展贸易，特别是对外贸易，在"以工为主"的前提下实现工贸并举。并且，特区由于所处位置，发展贸易有着极为有利的条件，充分利用这个条件，发展进出口贸易，对于贯彻以工为主，是必要的也是可行的。

深圳应不应该发展转口贸易，应不应该成为一个国际的和国内的购物中心？对于这个问题，几年来一直有不同看法。深圳既然毗邻香港，是一个进出口岸，又有大鹏湾盐田深水港那样条件优越、开发前景良好、可以直通海外并联系我国沿海口岸的良港，不让发展转口贸易，是很难说得通的。如果问题的实质是在外汇留成、利润分配等利益关系上，应该调整改进利益关系，而不是堵塞流通渠道。但是也要看到，近几年由于某些单位利用特区优惠条件而不正常地发展起来的进口转口贸易，是应当加以严格限制的。深圳以其通海口岸的地理位置和土地、劳务等费用比香港低的优势，以国内外廉价商品吸引海外游客，成为一个国际购物中心，也是有前景的。但是，把特区同时作为吸引内地来客的购物中心，根据近几年的经验，这样做流弊甚大，也不符合外向型经济的要求，是不可取的。

关于技术发展类型的选择

对于技术发展类型的选择问题，有主张以劳动密集型为主的，有主张以技术、知识密集型为主的。看来，劳动密集型产品虽然目前在国际市场上我们还有某些优势，可以在一定时期内发展一些有竞争力的产品，但是深圳要成为四个窗口，特别是技术的窗口、知识的窗口，劳动密集型技术是不能作为特区技术发展的战略目标的。深圳要起到技术和知识窗口的作用，必须以技术密集、知识密集型产业作为最终的战略目标，把采用先进技术放到重要位置上。由于美、日等国对我们采取保持5~10年技术差距的策略，而深圳的科学技术和工业基础又不如其他许多城市，在这里建立技术、知识密集型产业，客观上难度较大。看来，到20世纪末，真正的"双密型"工业或者高科技产业在整个特区工业结构和产业结构中只能是重要而比重却不很大的一部分；另一部分重要而比重较大的部分，是用现代先进技术改造过的传统工业。

发展先进技术工业必须有一个过程，要有一定的时间，也要有一定的条件。看来，深圳将经历一个传统工业与新兴工业并存，劳动密集型产业向技术、知识密集型产业过渡的时期，逐步建立以先进技术为主的技术结构。我们应当尽一切努力，缩短这一过程。

总括起来讲，根据办深圳经济特区的指导思想和特区的战略地位，特区发展的战略目标可以概括为：把深圳建成为外向型的，以先进工业为主的，工贸并举，工贸技结合，兼营金融、旅游、服务、房地产和农牧渔等业的综合性经济特区；建成为产业结构合理、科学技术先进、人民生活富裕的，具有高度物质文明和精神文明的新型城市，为内地和全国的社会主义建设做出越来越大的贡献。

深圳特区发展面临新的战略阶段*

（1985年8月12日）

在确定了深圳特区发展的战略目标之后，还应当分清战略步骤，正确划分实现战略目标的阶段，一步一步地前进；并在实践中总结经验，不断改进和提高办特区的工作水平。

深圳特区发展的三个战略阶段

深圳特区的发展，看来可以划分为三个战略阶段：一、从建立特区到目前，是草创阶段或奠基阶段；二、从目前到1990年前后，是开拓阶段或成型阶段；三、从1990年前后到20世纪末，是进一步提高阶段。

第一个阶段的主要任务是：在一个落后的边陲小镇，为吸引外资、引进先进技术和管理经验，逐步创造一个初具规模的投资环境，并为实行对外开放政策摸索一套初见成效的经验。

第二个阶段的主要任务是：实现内向型经济向外向型经济的转化，达到资金来源以外资为主，产品销路以外销为主；同时实现产业结构以贸易为主向以工业为主、工贸并举的转化，有重点、有选择地发展少量高技术工业，发展先进技术装备起来的传统工业，并用先进技术改造传统工业。

第三个阶段的主要任务是：完成传统工业的技术改造，完成

　　① 原载《人民日报》。

劳动密集型产业为主向技术、知识密集型产业为主的转化，使高技术产业在整个经济结构中占适当比重。

在战略步骤上，还要考虑1997年收回香港主权这一重要因素，使深圳在20世纪末的整个经济社会发展程度尽可能缩小与香港之间历史上形成的差距，达到中等发展水平；并在某些方面有所超过，以便进一步密切深港关系，共同促进祖国向更高的现代化目标前进。

正确评价第一个战略阶段的成绩

目前，深圳正处在从第一个战略发展阶段过渡到第二个战略发展阶段的过程中。为了在第二个阶段以及以后第三个阶段更好地实现特区发展战略目标的要求，有必要对特区在第一个阶段走过的路做一个正确的评价。

经过五年来的努力，深圳特区建设已经走过了草创或奠基的阶段。第一，已经初步完成了32平方公里基础设施的建设，建成了一大批工业厂房、职工宿舍、商业楼宇、旅游设施和文教卫生设施等，一个现代化的新型城市正在平地崛起。第二，到1984年年底为止，已经同外商签订协议2218项，协议投资总额达116亿港元，实际投入使用的外资约41亿港元，占全国引进外资的七分之一。在引进的技术设备中，有些是比较先进的。第三，吸收和培养了一批技术人才和管理人才，到1984年年底，已有各种专门人才12300多人。第四，按照"特事特办、新事新办、立场不变、方法全新"和"跳出现行体制框框之外"的原则，对行政管理体制、基本建设管理体制、企业管理体制、人事制度、劳动工资制度、价格体系、外贸体制等进行了大胆的改革，并制定了一批特区单行法规。第五，1984年深圳全市工业生产总值达18亿元，比1978年的6000万元增长了近30倍；农业总产值1.15亿元

（按新口径计算），增长9.6%；财政收入5亿元，增长28倍。在经济发展的基础上，人民的物质和文化生活也有了很大的改善。

总起来看，几年来深圳特区建设所取得的成就是很大的。深圳从过去一个荒凉的边陲小镇变成现在这样一个初具规模的现代化城市，建成了具有一定基础的投资环境，为开放和改革探索了道路。深圳已经取得的这些成就，不可低估。这是党中央开放政策的胜利，也是深圳全体干部和群众在国家所给予的优惠和内地所给予的支援下，辛勤劳动、努力奋战的结果。

在肯定成就的同时，不能不看到，深圳经济在前一阶段的发展中，还存在着一些需要注意的问题。主要有三个：一是头几年深圳商业贸易和房地产业发展得特别快，那几年深圳的繁荣主要是靠商业和房地产业支撑的。这个情况在1984年有所变化，工业产值开始上去了，但是还没有扭转商贸为主的局面。二是产品内销比重大，1984年仍在70%以上，销售到国际市场的不到30%，外贸进口远大于出口，深圳经济基本上还是内向型的。三是不少工业企业还是简单加工性质，1984年工业净产值只占总产值的21%，加工深度低于全国平均35%的水平。

看不到上述问题是不对的，这不利于深圳经济向新的更高的阶段过渡，更好地向战略目标前进。另一方面，因为存在着上述问题而否定深圳建设的成就，更是错误的。应当指出，深圳经济目前存在的问题，是前进中的问题，发展中的问题，要做具体分析。第一，要看到客观存在的发展的阶段性。深圳原来的基础很差，资源、技术、人才都很缺，不可能在短短几年时间内就建立起先进的工业和外向的经济，而必然要经历一个为达到将来目标创造条件的过程。先从城市基础设施的建设做起，搞一些房地产业，相应地发展一些必需的商业贸易，为引进资金技术、建立先进工业开路，就是这样一个过程。第二，办特区是新事，没有现成的经验，对特区发展战略目标的认识和适应，也要有一个过

刘国光

经济论著全集

第

5

卷

程。第三，也要看到，我国目前工业品和农产品的国内价格和国际价格之间，存在着两个台阶式的落差。特区开放后，有了可以利用这两个落差的条件，一些单位凭借特区的优惠，利用价格落差，赚钱容易，发展了一些不正常的内向性的商业贸易，出现了炒买炒卖外汇等现象。但这类现象不是深圳所特有的，主要是管理工作没有跟上去造成的。

努力实现由内向型向外向型的转化

现在，深圳特区的发展正在跨入新的战略阶段，怎样爬好两个坡（拟议中的二线管理和特区金融改革），更上一层楼，完成新阶段的战略任务，这牵涉到许多方面的问题，需要寻求多方面的对策。这里我想简单谈谈三点看法。

第一，要坚定地树立转向的思想，努力克服转型过渡期的暂时困难。特区经济要不要转向？这是特区向更高发展阶段过渡时首先要解决的认识问题。特区在前一个发展阶段，由于上述的种种原因，形成的是一种内向型的经济，而中央要求的特区，是建立外向型经济。现在到了非转向不可的时候了。转不转向，不但关系到特区本身存在的意义，而且关系到党中央举办特区的决策的贯彻，所以，转向是一件非同小可的大事。我认为，深圳特区在进入第二个发展阶段以后的一切经济工作，都应当围绕着由内向型向外向型的转化，"以贸为主"向"以工为主"的转化，一般技术为主向先进技术为主的转化这样一个根本战略任务。一切对内向型经济的留恋必须克服，一切对外向型转化的障碍必须扫除。不彻底解决这个认识问题，深圳经济要朝更高的阶段迈步，是不容易的。

当然，搞外向型经济，比搞内向型经济难得多，办工业比办商业难得多，搞先进技术比搞一般技术难得多。所以，特区经济的转向，其难度不能低估。我们应当尽一切努力克服转型期的暂时困难。这些困难也是能够克服的。我认为，拟议中的二线管理和特区金融改革，可以成为促使深圳克服困难、实现转向的契机和动力。在渡过难关的过程中，国家在一定时期内，在计划安排、物资调拨、产品内销和外汇等方面给予一定的支持和照顾，继续扶一把是非常必要的；但是，扶是为了促，而不单是为了保，对于少数本来就不正常、再扶也不能转成外向型的企业，要有计划地及早调整或转移，这样将更有利于特区经济的健康发展，由此而出现某些阵痛，应当看成是好事而不是坏事。

第二，为了比较顺利地实行转向，稳步地向战略目标前进，必须适当控制特区经济的发展速度，加强宏观经济的管理。

深圳特区创办以来，实现了超高速的增长，这两年每年都翻了一番以上。这在创业阶段是可能的。但是，超高速增长往往带来结构不合理的现象。过去内联外引的项目，往往未能经过严格的筛选，不少不符合特区发展目标要求的企业也兴办起来了，有的技术落后，经营不善，影响了特区的经济效益。今后基数提高了，不可能长期继续以过去那样的超高速增长。为了转为外向型，调整结构，提高效益，有必要适当控制发展速度，防止经济生活出现过热和失衡现象。

根据深圳特区的有利地位和国家给予特区的优惠条件，今后深圳经济的发展速度应当而且也有可能高于内地和香港。但是这种高速度，应当是有利于实现特区经济转向的高速度，应当是结构合理和效益提高前提下的高速度，而不应追求超高速度以致给结构和效益带来不良后果。特区资金来源门路较多，若是单从资金来源看，速度不是不可以加快，但是其他方面存在不少制约的因素，如能源、交通相当紧张，技术干部和熟练工人很缺乏，经济管理经验不足，等等。即使在资金方面，作为主要资金来源的外商投资，也带有相当大的不确定性，能够引进多少并不取决于我们的主观意愿，而是受国际经济状况、游资动向、国际投资条件、国内其他开放地区投资条件和深圳投资条件对比等因素的影响。因此，在规划1990年和2000年达到的发展水平和相应的增长速度时，要注意实事求是，留有余地，宁可在实际执行中超额完成，切忌规划过大，防止出现扑空或者失控现象。根据特区发展的中长期规划，对引进外资的洽谈、签约、组建、投产，要尽可能形成一个合理的组配，以保证每年都有外资投入，有生产能力投产，从而保证特区经济的持续增长。

当然，在转型期适当放慢速度，应该吸取我国过去的经验教训，防止大起大落，切忌急刹车，以免造成不良的后果。

与控制速度和调整结构相联系的，还有一个加强宏观控制和宏观指导的问题。加强宏观控制，首先是对经济总量的控制，保证社会需求总量与供给总量的平衡，物资流量和资金流量的平衡。随着外向型经济的形成，看来深圳物资在对外输出输入方面将是出超型的，在对内输出输入方面将可能是入超型的；随着外引内联的发展，资金运动在对外对内两个方面，在相当时期内都将是流入型的。所有这些情况，增加了特区综合平衡的复杂性，要根据这些特点，组织好特区财政、信贷、物资、外汇收支以及人民币收支的综合平衡。鉴于特区经济的运行主要靠市场调节，无论是总量控制还是结构调整，都要注意运用经济杠杆，特别是银行信贷杠杆和财政税收杠杆。

第三，为了更好更快地实现特区发展的战略目标，要进一步解决特区体制和优惠政策问题。目前条条的干预多了一些，有些从条条下来的政策措施，往往是"一刀切"，不尽符合"特事特办"的精神。这将会增加特区转向的困难，不利于战略目标的实现。看来需要进一步扩大深圳特区的自主权，明确以块块为主，使特区在经济工作上有更多的机动、变通和探索、试验的权力。各部门在深圳创办企事业单位，要经由特区严格筛选，接受特区政府的节制和监督。随着深圳经济向外向型过渡的完成，要进一步从战略上考虑特区行政隶属体制同收回主权后的香港体制如何逐步接近的问题，以便更好地处理深港之间的协调与联系。

刘国光

经济论著全集

第
5
卷

略论两种模式转换*

（1985年8月26日）

1978年年底以来，在小平同志提出的"解放思想，实事求是"的思想路线指引下，在两个三中全会决议和中央一系列方针政策的指导下，我国经济生活经历了并在继续经历着多方面的深刻变化。这些变化概括起来可以归结为两种模式的转换，即发展模式的转换和体制模式的转换。

经济发展模式的转换

先从发展模式的转换讲起。经济发展模式包含发展目标、发展方式、发展重点、发展途径等方面的内容。十一届三中全会以前，我国经济发展的主要目标，往往是以最快的速度求得经济的增长，与此相应，采取了不平衡的发展方式，其重点放在以重工业为中心的工业化上，并采取了外延为主的发展途径。这种模式尽管在过去有着它的历史背景和缘由，但其实现往往伴随着：一方面积累挤压消费，一方面投资膨胀又带动消费膨胀，从而反复出现社会总需求超过总供给的局面。这种情况，使得经济效益长期上不去，人民生活的改善同付出的代价远不相称。因此，30年中我国社会主义经济发展虽然取得不少成绩，但是经过几起几落，很不理想。

---

* 原载《世界经济导报》。

近几年来开始出现的我国经济发展模式的转换，首先表现在发展目标上，从片面追求高速增长开始转向以提高经济效益为前提，以提高人民生活水平为目的的适度增长。与此相应，采取了相对平衡的发展方式，其重点置于国民经济薄弱环节和基础环节，如农业、能源、交通、科技、教育等方面，并且向以内涵为主的发展途径过渡。新的发展模式的要旨，就是要使速度、比例、效益有一个较优的结合。实现这一发展模式，要求积累的适度，并与消费相协调，以保持一个总供给略大于总需求的宽松局面，从而保证国民经济持续、稳定、协调、高效地增长。

经济体制模式的转换

再看体制模式的转换。经济体制模式，一般包含所有制结构、决策权力结构、动力和利益结构、经济调节体系和经济组织结构等方面的内容。我国过去的旧体制模式，基本上是实物分配型的集中计划经济模式。在所有制结构上，向"一大二公"的单一经济形式偏颇；在决策权力结构上，权力过度集中于国家行政机构手中；在动力和利益结构上，单纯依靠政治思想的动员，实行两个"大锅饭"制度；在经济调节体系上，主要是行政指令的直接调节；在经济组织结构上，政企不分、条块分割、纵向隶属关系为主。这种旧的体制模式的形成，当然也有其历史背景和缘由。但其运行：一方面遏制了企业与劳动者的积极性，影响微观效益；一方面反复引起以预算约束软弱为基因的、以投资膨胀为枢纽的总需求扩张和国民收入超分配的紧张局面，带来宏观失控。这种僵化的体制模式，是30年中我国经济发展不够理想的又一个重要原因。

几年来从农村改革开始，逐渐推及于城市改革的经济体制模式的转换，其实质是从实物分配型的集中计划经济体制向商品交换型的计划经济体制的转换。它包含：从片面追求"一大二公"转向公有制为主体的多种经济形式经营方式并存的所有制结构；从单一的国家决策转向国家、企业和个人的多层次决策结构；从单纯依靠政治思想动员转向重视物质利益关系的动力和利益结构；从行政指令手段为主转向经济参数手段为主的调节体系；以及从条块分割、纵向隶属关系为主转向政企分开、横向经济联系为主的组织结构。新的体制模式的要旨，是围绕增强企业的动力与压力，把微观经济搞活，宏观经济控制住。这一模式的彻底实现，既能充分调动企业和劳动者的积极性，又能根治投资饥饿、数量扩张等旧模式的痼疾，有利于总需求和总供给的调控，为发挥企业活力提供一个良好的宏观环境。

两种模式转换密切相关，互相影响、互相制约

经济体制模式从属于经济发展模式，但两者又是互为条件、互相制约的。以高速增长为主要目标，以外延发展为主要途径的发展模式，必然要求高度集中的、行政指令直接调节为主的体制模式。以满足多样化消费需求为目的、以提高经济效益为前提的适度增长和以内涵途径为主的发展模式，则要求较多的分散决策和以经济手段间接调节为主的体制模式。反过来说，传统体制模式内在的数量扩张、投资饥饿等痼疾，又是支持传统发展模式中追求高速增长和外延发展的动因。只有在新的体制模式中随着软预算约束的硬化和上述痼疾的治愈，新的发展模式才有可能最终确立。

因此，目前我国经济大变动中同时进行的两种模式转换，必然是密切相关，互相影响、互相制约的。不可能指望两种模式转换是短时间里可以很快完成的行动，它们是一个非常曲折复杂的、需要相当时间才能完成的过程。传统模式和传统观念的惯

性，能上难下的利益刚性，以及转换过程中的预期不确定性，都会影响人们的经济行为，从而影响模式转换的进程。

经济体制改革需要一个较宽松的经济环境，即总供给略大于总需求的、有限的买方市场

现在，越来越多的人认识到，经济体制改革的顺利进行，需要一个比较宽松的经济环境，即总供给略大于总需求的有限的买方市场的条件。这正是新的发展模式所能创造的局面。前几年，开始模式转换的初期，随着实行经济调整方针的见效，确曾出现某些买方市场的良好势头。但是，由于旧模式中追求产值速度的惯性时时冒头，投资饥饿、数量扩张的欲求仍然存在，过去长期约束消费的禁锢又一一被冲破，再加上松绑放权的同时宏观调控机制未能及时配套启动，因此，前几年曾经出现的买方市场势头时起时伏，一直不很稳固。

特别是1984年第四季度以来，随着总需求的猛增和经济发展的超速，国民经济重新出现过热的紧张局面。明白了它的由来，就不必大惊小怪。但是，不能不看到，发展模式转换过程中出现的这种反复，不能不影响到体制模式转换的进程。如果我们不必同时应付经济过热和通货膨胀的威胁，1985年我们在价格、工资以及其他方面改革的步子，是可以比实际迈出的步子更大些的。

目前经济工作的重点应首先放在稳定经济上，同时进行一些国民经济能够承受的、为稳定经济所必需的改革

经济体制改革是我国当前压倒一切的任务。不少同志指出，解决目前经济紧张问题所采取的措施，应当有利于改革而不应为

进一步的改革设置障碍。从长远看来，要彻底解决反复出现的经济过热的问题，也必须把改革进行到底。从两种模式互为条件、相互制约的关系来看，上述观点无疑是正确的。但是，如果由此认为，应当趁着目前需要稳定经济的时机，加快改革的步伐，全面推进改革，那就需要斟酌了。在目前经济紧张的问题尚未有效解决的情况下，如果放大改革的步子，在改革上全面出击，那就会更增加国民经济已经很沉重的负荷，不利于理顺和稳定经济，有损于改革的名誉，为进一步的改革增添障碍。所以我认为，目前经济工作的重点，应当首先放在稳定经济上，同时进行一些国民经济能够承受的、为稳定经济所必需的改革，以巩固和发展已经获得的成就，应该动用双重体制并存中一切真正有效而不是臆想有效的手段，有区别地而不是"一刀切"地把投资需求和消费需求抑制住，把过热的经济稳定下来，为进一步的改革创造一个良好的经济环境。总的来看，这样做，改革的步伐会比不这样做更快一些，经济的发展会更健康一些。新的具有中国特色的社会主义的经济发展模式和经济体制模式的最终确立，必将更大地推进我国社会主义现代化事业。

略论两种模式转换